类型！类型！
IP时代类型叙事面面观

Genre! Genre!
Genre Study on IP Content Industry

陆嘉宁　著

中国国际广播出版社

目 录
CONTENTS

序 章 当我们谈论类型的时候 / 001

一、写作缘起 / 001

二、正视通俗性："走的人多了，便成了路" / 002

三、套路与标签——以电影为例看类型叙事的
"类型性（Genreness）" / 007

四、分层思考："这部电影是类型片吗？难道不是吗？" / 012

（一）知觉单元：相对常规的视听形式 / 014

（二）故事单元：公式化的情节和人物 / 015

（三）思想单元：清晰的价值观表达 / 016

（四）风格单元：作者与类型的碰撞地带 / 017

五、故事的"腔调"：冒险，生活或活着 / 020

第一章 类型叙事的几个基本要素 / 028

一、神话结构：二元对立是类型叙事的灵魂 / 028

二、鲜明节奏："鼓点与节拍器" / 034

三、极致人物："天才"原则与特色人设 / 051

四、精密编码："刻板印象"构成的肖像学系统 / 058

第二章　类型叙事分类之"文武二分法" / 091

一、类型电影："秩序的仪式"VS."聚合的仪式" / 093

二、类型小说："男频"VS."女频" / 098

三、二次元动漫：热血战斗 VS.青春日常 / 104

第三章　"情感向"类型——"我爱你！" / 117

一、从浪漫爱情说起：主题与结构 / 120

（一）爱情至上：偶像剧作为浪漫爱情叙事的典型形态 / 120

（二）"爱情神话"中的二元对立 / 123

（三）高度公式化的"情路历程" / 126

二、性别差异：叙事视角与爱情观 / 133

（一）女主人公单视角——"女性寻找自我" / 136

（二）男主人公单视角——"直男癌"矫正治疗 / 146

（三）男女主人公双视角对比——"情感关系强弱推手" / 156

三、反差人设，火花四射 / 165

（一）《爱乐之城》测试：主人公为何遗憾错过？ / 165

（二）反差人设：你需要一张人设表格 / 179

四、泛言情叙事：友情/亲情+X元素 / 198

第四章　"暴力向"类型——"你的故事里有枪吗？" / 211

一、暴力英雄人物的典型特征 / 212

二、暴力传奇的挽歌主题 / 230

三、暴力冒险空间与特定空间对应的类型人物 / 251

（一）田园空间：游侠要去哪儿？隐者住在哪儿？/ 256

（二）都会空间：侦探有几种？他们都在哪儿？/ 272

（三）地下犯罪空间与反英雄形象 / 295

（四）战场空间与军人形象 / 308

终　章　数据库创作与类型叙事：在 AIGC 兴起之年回望类型传统 / 319

后　记 / 330

序章
当我们谈论类型的时候

一、写作缘起

我在中国传媒大学（简称"中传"）戏剧影视文学（简称"戏文"）专业讲授的一门课程叫"类型叙事研究"，本书的许多内容来自平日授课的讲义和师生交流，我还通过类型电影主题读书沙龙，收集了大量来自同学们的提问和反馈，将大家的常见疑问和我的解答融进本书之中。作为一名电影学者，同时也是戏剧影视文学专业的教育者，必然在电影研究中与类型片相遇，亦常常"出圈"观察类型化的电视剧、动漫和网络小说，还会在创意写作相关课程上与同学们就类型问题热烈讨论——

类型到底是什么？

类型片等同于商业片吗？

爱情电影是类型片吗？科幻电影呢？

为什么自20世纪后期严肃文学日渐衰微，而通俗类型文学强势崛起？

中国网文、日本轻小说杂糅了很多类型，如何归类呢？

宫崎骏的动画是类型片吗？
怎么看待甜宠剧、仙侠剧？
…………

诸如此类的问题，凸显出年轻学子们活跃的思考，也说明在当下后现代通俗娱乐语境中，历史悠久的文艺理论概念"类型"并没有过时，仍然是大家讨论各种文本现象和从事具体创作时的"抓手"，在日趋扁平化、数据库化的内容消费时代，类型叙事模型的积淀和裂变，依旧蕴藏着巨大的创造力潜能。

本书将是我与同学们课堂讨论的延伸，并针对一些有趣的且有代表性文本，本书并非严肃的理论著作，并不试图以学理化的语言推敲类型概念、类型分类方法等命题，而是基于现象进行自下而上的描述性分析和归纳，通过案例对大大小小的类型叙事模块（chunk）和组件（gadget）的运用规律做一番探讨。我执教的戏文专业，培养重心是编剧人才，也推而广之包含各类创意写作从业者，我的课程和著作都希望能够切实地帮助大家理解"类型"，便于学习者根据需要将"类型化"的思路引入各种媒材、不同形式的故事创作之中。

二、正视通俗性："走的人多了，便成了路"

"观察身边能够在编剧行业坚持下来并越做越好的戏文学生，很多并非严肃文学的拥趸或痴迷艺术电影的文艺青年，而是那种自小爱听评书、听相声、看武侠的孩子。"同事和我交流时如是说。

听《白眉大侠》《隋唐演义》，还是看《重庆森林》《广岛之恋》？读卡佛、杜拉斯，还是翻东野圭吾、斯蒂芬·金？提到这个话题，并非要挑起一场"趣味鄙视链"的论争，有趣的是，在列出这些作品的时刻，大家已经进入一种类型化的思维之中，类型叙事依赖刻板印象，这是无可辩驳的事实。生活也好，历史也罢，是复杂暧昧的，人性亦然，仅凭几个特征便给人贴标签的思路在日常为人处世中并不可取。然而标签又是便于传播的，因为有助于快速认知和判断，身为智慧生物的人类在认知世界的过程中，内心形成了给一切事物分类贴标签的冲动。

回到上面提到的"趣味"问题，戏文专业的学生中从来不乏既爱听评书又崇拜王家卫的，既热衷二次元追番又喜爱阿列克谢耶维奇的，其实"趣味杂食者"相当多。提到上述话题的老师意在强调一个理念，想要成为以讲故事为生的"说书人"，不要轻视大众通俗趣味，排除影像形式、思想主题等其他影响作品成色的要素之后，要重视故事本身。在电影创作中，导演也许可以靠诗意的光影和调度，引领观众感受"羚羊挂角，无迹可寻"的纯视觉审美境界，但如果不是自编自导，编剧只是故事提供者，沉迷于描述"文艺的"气氛和状态，排斥对情节起承转合做清晰利落的戏剧化设定，对于其他合作者理解故事是不利的，在缺乏高水平导演的情况下，状态戏过多的剧本常常沦为烂片，而情节与人物清晰（有时难免公式化）的故事通常能够保证仅凭常规的视听语言实现较完整的表达。同样，在文学写作中，如果想要创造无法被标签定义的、有丰富层次的复杂人物，想在情节中融入大量的现实主义批判或意识流白描，作为个人选择当然可以，毕竟文学写作成本比影视创作成本要低得多，但同时也要接受没有那么多读者粉丝、没有庞大的"二创"社群、不能像网文写手那么迅速地售出版权等行业现实。

类型，意味着"走的人多了，便成了路"，为什么那么多人讲述同样模式的故事，当然是因为有足够多的人看，从而形成了内容生产—消费的循环，这是一种"叙事经济学"，以最高的效率产出内容并创造价值。至于为什么有那么多人看，抛开不同时期类型生态的变化和当红类型的起落，宏观意义上作为整体集合的"类型叙事"普遍带有鲜明的标签化倾向，能够以最简单直白的方式诠释社会情绪和文化心态，便于让矛盾冲突极致化，让受众以最低的时间精力成本、思考成本获得情绪价值的满足。

在戏文专业的写作教学中，老师们经常说的一句话是："不要描述状态，讲事件，说情节。"在谈论人物时，常见的要求是：说特征。类型叙事意味着故事中具体的情节要素和人物特征都是在人类讲故事的历史上被多次重复征用过的，这与支撑"艺术"二字的"独创性崇拜"背道而驰，无论在文学、美术还是电影领域，能够获得艺术场域内部桂冠嘉奖的作品必然要凭独创性立身，区别仅在于哪方面的独创、何种程度的独创。而当我们谈论类型的时候，需要适当降低对独创性的关注，开始重视漫长历史中无数个体基于无意识审美本能的选择，人们共同选择形成的集体审美倾向促成了通俗类型叙事的生生不息。

借用之前"趣味"问题差异性的讨论，"类型化""标签化"的好处是，如果我们讲述一个青春校园故事：

> 一个痴迷单田芳评书的北方女生，与一位身为王家卫死忠粉的南方男生，同年考入了中传戏剧影视文学专业成了同学，两人机缘巧合需要组队共同完成一部短片，参加北京大学生电影节短片比赛。

标准的类型叙事是可以用一句话概括情节缘起和卖点的故事，《救猫咪：电影编剧宝典》等编剧教材在传授"一句话梗概"（logline）的写法时，强调在这一句话中要看到反差和矛盾，看到人物具体的目标，乃至看出类型定位。在这句话里，"评书""北方"让人联想到俚俗趣味、中国传统生活方式、北方内陆地区的粗犷民风，"王家卫""南方"则关联着《繁花》《花样年华》式的洋气、"小资"、西化的生活方式，以及东南沿海地区的精致生活，搭配上两性性别气质差异，大致可以想象两位主人公之间将发生哪些碰撞，会上演哪些桥段，无须特意指出两个人将因为审美趣味差异在合作过程中会争执不休，也不用提后来合作互补渐入佳境、情愫暗生，青春爱情喜剧的类型属性不言自明。受众面对类型化的作品，在接受之前就会建立较清晰的预期，接受作品的过程不是完全无知地等待被灌输，而是一步步验证预期，带着心理准备去等候意料之中的满足，当然也乐见为数不多但恰到好处的意外惊喜。

若要求大家以同样的思路提炼王家卫《花样年华》的一句话梗概，为男女主人公寻找特征标签，以类似的句式写出来，可以做到吗？容易吗？

当然"类型的"与"艺术的"绝非泾渭分明的两个阵营，更像是同一坐标系的两极，又像是一个闪烁不定的光谱，不同风格的作品分布在这一光谱之中，占据坐标系的不同位置。正如杰姆逊提到的"当代文化产品有两个主导形式，以文学和艺术的现代主义为一方，以大众化或媒介的文化的成规化或'公式化'的产品为另一方"①。

在电影领域，居于豆瓣、IMDb 等排行榜前 100 名的，大比例是兼顾类型传统与艺术创新的作品，"在艺术与商业之间取得平衡"这句话几乎可以等译为"在类型电影与作者电影②之间达成平衡"。在文学领域，雷蒙德·钱德勒的硬汉派侦探小说、阿加莎·克里斯蒂的"波洛"系列、金庸古龙的武侠小说，显然不属于诺贝尔文学奖场域，但奥尔罕·帕慕克、村上春树也会因作品中的通俗类型元素而被质疑是否百分百属于纯文学的圈子，《三体》小说的深刻性被中外读者公认，科幻文学却始终作为特殊的类型文

---

① 沙兹. 旧好莱坞/新好莱坞：仪式、艺术与工业 [M]. 周传基，周欢，译. 北京：中国广播电视出版社，1993：26. 作者 Thomas Schatz 在国内的不同译本中有时翻译成"托马斯·沙茨"，有时翻译成"托马斯·沙兹"。本文仅在注释中使用译者使用的"沙兹"译名，正文提及部分统一使用"托马斯·沙茨"。
② "作者电影"一词来自"作者论"，"作者论"是 20 世纪 50 年代在法国电影界兴起的一种电影创作主张，强调电影导演可以用摄影机进行写作，导演不是机械的匠人，而是同作家一样，是个人化电影美学的缔造者。不是所有导演都有资格被赋予"作者"的桂冠，只有在场面调度方面极具个人特色，与中规中矩的常规电影语言迥然有别的导演才是作者，其电影被称为作者电影。

学品类有其内部的评价体系。总之，在这一坐标系中，框架到细节均毫无新意的公式化拼贴作品（被戏言 AI 都能写），和创作者个人风格鲜明且绝难复制的作品分别位于两极，我们很难断言某部作品百分百"是"类型化的或"不是"，但我们往往能判断哪一部作品相对另一部"更类型"，或者分析作品在哪个方面和层次上"更类型"。

同学们常问："类型片等同于商业片吗？"虽然不能说绝对如此，但若将这二者作为影片集合的命名，的确两个集合有大面积的交叠，甚至可以说基本重合。不过这是从文本叙事结构和视听呈现形式的角度来判断，实际也有很多作品采用了非常规的故事或视听手法，从文本角度看并不类型化，但是使用了大牌明星，动用了强势的市场宣传手段，从制作者的市场定位角度是按照商业片操作的。比如导演程耳曾定义其拍摄的《无名》是"全方位好看的超级商业片"，实际《无名》除了具备谍战题材这个貌似类型化的外壳，影片的结构、节奏都迥异于《风声》《悬崖之上》《间谍之桥》《锅匠，裁缝，士兵，间谍》等典型的谍战类型片，与 007 式的谍战动作片更是风马牛不相及，其"商业性"无论从文本角度还是从内容消费者反馈角度看，都更像是自我调侃的戏言。

按照美国类型电影研究开山学者托马斯·沙茨的看法，类型作为电影研究方法提供了一个框架来认知电影的生产—消费过程，这个框架包含几个要点：一是承认电影是一种商业艺术，创造者要依赖经过检验的模式让电影制作流程制度化、经济化。二是承认电影与观众之间的密切联系，观众对于个别作品的反应（喜爱或厌恶）会影响未来通行的故事模式和制作标准。三是承认电影是一种讲故事的媒介（此处叙事性的"故事"对立于非叙事性的"诗意"），需要戏剧冲突，且戏剧冲突以社会内部的文化冲突为基础。四是承认类型具有其内在的语境，有内容和形式层面的成规和惯例，类型电影的艺术性要根据其创作者对既有叙事模式和形式惯例的"再创造"能力来评估，并不追求脱离类型语境、纯然属于作者个人原创的"独创性"。

同样的道理也适用于当下其他被类型思维浸染的内容产品，如类型小说（包括杂糅了多种类型元素的长篇网络小说）。相较电影和文学作品，更加依赖广大受众基础的电视剧集、长篇动漫作品几乎天然就是类型的／商业的，鲜少听说"作者电视剧""艺术番剧"的说法。

三、套路与标签——以电影为例看类型叙事的"类型性（Genreness）"

"怎么定义类型片？类型片的定义好像很含混，有时根据内容划分，比如西部片、战争片；有时根据视听风格特色划分，比如黑色电影；有时根据受众感官刺激划分，比如喜剧片、恐怖片，还有剧情片这种说法，什么电影没有剧情呢？动画片也是一种类型片吗？"

很多时候说到"类型"二字，讨论都离不开"套路"与"标签"，的确，公式化的叙事模板（套路）与鲜明的营销卖点（标签）正是类型电影乃至各种类型叙事产品的标配。

先来解释两个基础性问题。

"动画片是不是一种类型片？"从媒介材质的角度来看，动画片算是电影的一个"种类"，但与我们当下从叙事和美学角度界定的"类型"并不是一个逻辑层级的概念。这就类似提问："网络小说是一种文学类型吗？"在媒介融合时代，网络小说会以纸媒的形式出版；真人拍摄与电脑CGI动画之间的界限也在消融，如斯皮尔伯格《头号玩家》等电影作品。网络渠道也好、动画媒介也好，内容发布渠道和媒材的差异，理论上对于作品叙事层面的美学特质和思想表达并无必然影响。在本书的讨论中，特定的叙事模式可以横跨电影、动漫、文学等多种艺术门类而存在，它才是类型的要义。

至于"剧情片"概念，正好适合用来思考类型叙事的标签问题。通常当我们将"××片"作为约定俗成的概念来谈论时，前缀"××"一词都意味着影片营销的卖点，是指向性极强的标签，预告了影片中最夺人眼球的元素（至少在制作者和营销者的预想中如此）。"西部片"将广袤的西部旷野空间和弹无虚发的牛仔形象作为卖点，"音乐片/歌舞片"将歌舞奇观和流行音乐元素作为卖点，"动作片"将动作奇观作为卖点，"喜剧片"将笑点作为卖点，"恐怖片"将惊吓作为卖点……"甜宠剧""热血漫""修仙文"同理。

什么词汇能够作为营销标签命名类型呢？其实是非常随意的，可能来自电影史上的传统，也可能来自网络流行语，可能是非常宽泛的范畴如"古装片"，也可能是很狭窄的亚文化如"丧尸片"，很多时候是沿用类型文学的题材概念如"科幻片""推理片"……使用什么标签来概括作品并无绝对精确的答案，营销方往往可以根据对受众的预判来调整宣传策略。例如《爱乐之城》，对于长期以来养成了歌舞片和音乐剧欣赏习惯的欧美观众，歌舞奇观的打造耗金耗时，无疑是最重要的卖点，Musical[①]的大字一定要突出地体现在电影海报上。这部电影同时包含歌舞奇观和浪漫爱情故事，"歌舞+爱情"本是音乐片/歌舞片的一贯特色。在欧美语境中，相较浪漫爱情，歌舞奇观的商业卖点更加突出和有效，遂Musical一词在标记影片类型时享有更高的"优先级"，很少有Musical不提Musical反而仅以Romance（浪漫爱情片）自居的。但是当《爱乐之城》在中国上映时，考

[①] Musical一词既指称音乐剧，也指称歌舞片。在英美娱乐领域，这两个概念都使用Musical一词，正体现了百老汇音乐剧与好莱坞歌舞片这两种艺术形式同源的关系。中文翻译此词汇的时候，根据典型Musical Film中载歌载舞的形式，译为"歌舞片"。但实际在好莱坞类型电影体系中，大量主打音乐演出元素但缺少舞蹈元素的电影也属于Musical Film的范畴，如音乐界人士的传记片。Musical一词译作"音乐片"或许更合适，能够把"有音有舞"和"有音无舞"的作品都涵盖进来。"歌舞片"的译法固然突出了此类电影最典型的形式，也造成了一些误区，如争论某部电影到底算"音乐片"还是"歌舞片"。如此看来，"歌舞片"一词渐渐发展成了中国本土特色的类型概念，是对于好莱坞Musical类型的细分描述。

虑到中国观众不仅没有音乐剧观赏习惯，还对电影中载歌载舞的形式有所抵触，此前《如果·爱》《华丽上班族》等作品票房不济，已多次证明了中国观众的口味偏好，因此《爱乐之城》在中国的营销始终以"浪漫爱情片"为标签，淡化"歌舞片"的提法。

常见的美国电影类型标签有如下几种：

西部片 Western Film	黑帮片（强盗片）Gangster Film
黑色电影（黑色侦探片）Film Noir	科幻片 Si-Fi（Science Fiction）
战争片 War Film	音乐片（歌舞片）Musical
疯癫喜剧 Screwball Comedy	浪漫爱情片 Romance
家庭情节剧 Family Melodrama	传记片 Bio-pic（Biography Picture）
魔幻片（奇幻片）Fantasy	史诗片 Epic Film
动作片 Action Film	推理片 Mystery Film
恐怖片 Horror Film	惊悚片 Thriller Film
青春喜剧 Teen-comedy	运动电影 Sport Film
…………	

回到为何会有"剧情片"（drama）一词的问题，难道不是所有电影都需要一定程度的戏剧性吗？剧情片怎么就成了一种类型？英美电影类型体系中的"drama"概念被翻译成"剧情片"，其模糊性是因为有一些电影看不出突出的商业营销卖点——这里特指感官刺激或奇观要素，此类电影的基调较为严肃，调性上属于正剧，往往兼可使用"家庭片""爱情片""社会问题片""传记片"等标签，但"爱情""家庭""社会问题"甚至"传记"，实际也算不上感官、奇观意义上的卖点。如果我们着重强调"类型片"的大众商业属性，"剧情片"或许应该作为"类型片"之外的集合单独存在，是所有无法清晰断定"类型"的影片统称，算不上"类型"的类型。

而很多编剧老师都会表示，编剧要先有发自内心的创作冲动，灵感迸发地想到情境和故事，之后再考虑类型的问题，以免对公式生搬硬套，但与平台、制片人等合作方交流时，类型比较便于说明作品定位。这说明，类型标签不仅在成片的营销环节被灵活运用，在创作者推销（pitch）自己创意的环节，亦是很便利的沟通依据，但绝非死板的限制。

下面，我们再来谈谈"套路"的问题。

美国爱荷华大学的里克·奥尔特曼（Rick Altman）教授是电影类型研究领域的重量级学者，其代表作《电影/类型》（Film/Genre）一书影响深远，他指出："现存的类型研究存在固有矛盾和局限，包括包容性的定义标准与排他性标准之间的对立、结构主义类型理论与类型历史的不符、仪式批评和意识形态批评之间的矛盾。在类型定义的两种方法中，语义方法强调类型的构成要素，句法方法则更重视要素组成的结构。"[1] 奥尔特曼主张将语义方法与句法方法相结合，语义层级对应着初级语言元素，而句法层级对应着次级文本内涵。

这段有些晦涩的理论语言其实准确地解释了何为"套路"，奥尔特曼对语义和句法的区分显然受到波兰文论家罗曼·英伽登的现象学文论影响，英伽登的文学作品结构分层理论指出，文学作品本体在结构上包含四个异质独立又彼此依存的层次：（1）字音与语音组合；（2）意义单元；（3）多重图式化方面及其方面连续体；（4）再现客体。[2]

奥尔特曼所谓的"语义"，对应的是"初级语言元素"，即"字音与语音组合"和"意义单元"，在文学中是词汇与词组，在影像领域就是特定的视觉符码。类型"套路"在语义层面的体现是某些特定视觉符码的反复出现，譬如西部片中的旷野与牛仔腰间的左轮枪、科幻片中的飞船与外

---

[1] 奥尔特曼.电影类型研究的"语义/句法"方法[J].褚儒，张甲港，译.贵州大学学报（艺术版），2023，37（4）：52-60.

[2] 朱立元.当代西方文艺理论[M].上海：华东师范大学出版社，2005：134.

星……单纯从语义层面定义电影类型，就是我们之前所说的标签式类型概念。而这种仅凭语义（类型的构成要素）确定类型的方式，遭到了很多质疑，毕竟诸多异质要素可以排列组合混搭在一起，按此说法，几乎不存在纯粹的类型，这就否认了类型电影是泾渭分明的诸种"电影类型"的总集合，那么又该如何确立类型电影的定义？

奥尔特曼所谓的"句法"，对应的是"次级文本内涵"，即"多重图式化方面及其方面连续体"和"再现客体"。在文学文本中，词汇组成句子来指涉事物的某个方面（永远不可能穷尽事物的所有），使事物得到再现，在电影中就是通过镜头组接、镜头段落组接讲述故事。这样看，句法大致对应着故事、叙事。类型"套路"在句法层面的体现，意味着类型电影有一套特定的讲述故事的方式，从情节段落的布局谋篇，到释放细节信息的节奏，都有一定之规。句法（要素组成的结构）的要义在于，不局限于特定语义，无所谓各种标志性视觉符码是否混搭和杂糅，只要故事以特定的"造句"方式讲述出来，呈现出特定的结构，就能够确定类型电影的属性。且特定的讲述方式往往指向特定的思想表达。类型电影使用类型化结构、类型化句法再现的世界是高度假定性的、矛盾鲜明的，对世界的解释也是简单的。句法角度能够为类型电影勾勒出基本轮廓，但对它内部的分类欠缺阐释。仅凭借句法断定类型，会将部分具备类型语义元素（如牛仔、飞船等）但叙事未采用标准类型句法的作品轻易排斥在外，与电影工业的实践经验有出入。

奥尔特曼的电影类型研究强调在面对电影文本时，应从语义和句法两个维度对作品的"类型性"进行综合性考量，即采用"语义/句法"研究方法，规避单一维度的局限性。"语义"即电影史上既已形成惯例的某些视听符码，它们标示出了一些历史性形成的电影类型；"句法"即类型叙事模式，经由特定的文本结构锚定了类型电影的基本性质，很多语义杂糅不知如何判定具体类型归属的电影文本，只要符合此结构，都可以笼而统之划归类型电影之中，小说、动漫的"类型性"也同理。本书论述的重点是句法，同时也会带领大家去分析那些标志性的表意符码，看它们是如何被整合进入类型叙事句法中去的。

四、分层思考："这部电影是类型片吗？难道不是吗？"

不久前，同学 Y 在课堂上向大家倾诉他的烦恼，他去一个男频热血向的影视项目求职，因为观片很多，写作成绩也很好，心态还是比较自信的。不料在跟导演沟通之后大受挫折，也没有得到这个工作机会。导演问了他一个问题："近年你最欣赏的中国类型片是哪部？"同学 Y 比较青睐"在文艺和市场之间走钢丝"的作品，认为能够达成平衡的才是优质的类型片，于是他回答《人生大事》和《我不是药神》。导演闻言面露失望，表示该同学并不适合这个项目。同学 Y 回到学校把这番经历同大家分享，不知道自己"错"在哪里。

就这个问题，我代他咨询了一些编剧老师，他们是这样说的——

编剧老师 W：同学的回答并没错啊，这两部电影类型化倾向挺明显的，有喜剧元素，有强情节，同学在留心商业通俗性之余，仍然坚持作品要关注现实，要有人文价值，这很好啊。他的趣味没有问题，知识上也没问题。

编剧老师 F：如果我是这个项目的负责人，我也不会录用这个同学。他没有搞清楚制作方的需求，职场应聘不是考试答题和学术讨论，不在于"类型片"的范围和该从哪些角度界定定义，有哪些方面可以商榷，而是要考虑到项目的风格调性。既然已经知道是男频热血向的作品，如果想要参与，那么从"投其所好"的角度可能该回答《流浪地球》《独行月球》《唐人街探案》之类的影片。

这个事例，能给我们三方面的启发。第一，在"类型"问题上，学术领域的讨论和业界对"类型"一词的运用，立场上可能有很大的差异，学术尽量寻求严谨和知识生产的建设性,业界注重的是实用性和效率。第二,不同的业界人士,在内容产业中从事的行当不同,看法也会不同。对于美工师来说,如果一部电影需要打造外星球和飞船场景,从工业技术流程的角度,这就是一部科幻片。但对于内容把控者而言,如果这是一部披着科幻外衣讲述深刻哲思、叙事节奏缓慢松散的电影,如《索拉里斯》,无论有没有飞船存在,首先这就不是标准的"类型片",就算称之为科幻片,这里的"科幻"一词也不是作为类型之一种,仅作为对较泛泛的题材范畴的描述。第三,既然关于"类型"的讨论容易陷入纠缠不清,我们应当确定在何种立场上进行相关讨论,从合适的立足点出发对文本进行研判和梳理。

在从类型角度对作品进行评价或构思的时候,我们首先应该确定是在哪个逻辑层级上谈论作品的类型属性。文学的媒介材质较为单纯,作为语言的艺术,层级相对电影要少,在此主要以电影为例。

面对一部电影,在谈论其美学策略的时候,至少可以分为四个单元:知觉、故事、思想、风格[①](见图0-1)。这与我们前面讨论的英伽登现象学文论、奥尔特曼类型电影理论是同一思路。

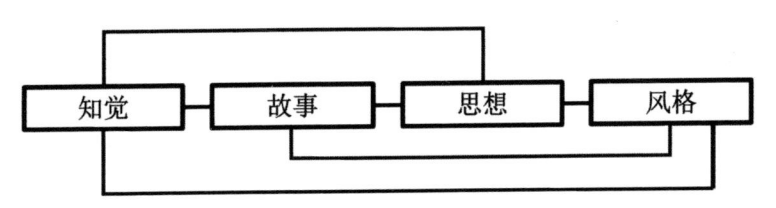

图0-1 四个单元示意图,它们之间并非单一的连接关系,如知觉也可以越级表现思想

---

① 王志敏.现代电影美学体系[M].北京:北京大学出版社,2006:141.本书中的电影审美层级划分方式借鉴了电影美学学者王志敏的"电影美学系统论",从电影符号学"能指—所指"划分角度,提出电影作为复杂的表意系统,逐级生成四个单元(知觉—故事—思想—特征),四个单元能够分别在不同的逻辑层面承担"能指/媒介"和"所指/意义"的功能。王志敏将最后一个单元命名为"特征",强调创作者刻意追求的特殊情调和诗意气氛。在本书中换用"风格"一词,相对更易理解。

这一审美层级／单元四分法，比通常的"形式 VS. 内容"二分法更细致全面，以往谈论"内容"的时候，故事与思想混同在内容领域，容易忽略两者之间"媒介—意义"递进关系。

知觉（视听形式）传达故事（情节和人物），这里的知觉是能指，故事是所指；故事表现思想（意识和理念），这里的故事是能指，思想是所指；最后，思想传递特征。但是这四个单元之间的关系并非固定逐级表达，也常有"越级"的情况。知觉单元可能凭借纯粹的视听形式感越过故事通达思想单元，例如爱森斯坦的理性蒙太奇，直接用视觉意象表达思想隐喻，又如《一条安达鲁狗》中疯狂又炫目的剪辑，越过了清晰的故事和思想，在含混中直达诗意和梦境情调。一位电影作者的风格，会同时体现在他一以贯之的知觉形式、故事选材和思想倾向上，这意味着四个单元保持高度有机统一的关系，但并不是所有导演都能做到这一点，作者电影永远是少数。

就类型片而言，"类型"概念在四个审美单元的体现有以下四个方面。

（一）知觉单元：相对常规的视听形式

在电影史上经反复验证和锤炼之后形成的一整套用于表现某一特定题材的视听形式惯例，如西部片中的枪战段落、武侠电影中的打斗套招、警匪片中的追车惯例，等等，以好莱坞主流商业电影为例，除了特定类型风格化的段落，普通场面会采用缝合式流畅剪辑（动作匹配、视线匹配）、180度轴线原则等常规形式。受资金和效率的影响，最工业化批量生产的类型片往往在知觉单元缺乏创见，单调但流畅的视听风格在好莱坞黄金时代达到顶峰，此后沿用到常规电视剧乃至当代的短视频之中。敢于"冒犯观众"尝试形式创新的创作者是少数派，电影作为"工业"，其基础是相对同质化的批量生产——类型片生产，这一点在电视剧、动漫和当代网络文学领域体现得更加明显。

（二）故事单元：公式化的情节和人物

在情节结构方面，类型片的剧情走向是公式化的，开头的激励事件，分幕的关键情节点，不同类型片种标志性的困境、冲突、解决环节在该类型内部基本是定型的，通行的剧作结构模板例如日本剧作教育者沼田康博的"十三阶段检查点"[①]（见图0-2），或美国剧作教育者布莱克·斯奈德的"15个节拍表"，针对类型片的分析和写作是最有效的，类型片不仅情节节点有一定之规，根据不同类型特色，特定情节节点发生的具体事件都高度同质。

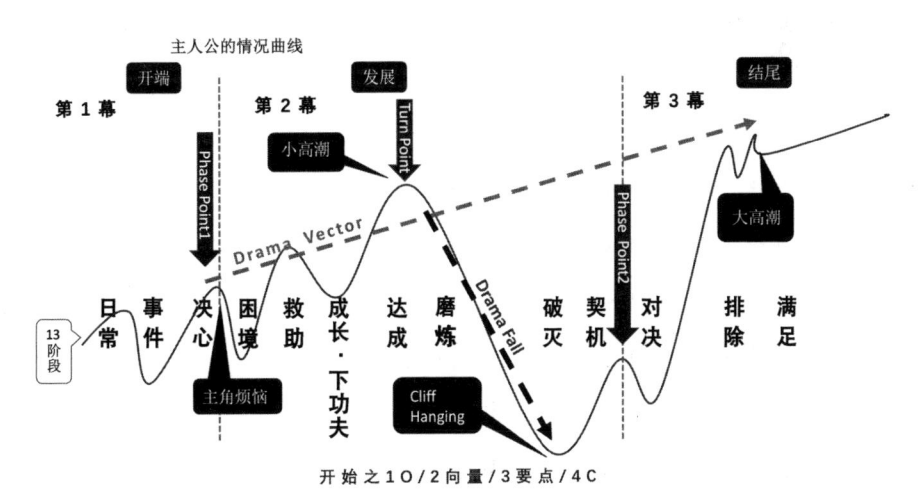

图0-2 沼田康博剧作教材《畅销的故事，热门的角色：日本漫画和游戏中的故事与角色设定方法》中的"十三阶段检查点"示意图

类型片的人物设置也偏定型化，相当于福斯特《小说面面观》中谈论的"扁形人物"。明显归于某类型片种的诸多作品都会使用相似的人物设定，个性、行为动机、戏剧功能趋同，这种情况发展到极致就是被吐槽的"全员工具人"局面。

---

① 沼田康博.畅销的故事，热门的角色：日本漫画和游戏中的故事与角色设定方法［M］.周丰，周盛，许彦彬，译.重庆：重庆大学出版社，2017：68.

（三）思想单元：清晰的价值观表达

类型片的价值观理念通常要比艺术电影更加清晰明了，类型片的思想表达遵循的是神话模式，需要建立二元对立的价值冲突，并且用个体人物的困境和选择来体现这些冲突。在社会心理学领域，个体或集体的文化价值大体可根据权力距离（Power Distance）、集体主义（Collectivism）VS. 个体主义（Individualism）、阴柔气质（Feminity）VS. 阳刚气质（Masculinity）、不确定性规避（Uncertainty Avoidance）[①] 四个维度进行考察，换言之上述四个维度基本可以测量人类个体或集体之间的价值观差异。

放眼电影史，类型片常使用的二元价值对立也无非屈指可数的几组：

传统	VS.	现代
自然	VS.	工业
乡村	VS.	城市
女性	VS.	男性
价值理性	VS.	工具理性
人道主义	VS.	极权统治
和平	VS.	战争
个人主义	VS.	集体需求

…………

每部类型片具体的价值观设定几乎都可以合并融入上述几组。"大众

[①] 霍夫斯泰德. 文化与组织：心理软件的力量 [M]. 李原，孙健敏，译. 2 版. 北京：中国人民大学出版社，2010：24."权力距离"是一个社会成员对所在机构里和社会构造中权力分配不平等情况的接受水平，权力距离小则更追求平等，权力距离大则更容忍不平等。"不确定性规避"即处理不确定和模糊性的方式，与攻击性的控制与感情的表达有关。

电影，本是做大众理念。……当以何种品相生活下去。"①合乎"故事工业"标准的类型片最终会给观众一个对于人生某方面疑问的答案，在铺垫二元价值之后要明确说出"××比××重要"，不会过于含混不清。这答案很可能只是理想化的、单薄的，大部分类型片作为主流商业电影，只要不是处于思想发生剧变的特殊历史时期，基本不会表达太过惊世骇俗的另类理念，也不会对人性的暧昧、现实的杂芜做深入的阐释，但至少能够呼应人们的"生存尊严"。在文化批判的视角下，常规类型片的"鸡汤属性"被精英知识分子诟病为"精神麻醉"，以"白日梦"的态度面对复杂的人性问题、现实矛盾，给予想象性的解决方式，转移大众的注意力，逃避真正的问题。

（四）风格单元：作者与类型的碰撞地带

类型片是电影工业流水线批量生产的产物，在以独特性、超越性为旨归的风格领域，发挥的空间很有限。常规类型片的视听语言是中庸的，无论动作场面多激烈、服化道多精美，基本是"行活儿"，依靠电影工业体系中的熟练工种来支撑；故事往往老套；表达的价值观也中规中矩。类型片不是没有风格，而是有一种"千片一律"的统一风格，与艺术家个体的独创性表达相龃龉。回顾电影史，导演作为作者被标举，作者电影的理念成为电影节存在的基础，这首先得益于战后法国新浪潮"手册派"的据理力争与"现代主义电影运动"。特吕弗、戈达尔等新浪潮主将奋笔疾书呼吁，导演的个人风格应得到重视，导演不该被视为拿着剧本机械取景的匠人。类型片的创作模式一度被视为电影的唯一形态，欧洲三大电影节战后初期的颁奖理念与好莱坞奥斯卡的口味相差无几，是《电影手册》掀起的"作者论"浪潮扭转了风向，"艺术电影"的概念逐渐深入人心，与商业类型片分庭抗礼，也反哺类型片的形式更新。

当下大家口中的"艺术电影"，其风格面貌基本是由二战后的现代主义

---

① 黎明即起 [M] // 徐皓峰. 刀背藏身：徐皓峰武侠短篇集. 北京：人民文学出版社，2013：232-235.

电影运动奠定的，电影领域的"现代主义"同文学领域又有所不同。在电影史上，"现代电影"一词是相对"古典电影"而言的，"古典电影"也可译为"经典电影"，不是泛泛地赞美某部电影"很经典"的意思，而是专指被好莱坞发扬光大的大众通俗电影风格，以20世纪30年代初至50年代末的好莱坞类型片为代表，这一时段也被称为"古典好莱坞时期"。"现代电影"则是对"现代主义电影运动"中诸多流派和一众大师风格的统称，提出这一概念是为了与古典好莱坞电影分庭抗礼。

在文学史上，现代主义文学继现实主义文学发生，两者之间有较明确分野，但在电影领域，现代主义电影运动原本就将"现实主义风格"涵盖在内，意大利新现实主义电影拉开了"现代电影"的序幕，法国新浪潮赞美并借鉴了意大利新现实主义的街头实景拍摄、长镜头等手法，同期的电影大师如费里尼、伯格曼等人虽然以意识流手法著称，但"意识流"影像手法在宏观上也可归于"心理现实"的范畴。文学文本的"写实"主要针对的是题材和情节，如果将自然主义文学也归入"写实"，文学作品基本可以从故事层面判断是否具有现实主义特征。而电影文本由现实中可见可听的符号组成，在感知层面天然就是现实的，不同于经由语言符号完成的脑海想象，其"写实"主要指称视听形式层面，参照历史性形成的惯例，判断何为"现实"，好莱坞古典类型片用平实的剪辑手法维持一种虚构的现实表象，隐藏摄影机和导演的存在，这种"古典写实"实为造梦；而意大利新现实主义的粗糙、新浪潮电影的个人化、现代主义电影大师的风格化作为好莱坞的另一面存在，从不同路径尝试创新性的视听语言与情节模式，表现了客观视角或主观心理意义上的"现实"。

托马斯·沙茨在《旧好莱坞/新好莱坞：仪式、艺术与工业》一书中列举了古典类型片与现代主义电影之间的一系列对比[①]（见表0-1）。

---

① 沙兹.旧好莱坞/新好莱坞：仪式、艺术与工业［M］.周传基，周欢，译.北京：中国广播电视出版社，1993：270.

表0-1　古典类型片与现代主义电影之间的对比

古典类型片	现代主义电影
以故事为主（故事作为产品）	以讲故事为主（故事作为过程）
标准化的技巧	创新的技巧
直率的	嘲讽的
导演伪装他的存在 （隐而不见的叙事）	导演承认他的存在 （反思的叙事）
银幕作为透明的窗户	银幕作为不透明的表面
"现实主义"	人为的，风格化的
被动的、不自觉的观众 （观看作为主观行为） （观众介入） （故事自己讲） （观众作为消费者） （观看作为游戏）	积极的、自我意识的观众 （观看作为客观行为） （观众"间离"） （观众构成故事） （观众作为生产者） （观看作为工作）
封闭的文本 （密封的空间） （三幕结构；封闭）	开放的文本 （透气的空间；虚构—现实的相互干预） （没有结构；开放性结尾）
线性情节；因果逻辑	无情节；自由联想
有动机的，首尾一贯的人物 （通过破题的揭示）	不可思议的人物 （不给信息）
主导冲突一目了然	冲突是暧昧的（或不存在的）
冲突得到解决 （支持现状）	冲突不被承认或不可调和 （质疑现状）

上述每一项对比都可划归到知觉单元、故事单元、思想单元、风格单元中的某个层级去。如"直率的""支持现状"就对应着方才谈论的类型片在思想单元的呈现方式——较直白的价值输出，而现代主义电影则是"嘲讽的""质疑现状的"，在价值表达上呈现出较暧昧游离的态度，不接受任何乌托邦式的许诺。

沙茨也强调"这些对立代表着观念的界限：所有的影片在某种程度上既是经典的，又是现代主义的，因此介于这两极之间的某处"。[①] 与文学不同的是，电影的知觉单元与故事单元之间存在着灵活的间隙空间，完全可以用标准类型片的流畅剪辑形式去表现现实主义文学作品中的情节，也可以用移动长镜头、同期声等纪实影像形式去拍摄通俗类型小说的公式化剧情。电影史上，有的通俗类型小说被改编成了晦涩的艺术电影，也有伟大的现实主义文学作品被改装为通俗类型片，这样的例子比比皆是。因此，我们探讨一部影片的类型化程度时可能要"逐项打分"，当然也有极化的例子，沙茨认为电视剧文本和古典好莱坞时期的 B 级片是纯粹类型产品，同理，我们也可以这样看待当下国内视频网站上的大多数"网大"（网络大电影）；而实验电影显然站在另一个极端，如杨·史云梅耶的作品。以新形式主义研究方法著称的美国电影巨擘大卫·波德维尔、克里斯汀·汤普森夫妇在他们的著作中会把常规类型电影作为一个整体，即"普通影片"，指称一种相对统一的"影像 + 叙事"风格；作者电影则几乎每一部都自成一格，单部影片可以作为独一无二的美学系统来看待。

同学 Y 的问题：《我不是药神》《人生大事》到底是不是类型片？大家可以试着运用上述"逐项打分"的方式来研判一下。

五、故事的"腔调"：冒险，生活或活着

进入剧本策划与写作领域之后，也许会经常听人说起剧本项目的"调性"（好莱坞对应的行话是 tone），用来朦胧地概括未来作品将带给观众的感觉。这样的说法并非确切的学术概念，具体的分类和定义也是因人而异，每个创作者心中有自己的尺度。譬如我的同事、编剧 F 老师就会从受众性

[①] 沙兹. 旧好莱坞／新好莱坞：仪式、艺术与工业［M］. 周传基，周欢，译. 北京：中国广播电视出版社，1993：270.

别定位（男性向/女性向）、是否遵循现实主义等角度来确定剧本"调性"，并且将确定"调性"视为编审与制片人在项目初期的首要工作之一，"调性"摇摆不定，可能会给后续的编剧工作带来很多麻烦。

上面提到同学 Y 的类型片观念与所求职的项目不协调，问题其实也出在"调性"上。按照编剧 F 老师的调性分类法，一部男性向热血动作电影首先是受众以男性为主，其次是动作片在剧情和视听方面必然运用高度假定性的夸张手法，大概率是非现实主义的，如成龙的电影。而 Y 同学表示心目中优秀的"类型片"是《人生大事》《我不是药神》，一方面，这两部电影在受众性别画像上没有突出的倾向；另一方面，无论这两部片是否符合严格意义上的"现实主义"，至少比《战狼Ⅱ》《唐人街探案》这样的作品更接近现实，明示了要尽可能贴近生活现实的态度。在项目把控者看来，同学 Y 在关于"调性"的判断与审美上，与该项目南辕北辙，道不同难以同行。

参考"调性"说法，也结合类型电影相关理论，我们暂且使用"腔调"这个更具比喻色彩的词汇来给作品的气质分类，本书的分类法介于业界约定俗称的界定和类型电影学术视角之间。这个分类角度将作为本书后续内容的框架被反复提及，不仅适用于电影、电视剧，同样可以用来观照网络小说和动漫作品。在本书中，故事的"腔调"无非三种：冒险，生活，以及"活着"。

这里说的"冒险"特指"暴力冒险"，在本书中统称为"冒险调"叙事（与书中的"暴力向"基本重合），意味着强情节、强设定、强烈的感官刺激，几乎必然包含暴力元素，暴力程度在情节设定和视听呈现上都超出日常生活常态，人物需要用武力解决问题，且面临将导致非自然死亡的生命危险。最狭义的"类型片"或"商业片"往往指的是这类作品，正如同学 Y 之前求职的项目，导演提到"类型片"时心目中勾勒出的大概是这种腔调的影片。

作为与"冒险调"对位的存在，我们谈论的生活特指"浪漫生活"，这意味着相对远离现实生活。这样的故事发生在日常生活场景中，一般不涉及警匪罪案、恐怖悬疑、武打动作等暴力元素，但故事中的人物形象从性格到外观，都偏扁形甚至漫画化，情节依赖巧合、喜剧、伦理纠葛等方式制造较强烈的戏剧性和可看性。比起真正严肃甚至严峻的现实主义批判，浪漫生活或多或少要对现实加以粉饰，常被观众贴上"傻白甜""狗血""鸡汤""治愈系"等标签，哪怕结局BE（坏的结局，Bad Ending），也至少有浪漫绚烂的过程。最重要的，浪漫生活故事会提供较明确的价值观倾向，会尝试给生活下定义，帮助观众确信"人间值得"并输出理念"如此生活才更幸福"。本书将这类故事统称为"生活调"叙事（与书中的"情感向"基本重合），在电影领域，不少"生活调"的电影会被划归"文艺片"的阵营，比如在豆瓣榜单排名靠前的高分作品，相当一部分属于这种，但无论是《怦然心动》《海蒂和爷爷》，还是《当幸福来敲门》《罗马假日》，都并非在独创性和深刻性方面获得艺术电影节肯定的作品，即并非之前谈论过的受现代主义电影运动突出影响的"艺术电影"。

那么，大家平时经常挂在嘴边约定俗成的名词"文艺片"又是什么概念呢？

"文艺片"是我们中国观影语境中特有的概念，通常模糊地指代那些不具备典型"冒险调"的日常生活题材作品，且要求风格细腻舒缓，过于喧嚣的喜剧闹剧一般不含在内。中国观众约定俗成的"文艺片"类别中既包括了一部分节奏偏慢、小情节叙事的"生活调"影片，也包含了那些被戏称为"闷片儿"的艺术电影。如果不细加区分，很容易将通俗浪漫的"生活调"影片与表面沉闷实际剑走偏锋的艺术电影混为一谈，但其实两者差异巨大，前者是相对类型化的，而后者则意味着对现实状态的极度还原与私人化的独创性。比如《人生大事》《送你一朵小红花》，在互联网社交媒体上有很多观众将这些作品界定为文艺片，但这类影片绝不是《三峡好人》

《十七岁的单车》式的"艺术电影节选手"。同样的差异也体现在文学领域中，日本文学界的直木奖会颁给女作家三浦紫苑这种写日常风治愈系小说的作家，芥川奖则颁给更厚重或更先锋的严肃文学作家，三浦紫苑的小说从表面上看并非本格推理式的"类型小说"，但从奖项归属看，《编舟记》《强风吹拂》等仍然属于通俗文学的领域。大量"生活调"影片被视为"平衡艺术与商业"的代表，与带有明显感官刺激商业元素的"冒险调"影片区分，那么更加任性的、为了曲高和寡的艺术而放弃商业追求的作品是什么样的呢？

这就是我戏称的"活着"叙事。用"活着"一词形容某些作品的气质，灵感来自网络流行语——"有质量的生存才叫生活，没质量的生存只是活着。""生活与活着是两种不同的姿态，前者是乐此不疲，后者是苟延残喘。""活着和生活是不一样的，只是活着不会幸福。"借鉴这些调侃，帮助大家理解"活着"与"生活调"的腔调差异，两者之间有交叠地带，但总的来看仍有比较明显的差别。在电影领域，现代主义电影运动影响下的艺术电影，热衷表现人类生存境遇的荒诞、资本主义的剥削、强权政治的压迫、中产阶级的虚伪，等等，提倡弱情节的剧本，摒弃传统的戏剧性冲突，充斥着大篇幅人物状态戏，这样的作品让人觉得或悲观或嘲讽，总之"人间不值得"。"活着"腔调涵盖大量带有现代主义色彩的文本，也包含叙事上较传统的自然主义和批判现实主义文本，它们往往事无巨细地描摹现实，关注底层并经常以边缘人群为主人公，比如《小武》《隐入尘烟》《小偷家族》《我是布莱克》《无依之地》等；同时也不排斥表现精英人群衣食无忧的生活，有时讽刺他们的无聊与空虚，有时表现心灵深处的哲思与自省，比如电影大师安东尼奥尼的《红色沙漠》、伯格曼的《假面》、费里尼的《八部半》，以及近年的《驾驶我的车》《自由广场》《冬眠》《野马分鬃》《八月》等。

我们之前提到了电影美学的四个单元：知觉、故事、思想和风格。按照"分层/逐项"研判的思路，存在着知觉层面属于"冒险调"，故事节奏和思想立意却带有"活着"腔调的作品，比如库布里克的《2001太空漫游》，从知觉单元观察，无疑属于科幻片类型（如果我们将科幻片视为电影类型的话，这点容后商榷），但其叙事"沉闷"的程度和思想上的深沉悲观倾向更像是"活着"。《2001太空漫游》算不算类型电影呢？答案取决于观察的角度。影史上不少作品使用了明星和典型类型元素，但观众走进影院才发现，观看到的并非爽翻天的冒险之旅，亦不是温情治愈的生活故事，于是他们带着五味杂陈、不可名状的心情走出影院后，大骂电影货不对板。毕赣的《地球最后的夜晚》便是如此，宣传时强调爱情元素，提示浪漫，实际却是一个暧昧不清、令人费解的故事，欠缺浪漫爱情电影对爱情价值的肯定与仪式化颂扬。

文学领域和电影略有不同，无论是现实主义风格还是现代先锋派手法的文学作品，有些阅读感略沉闷的文本（相较典型的通俗类型小说而言）似乎在书写"活着"，但完全可以经由电影视听语言的转译变成炫酷的"冒险调"作品，比如路阳的《刺杀小说家》，原著中颇为抽象的概念化作了电影中近似3A游戏[①]大作的幻想世界。又如姜文的《让子弹飞》，改编自老作家马识途的小说，但整体的面貌酷似美式西部片。

故事的三种腔调可以单方面推向极致，也可以相互兼容，并非绝对排异。长篇连载作品如电视剧集、网络小说、动漫有足够的篇幅在不同时段容纳多种腔调，但对于接受时长[②]较短的作品如电影，在90—120分钟的篇幅里，很难兼顾"冒险调"（暴力向）和"生活调"（情感向），尝试这样去做，要精确规划冒险成分与情感成分的互渗融合，其中潜藏着顾此失彼的危险，可能会导致故事气质定位不清晰，受众画像不清晰。例如编剧F老

---

① 3A游戏指开发成本高（A lot of money）、开发周期长（A lot of time）、消耗资源多（A lot of resources）的游戏。

② "接受时长"即正常阅读/观看速度下，体验叙事作品所需要的时间。

师的友人做了一部网络大电影《巨蛇闯女校》，以低成本创造了高收益，创作者受到鼓舞，兴致勃勃地告诉 F 老师，打算拍摄续篇，依旧以校园环境为背景，要做一部怪兽惊悚版的《放牛班的春天》。F 老师闻言失笑，诚恳地告诉对方，如果是情节紧张的怪兽惊悚网大，他会感兴趣，但如果糅合了《放牛班的春天》，他立时便没兴趣了，因为细腻的师生情、同窗情和网大擅长的直给型感官刺激实在太不协调。

无视不同故事成分腔调差异的做法，就像是烹制黑暗料理，不能说绝对失败，但确实难以保证"口感"。这也是冒险调作品的情感线总不免"简单粗暴"的原因，这甚至算不上缺点，恰恰是合理取舍的结果，也是特点。如果有人嫌弃金庸小说中爱情笔墨不够，想从中寻找从头到尾缠绵悱恻的恋爱，那他读的就不是《书剑恩仇录》《鹿鼎记》，而是《还珠格格》《步步惊心》了。当然，从当代媒体文本粉丝文化角度，受众被赋予了对抗性读解和二度创作的权力，常有粉丝执意要将冒险调故事"读作"情感向故事，那也是"圈地自萌"者的自由。

"冒险+情感"两种成分平分秋色的作品当然也有，如新海诚的《你的名字》《天气之子》《铃芽之旅》等一系列作品，故事中有毁天灭地的大灾难存在，但故事的主要情节围绕着主人公的一腔痴情展开，似乎只有情感问题解决了，说出埋在心里的那句表白，世界问题才能解决。不止有像新海诚这样的动画艺术家做此尝试，更加工业化的中国特色类型"仙侠剧"也异曲同工，"世界系"动画常被指责格局过小，仙侠剧就更不用说了，"救一人还是救苍生"是个伪命题，观众心知肚明，苍生也好，世界也罢，都只是男女主人公缠绵虐恋的背景板而已。

总的来看，"冒险调"和"生活调"的作品大多属于类型化叙事，尤其"冒险调"，感官刺激元素的存在天然决定了其类型化的倾向和通俗娱乐的属性。"生活调"的作品虽然有时被视为"文艺之作"，貌似不如"冒险调"类型属性清晰，也缺乏暴力、恐怖之类的感官要素，但其情节、人物、思想主题方面的浪漫倾向，仍免不了对生活现实进行提纯、简化和美化，并非真正超脱通俗性的"纯艺术"作品，如果我们承认言情小说、青春小说是类型文学，爱情喜剧片、歌舞片是类型电影，就可以宣称"生活调"也是偏类型化的。

暂且不提文学领域，只看电影领域的话，典型"活着"腔调的电影，十之八九是不能划归类型片阵营的，它们是"文艺片中的文艺片"。需要警惕的是，一些初学剧作的同学会忍不住用"文艺""艺术"等托词，掩盖自身不擅长构造戏剧性冲突的能力弱点；或者自认为在写作一个强情节的故事，实际呈现的效果却拖沓散漫，情节似流水账，人物轮廓不清，勉强算是"活着"。重视戏剧性基本功的老师，会说出"状态戏滚出地球"之类的玩笑话提醒同学，不要沉湎于冗余的细节。此时没有必要用"我故事中的一切都是生活现实中真实发生的""我要表现人物真实的状态"来辩解，"真实发生"不是挡箭牌，正如"活着"作为生活常态，如果不是有非常之必要，我们为何要去影院购票观看他人琐碎的日常呢？明明每天都可以免费看到形形色色的"活着"，我们就沉浸式地"活"在日常之中。

那些吸引观众去看他人如何"活着"的电影，几乎都在我们此前提到的"风格单元"做到了独树一帜，用独到的视听形式揭示了生活中的诗意，以看似平淡的情节，道出了深邃的哲理，知觉、故事、思想、风格各单元的美学策略有机统一，这恰恰是最难做到的，也是艺术电影节颁奖给那些作者导演的原因。一方面需要超越生活表象，放弃约定俗成的通俗幻想，把握现实表象之下的本质，看山是山，看山又不是山；另一方面要寻找到比类型片更独特的视听语言、场面调度——这已经不是编剧职责范围内能够做到的了。因此，老师也会提醒同学，如果不是自编自导，更要避免在剧本阶段就沉溺于王家卫式的"文艺"氛围之中，王家卫的无剧本拍摄成就了艺术经典，你的无情节剧本却可能是对拍摄者而言毫无建设性帮助的糟糕剧本，毕竟很多叙事质量不达标的烂片也是这般用"艺术""文艺"标榜自己的。

在大致铺垫了本书的类型观之后,我们要开始讨论类型叙事的方方面面了,后续的篇章中,我们会经常回溯类型的通俗性、类型的判断法、类型的"腔调"等问题。因为无论是分析类型叙事的二元对立神话结构,还是揣摩类型叙事的特定节奏,梳理类型人物和肖像系统,都绕不开对专有名词"类型"的语境化理解。

第一章

类型叙事的几个基本要素

举近年国产电影的例子，你们怎么看待《万里归途》这部作品的**类型性**呢？《万里归途》属于什么**电影类型**？能够简单地贴标签判定吗？《万里归途》是**类型电影**吗？

也曾有同学向我提问："主旋律影视剧算是'类型'吗？"

带着这些问题，我们来梳理一下类型电影（及普泛意义上类型叙事）的几个基本要素，这些要素也适用于依托其他媒介材质（文学、动漫甚至游戏）讲述的类型故事：（1）神话结构；（2）鲜明节奏；（3）极致人物；（4）精密编码。

一、神话结构：二元对立是类型叙事的灵魂

英国电影研究者丹尼尔·钱德勒深耕电影符号学，他指出经典类型片的特征之一是具有基本主题，即"某些社会的、文化的、心理的、政治的、性别的、道德的主题和价值，构成循环的意义模式"。[1]围绕着这些基本主

---

[1] 戴锦华.电影批评[M].北京：北京大学出版社，2004：103.

题，经典类型片以神话式的结构向观众传递意义，"一种类型和神话密切相亲之处在于，它把某种社会或历史经验浓缩为冲突与解决的戏剧性格局"。①

类型和神话之间的相似性构成了电影类型研究的基础，亦可沿用到当代深受电影类型片影响的类型小说、动漫叙事研究之中。所谓"神话式"指的是什么模式？这还得从结构主义人类学家、神话学巨擘列维－斯特劳斯说起，列维－斯特劳斯研究古希腊神话后总结提出："古往今来人类不同时代的叙事行为，具有共同的社会功能，即通过千差万别、面目各异的故事，共同呈现某种潜在于其社会文化结构中的矛盾，并尝试予以平衡或提供想象性解决。"②在遥远的古代，神话以口传史诗、民间故事的形式被反复讲述，讲故事和听故事的行为暗含仪式性质，普罗大众从故事中获得激励和慰藉，整个过程相当于"精神按摩"。到了现代社会电影诞生的时候，电影媒介脱胎于杂耍场，在经济利益的驱使下，电影媒介的掌控者需要吸引城市化进程中激增的广大市民群体，电影很快便与古老的神话传统找到了合辙之路，并且通过向大众传播放送，高效率地执行着其仪式功能。"传播是一种仪式，传播的核心是人们依靠共有的情感和信仰，以共同体形式汇聚一堂的神圣典礼。"③

类型电影研究名家托马斯·沙茨指认好莱坞类型片为古老神话的当代版本："神话的目的就是提供一种能够克服矛盾的逻辑模式，这正是类型叙事的过程。"④"娱乐片实际上在协助公众去界定迅速演变的社会现实，并找到它的意义。电影故事（经常以民间故事的原始的质朴性来构成）依靠的

---

① 沙兹.旧好莱坞/新好莱坞：仪式、艺术与工业[M].周传基，周欢，译.北京：中国广播电视出版社，1993：13.
② 戴锦华.电影批评[M].北京：北京大学出版社，2004：81.
③ CAREY J W. Communication as culture: essays on media and society [M]. Boston: Unwin Hyman, 1989: 23.
④ 沙兹.旧好莱坞/新好莱坞：仪式、艺术与工业[M].周传基，周欢，译.北京：中国广播电视出版社，1993：68.

是美国生活中的基本冲突和矛盾。一般通过'大团圆'——用来支撑公众所共享的价值观和信仰,从而支持了他们共同的世界观。电影提供了一条贯穿线,把他的观众联结在一个集体的梦幻中,一个对他们自己的文化经验理想化的幻景之中"。[1]

类型片对神话结构的利用又使其带有浓厚的"情节剧"色彩,情节剧人物似乎来自生活,但相比狄更斯、巴尔扎克式的写实,情节剧中的人物更像是特定价值理念的传声筒,工具性大于现实感。德国电影史家托马斯·埃尔塞瑟(Thomas Elsaesser)精研18世纪末兴起于欧洲的情节剧,指出"情节剧具有制造神话功能,因为它的意义是蕴含在结构和动作的表达之中,而不在于那具有心理动机和个人经验的一致性"。[2]

电影史先驱D.W.格里菲斯的情节剧电影《一个国家的诞生》(1915)为类型片法则奠基,我们看一下这部电影的价值观冲突主干:

南方	VS.	北方
自然田园	VS.	工业资本
人情美好	VS.	唯利是图
主仆和谐	VS.	黑仆二心
农场主	VS.	政治家
男性英雄	VS.	女性弱者

类型片机缘巧合繁盛于美国好莱坞,20世纪初期美国的现代性状况正好成为类型叙事最好的温床,并将流行的叙事程式向全球传播。"好莱坞式的类

---

[1] 沙兹.旧好莱坞/新好莱坞:仪式、艺术与工业[M].周传基,周欢,译.北京:中国广播电视出版社,1993:2.
[2] 沙兹.旧好莱坞/新好莱坞:仪式、艺术与工业[M].周传基,周欢,译.北京:中国广播电视出版社,1993:105.

型片"并不独属于好莱坞和美国,而是一套对所有处于现代化进程中的国家均行之有效的神话性叙事模式。不同国家处于现代化进程的不同阶段,无论其大众社会是渐趋成型还是已然确立,各国大众文化都会与电影类型片生产建立相辅相成的关系。各国电影行业在发展过程中,必然要根据本国所处历史阶段和本土文化环境,对"现代神话"的内容进行本土化的改写,而神话的机制和叙事形式则是共通的,难免带有先行者——好莱坞类型片的影子。

曾有同学问我:"类型片是否独属于美国好莱坞?"当然不是。好莱坞是类型片最初繁盛之地和当下最大规模的类型片生产地,但类型片及其神话化的、情节剧式的叙事模式绝非舶来的洪水猛兽、文化侵略,如今类型片模式已经是全世界电影工业的共同文化资产,印度的宝莱坞、韩国的忠武路,乃至日本的 ACG 产业链无不受其滋养。

那么,"神话结构"是如何具体搭建的呢?罗兰·巴特在《神话学》中指出,"神话的功能就是把历史转换为自然,把复杂的社会问题聚合成概念系统,从而使它们成为常识性的"[1]。将某一社群(如某国某地民众)面临的基本文化矛盾提炼为概念系统,依靠的是"二元对立"法则。"二元对立"一词将贯穿本书,我会时刻提醒大家留意其重要性,在本书的论述体系中——

　　　　二元对立是类型叙事的灵魂!!!

"类型的叙事是用来歌颂矛盾的价值:例如,在西部片和强盗片中,粗鲁朴实的个人主义对社会秩序和统一一致,或者是在疯癫喜剧和音乐片中,个人主义自由与自然对家庭驯化。这些形式以暗示的方式让人们认识到美国多元社会的错综复杂和迅速的演变,因此发展了种种策略。它们不是把画面体现出来的现状——那个既定的'美国生活方式'——加以僵化和盲

---

[1] 沙兹.旧好莱坞/新好莱坞:仪式、艺术与工业[M].周传基,周欢,译.北京:中国广播电视出版社,1993:10.

目的强化，而是提供一个讲坛来继续不断地对我们文化内部的主导价值和信念系统进行反复的磋商"。① 托马斯·沙茨以上论述强调了类型片必然包含二元矛盾关系，必然建立二元价值的坐标系，而主人公在二元价值坐标系中的位置是变动的，最终要找到一个让观众认同的、调和性的自处位置。"我们把电影类型定义为（特别是在它们发展的早期阶段），社会问题—解决的操作：它们再三面对特定文化社区中的意识形态冲突（反向的价值系统），通过主要角色的行动提出了各种各样的解决方法。因此，每种类型问题—解决功能影响了它独特的形式和概念。"②

"不同的类型片有不同的恐怖对象，爱情片恐怖的是阶级差异，贫富或政治立场伤害爱情；恐怖片是对异教的恐惧，变态杀人狂是精神病伪装下的思想家；侦探片恐惧的不是坏人，而是社会已普遍败坏的真相。"③ "类型片的恐惧，要以确立某种价值观来救赎。"④ 这意味着影片最终要给出较明晰的价值观态度，针对价值观两难问题作答。当同学问及中国影视行业特色概念"主旋律"是不是一种类型，我的回答是，"主旋律"提供了鲜明的价值立场，在秉持此价值立场的基础上，有多种类型叙事的可能，涉及各种题材，典型如革命历史题材、军事题材，等等。"主旋律"更多是对立意的规定，算不上确切的类型标签。

在上一章我们谈到了类型叙事的价值观二元对立体系，要提醒大家的是，不要过于机械地理解"二元"概念。二元对立并不是说故事中仅包含两个势力阵营，常有同学在论文作业中声称某故事塑造了"三家相争"，认为

---

① 沙兹.旧好莱坞/新好莱坞：仪式、艺术与工业［M］.周传基，周欢，译.北京：中国广播电视出版社，1993：185.
② 沙茨.好莱坞类型电影［M］.冯欣，译.上海：上海人民出版社，2009：31.
③ 徐皓峰.武侠电影的科技春梦［EB/OL］.（2020-01-29）［2024-05-01］.https://mp.weixin.qq.com/s/cfHMdP7LO_EZtWt109R-Q.
④ 徐皓峰.电影之类型片逻辑［EB/OL］.（2020-02-02）［2024-05-01］.https://mp.weixin.qq.com/s/v-SsJQdELAEKT08cxP604A.

这就是打破了二元对立；或谈论某亦正亦邪的人物，认为人物塑造跳出了二元对立。这都是对于二元对立的狭隘偏颇理解。类型叙事的"二元"指的是结构性的宏观价值对立格局，而非对矛盾方数量的限定，即使故事中存在多个阵营和集体，在最终的对决环节，看似多元的立场必然聚拢合流，最终"物以类聚"为价值目标相左的两派；而人物亦正亦邪或态度中立，不仅不是二元对立的例外，恰恰是二元对立价值表达的常态，"二元"并不意味着人物单面化、脸谱化、隶属于单一价值立场，而是要通过处在两难矛盾中的个体体现对立价值的交锋，主人公内心往往就是对立价值拉锯战的战场。

如何理解沙茨所言"不是把画面体现出来的现状——那个既定的'美国生活方式'——加以僵化和盲目的强化，而是提供一个讲坛来继续不断地对我们文化内部的主导价值和信念系统进行反复的磋商"？在这个问题上，国内外学人/创作者基本形成共识，"要做商业片，不在于遵循大众，而在于逆反大众，首先在固有习俗、道德、流行趋势中，找到一个东西为敌。以好莱坞为例，大成功的商业片都是忤逆大众的，《泰坦尼克号》《廊桥遗梦》是偷情，《第一滴血》是爱国主义的破灭，《异形》是对领导阶层信任的破灭，《罗马假日》是爱情战胜不了阶级差异"[①]。固有习俗、道德、流行趋势就是沙茨谈的"既定的生活方式"，如忠诚、爱国、服从权威、浪漫的爱情梦想，这些通常是类型片中二元对立的一极，而另一极则是叛逆的、质疑的，是固有习俗、道德、流行趋势和既定的生活方式的反义词。不过上述提及的"大成功的商业片"中有些是特例，很多常规的类型片最终仍然会肯定"既定的生活方式"，安慰观众"现实也没那么糟"。

类型片在剥离了种种意识形态缝合技巧之后，二元价值体系和结论都是较简单直白的，但是，沙茨所谓"进行反复的磋商"是必需的，类型片的水平高下、叙事技巧是精致还是粗糙，差别就体现在这过程之中。下

---

① 徐皓峰.《圣经》叙事［EB/OL］.（2020-02-19）［2024-05-01］. https://mp.weixin.qq.com/s/rHEhtAGeOMRfjry1_daYIg.

乘的作品直白输出理念，角色沦为工具人和价值观传声筒，而上乘的作品让观众随角色充分体会两难困境，反复尝试权衡之后才确定符合本心的选择，如此达成的认同才更具引导性和有分量。南加州大学资深剧作教授汤姆·艾布拉姆斯（Tom Abrams）到中传戏文系讲座时提到一个理念：Provide theme, not thesis。意思是剧作要提供一个讨论的"主题"（theme），一个对立观点争鸣的场域，而不是仅提供"论点"（thesis），变成一篇战斗檄文。沙兹的看法也是如此，"叙事性电影真正的妙处之一就是在一个戏剧性情境中可以承纳多少数量的相互冲突的观点以及由此而来的，一个观众能够怎样有效地摆平对一个既定事件和规定情境的众多的态度"。[①]

那么，如何让价值观二元对立体系准确体现在类型叙事中呢？用最简单直白的语言来解释，就是——

对比！对比！对比！

重要的事情说三遍！如何做到"对比"？如何对比才是有效的？下面，我们进入关于具体技巧的环节，谈谈类型叙事特有的节奏。

二、鲜明节奏："鼓点与节拍器"

"节奏，就是单位时间内的信息量。"我很喜欢同事说的这句话，适合向同学们解释节奏对于类型片的重要性。

类型叙事的对比逻辑很像是做对联，"云对雨，雪对风，晚照对晴空"，一方面构成对比的元素（文学意象、视听符号）要出现，另一方面对比元素出现的频率与时机要精确，确保受众及时留意。一部工整的类型叙事作

[①] 沙兹. 旧好莱坞/新好莱坞：仪式、艺术与工业[M]. 周传基，周欢，译. 北京：中国广播电视出版社，1993：64.

品，其文本内部自成一个对比体系，从思想层面的价值观立场到感官层面、故事层面的叙事组件，都可以鲜明地归置到体系中恰当的位置，后文会附一些示意图让大家更直观看到。

在不同媒介的类型化内容产品中，电影因为常规时长的限定、集体观看环境对受众注意力的高要求，类型电影相较长篇连载的类型小说等媒介形式，更注重单位时间内的对比信息传递，充分利用"紧锣密鼓"的二元对立来体现价值冲突主题。"鼓点"尤为重要，此处引入一个概念——Beat。我最初听说 Beat 是在美国编剧教育者杰弗里·艾伦·斯科彻特（Jeffrey Alan Schechter）的讲座上，他的剧作书《我写的故事胜过你写的！：10 种方法让你的剧本更强大》（*My Story Can Beat Up Your Story!*）在国内有译著，中文版将 Beat 译为"节拍"①。本书中，我更愿意用"节奏鼓点"来指称 Beat，因为国内流行甚广的另一本剧作书译著《救猫咪：电影编剧宝典》也使用"十五个节拍"②的说法来解析剧本结构，但这两本书中的"节拍"并非同义，应避免混淆。

《救猫咪：电影编剧宝典》中的"节拍"概念来自作者布莱克·斯奈德（Blake Snyder）设计的"节拍表"（Blake Snyder Beat Sheet），用来标记整部电影的结构，"十五个节拍"相当于十五个关键的情节节点或者说情节段落：（1）开场画面；（2）主题呈现；（3）铺垫；（4）推动；（5）争执；（6）第二幕衔接点；（7）B 故事；（8）游戏；（9）中点；（10）坏蛋逼近；（11）一无所有；（12）灵魂黑夜；（13）第三幕衔接点；（14）结局；（15）终场画面。

一部剧本由整体到部分的层级如下所示：

---

① 斯科彻特. 我写的故事胜过你写的！：10 种方法让你的剧本更强大［M］. 吴碧玉，吴浩，吴明，译. 北京：人民邮电出版社，2013：94.
② 斯奈德. 救猫咪：电影编剧宝典［M］. 王旭锋，译. 杭州：浙江大学出版社，2011：57.

第一层级　　　　　　剧本（Script）
第二层级　　　　　　幕（Acts）
第三层级　　　　　　情节点（Plot Point）
第四层级　　　　　　场景（Scenes）
第五层级　　　　　　"节奏鼓点"（Beats）

"节奏鼓点"构成场景（Scenes），若干场戏构成情节段落和重要的情节点，情节段落和情节点构成幕（Acts），通常三幕或四幕构成剧本（Script）。虽然两位剧作教育者都使用了Beat这个单词，但布莱克·斯奈德的Beat概念更加宏观，相当于上面提到的第三层级"情节点"，且强调的是一些最关键的情节节点及情节组合。而杰弗里·斯科彻特界定的"情节的最小单位Beat"是一些关键的细节，即"important moment"，此类细节对情节或价值观主题有重要的提示作用。银幕上呈现的诸多元素、剧本里的所有言辞并非都是Beat，只有那些有重要提示作用的才算。一些不成功的中国类型片经常被诟病"有情节，没细节"，其实就是Beat不够，情节的执行不够有"节奏感"。

怎么算是有节奏感？剧作课上老师经常提醒大家，要培养"一句话一个镜头"的写作习惯，听起来很简单，但这并不是让大家盲目花费笔墨在事无巨细的描写上，写太多无关紧要的细节还不如不写，反而干扰真正重要的信息呈现。"一句话一个镜头"是要求大家尽可能做到剧本中没有废话，尽量每一句话都体现Beat，都有明确的情节因果指向或价值观寓意指向。

杰弗里·斯科彻特在剧作讲座中举例解释Beat概念时，一边用手轻轻敲打桌子，一面描述一个电影开场段落，很形象地诠释了"节奏鼓点"的要义：

（1）摄影机带我们进入<u>一个装饰温馨体面的客厅</u>，北欧风，很简

洁。One Beat！（敲一下）

（2）摄影机进入卧室，我们看到双人床上一对男女主人公背对背沉睡。One Beat！

（3）双人床两侧床头柜，分别有手机闹铃响。特写两人各自伸手关掉手机闹铃。Two Beats！

（4）男女主人公从床的两侧分别下床，默默揉着眼睛，打着哈欠进入洗手间。One Beat！

（5）摄影机带我们进入洗手间，两个漱口杯，两支牙刷（一红一蓝）整齐摆放。男女主人公在洗手间并排对镜默默刷牙。Two Beats！

（6）摄影机来到客厅，男女主人公正坐在长方形餐桌两边吃早餐。男主人公摆弄手机，女主人公边吃边看报纸。Two Beats！

（7）男主人公吃完最后一口吐司起身，拿起公文包离开。One Beat！

（8）男主人公经过女主人公身边时亲吻女主人公额头，女主人公微笑一下道别。One Beat！

（9）男主人公关门声响起，女主人公凝视着报纸。特写展现报纸上的婚纱广告。Two Beats！

（10）特写女主人公面庞，一滴眼泪滑落下来。One Beat！

在杰弗里·斯科彻特描述的上述场景中，我们通过每一句话的信息能够得知：

（1）阶级身份——生活稳定的中间阶层，可能是职员。

（2）两人并非紧密依偎沉睡，看起来关系似乎不太亲密。

（3）男女主人公各自有闹钟，即使同一时间响起，也各顾各的，而非一方将另一方唤醒，印证双方关系不太亲密。

（4）男女主人公生活较规律，醒来后一切例行公事。

（5）两支牙刷，可推断两人为长期共同生活的关系。

（6）两人早餐时交流不多，符合最初留给我们的印象——较平淡甚至冷淡的生活氛围。

（7）男主人公是上班族，女主人公看似不需要外出工作。

（8）亲吻额头说明男女主人公关系虽然看起来不太亲密，但也不算关系很差，例行公事感。

（9）女主人公对婚恋信息颇为关注。

（10）显然婚纱广告触动了女主人公内心郁闷的情绪。

十几个"节奏鼓点"（Beat），提供了上述信息，构成了客厅、卧室、洗手间、餐桌等数个场景（Scenes），而室内的几场戏组成了情节点，相当于《救猫咪：电影编辑宝典》中的开场部分，我们提炼总结的情节点（Plot Point）是"女主人公处于一段稳定的情感关系中，但她并不快乐，对现状不满"。至于看到婚纱广告流泪，是因为不愿意嫁给男主，还是女主人公渴望婚姻但男主人公不肯娶她？这些观众的猜测留给后续的情节去解答。

不要小瞧选择和建构 Beat 的能力，同样的场景和情节，如果你在剧本中详细写下墙纸的花纹、卫生间的化妆品牌子、男女主人公洗脸梳头的具体动作……可能都是"废话"，除非后续有情节的因果关联。对于呈现上述我们读解出的信息，建构开场情节，讲座者言简意赅提及的细节足够了。这也是剧本与文学写作的差别之一。美国南加州大学知名剧作教授、热门剧作书《剧本：影视写作的艺术、技巧和商业运作》[①]的作者理查德·沃尔特（Richard Walter）说得好："平庸的编剧不是写得不够，而是话太多了！"他举例说明，"假如表现一个艺人被私生饭纠缠，当街拦他的车，就没必要写那辆车是红色、蓝色还是黑色，但如果这辆车是敞篷车，敞篷两个字就很重要，因为私生饭可能冲过去骚扰他，敞篷车意味着两人之间没有任何物理障碍，从客观情况和视觉隐喻上，艺人都显得更

---

① 沃尔特.剧本：影视写作的艺术、技巧和商业运作［M］.杨劲桦，译.天津：天津人民出版社，2017.

无助更脆弱"[1]。结合杰弗里·斯科彻特的 Beat 概念，敞篷车就是"节奏鼓点"的重音所在。

为帮助大家全方位理解"节奏鼓点"，我再举一个例子。当不同创作者讲授剧作时，使用不同的语汇概念，内在道理却常常相通。

徐皓峰在《光幻中的论语：十七年电影的导演逻辑》一书中分析红色经典电影《烈火中永生》，提出了"形象 VS. 空间"的电影理念差异。有的创作重形象，如《烈火中永生》的开头，摄影机横摇展现重庆江景，但并不追求相对完整空间呈现带来的氛围感，而是迅速切到重庆街头的剿共标语特色，直白地强调电影主题——我党与国民党反动派的殊死较量、革命英雄主义精神。又或者在用移动镜头表现重庆城市街头市井氛围，沉浸感油然而生之际，忽然切入美国大兵狞笑的特写。剿共标语、美国兵在中国土地上作威作福的丑态，这恰恰是好莱坞剧作讲授者重视的 Beat，徐皓峰称之为"形象"。他对此评价说："外行理解的电影，是表情和事件。这是剧作上的理由。"[2] 毕竟，十七年时期的中国电影仍然处于古典电影风格的影响下。

艺术片导演们通常欣赏的是那些讲究空间调度、努力避免因强调形象而破坏空间氛围的作品，比如 20 世纪 30 年代的法国诗意写实主义电影，以及战后法国新浪潮主将特吕弗那些看似散漫的"过场戏"。认为玩空间调度才是电影，"因为空间调度违犯生理，没人在生活里这么看东西。……三十年代电影里总结出的空间调度，就是在空间里变构图。比如摄影机从一个人后背升起，甩开此人，展示整条街面，随后发现这个人已走到街角，成了小身影——观众看了一定激动，因为生活里没有这种视觉经验"[3]。重视

---

[1] 这段讲解是本书作者在理查德·沃尔特先生的剧作讲座中听到的，其著作《剧本》的中译本中也有类似的案例分析。

[2] 徐皓峰. 光幻中的论语：十七年电影的导演逻辑［M］. 北京：光明日报出版社，2022：41-42.

[3] 徐皓峰. 光幻中的论语：十七年电影的导演逻辑［M］. 北京：光明日报出版社，2022：42-43.

空间意味着精妙的"场面调度"（法文 mise en scène），"场面调度"理念被特吕弗、戈达尔等法国新浪潮主将推崇，被视为判断艺术电影和电影作者的标尺，在空间呈现上无创见的导演被鄙夷为"拿着剧本取景的先生"——只会将剧本中写到的"形象"机械拍出来的人，所谓"剧作上的理由"。

我们此前梳理过类型电影与艺术电影的分野，前者为了直白地讲清情节、阐明价值理念，会更重视"讲故事"的技巧与清晰明了的视听符码建构；而后者则倾向于还原生活的杂芜暧昧，用富含内在张力的场面调度渲染气氛，带领观众进入梦幻般的电影时空之中。结合电影史上法国新浪潮一代在推动现代主义电影运动方面所做的贡献，我们可以得出一个大致的结论——古典电影（好莱坞类型片为代表）重形象，形象讲述故事；受现代主义思潮影响的艺术电影（艺术电影节电影为代表）重空间，空间呈现诗意。

时至今日，古典电影风格仍是"主流商业电影"的底色，中国观众为《泰囧》《你好，李焕英》《战狼Ⅱ》涌入影院的情形，对应着《刺客聂隐娘》《路边野餐》《三峡好人》的曲高和寡，毕竟形象先声夺人，更容易理解，纯粹的空间意境审美则有着不低的门槛。

当我们理解了"节奏鼓点"（基本以形象和台词的形式出现）对于通俗电影以及其他各种娱乐性叙事内容产品的重要性，下一步还要结合类型叙事的二元对立神话结构判断"节奏鼓点"是否敲在点上，是否每一个细节、每击一"拍"都能为故事中的二元价值冲突服务。工整的类型剧作不仅"一句话一Beat"，甚至能够像大家学乐器时的节拍器一样精准摆动，左一拍，右一拍，在对比双方之间来回强调差异。

20世纪八九十年代是好莱坞浪漫爱情电影的黄金时期，涌现了一批号称"美国甜心"的女明星和经典爱情喜剧。其中有一部名叫《我最好朋友的婚礼》（*My Best Friend's Wedding*，1997）的作品，不仅让朱莉娅·罗伯茨巩固了明星地位，饰演女二号的卡梅隆·迪亚茨也从名模晋升一线女星，是讨喜作品"剧抬人"的典型例子。这部影片于2016年被翻拍成了中国版，遗憾的是没能汲取原作的精粹，豆瓣评分仅 4.4 分。如果对比美国版和中国版的差异，中国版没能确立清晰的情感价值观对比框架，在类型剧作节奏的技巧方面过于粗糙。

我们先来看美国版《我最好朋友的婚礼》的开头段落：

（1）在一家颇具规模的餐馆，后厨无比繁忙，主厨忙着指挥其他工作人员上菜，强调"这桌很重要"[①]，镜头特写一张点餐单，上面写着"21 桌 VIP"。

（2）侍者恭敬地侍立桌边，一位穿着职业感衬衫和马甲的青年女子（女主人公茱莉安）品尝菜肴，侍者满怀期待地望着女主人公。

（3）后厨众人满头大汗地忙碌，主厨强调："上特供餐品！必须完美！"

（4）侍者端着"特供餐品"给女主人公，女主人公品尝菜肴，后厨众人屏息凝神，当听到女主人公淡定给予肯定的评价后，表情如释重负。

通过上述粗略划分的四个镜头段落，结合女主人公茱莉安与好友乔治稍后的对话，我们能够推断茱莉安的职业是美食家，有一定的"江湖地位"。其自信、自立的职业女性形象通过其他人对她恭谨的态度而建立。

作为一部浪漫爱情喜剧，在影片开头的"日常"[②]阶段，按照类型传统应展现角色的情感观和生活观，奠定了整个故事二元价值体系的基础。在职业展示环节之后，茱莉安通过台词对乔治（同性恋者，与女主人公无感情纠葛）表明了自己不适应稳定情感关系、常有恋爱对象但无法安定下来的"恐

[①] 本书细读案例作品时，会根据情况使用下划线强调重点细节（Beat），全书同此例。

[②] 沼田康博. 畅销的故事，热门的角色：日本漫画和游戏中的故事与角色设定方法［M］. 周丰，周盛，许彦彬，译. 重庆：重庆大学出版社，2012：68.

婚"心态，正巧相识多年的"蓝颜知己"——体育记者迈克尔发来消息，语音留言说有要事相商，茱莉安当年曾和迈克尔有过短暂的相恋，因为她无法安定而分手，但迈克尔对茱莉安念念不忘，甚至"歃血为盟"约定待两人28岁时，如果男未婚女未嫁就结婚。乔治提醒茱莉安，她28岁生日将至，迈克尔的"要事"会不会是求婚？茱莉安表情瞬间僵硬，我们由此可以判断茱莉安严重恐婚，哪怕对迈克尔有别样情愫，也无心在此时步入婚姻殿堂。

在这段对话中，台词包含大量信息构成Beat，处处在强调女主人公茱莉安的"反恋爱脑独立女性"人设，未出场的男主人公迈克尔在茱莉安口中是"一往情深中二男"的形象。有趣的是，创作者此时插入了一抹闲笔，就在茱莉安谈论自身感情观时，邻桌有一位中老年女士过生日，侍者送去蛋糕，女士身边有两位男士陪伴，显然是丈夫和儿子，一家三口其乐融融，茱莉安目睹此情此景，若有所思。此处插入这样一个镜头，微妙地提及了另一种与女主人公相对立的生活理想——经营婚姻家庭，相夫教子。

至此，贯穿本片的二元价值结构初步建立：

对个人独立自由的极端追求　　VS.　　为婚姻爱情牺牲部分自我
（先锋的）　　　　　　　　　　　　（传统的）

此前说的节拍器效应体现在，"节奏鼓点"时而落在女主人公一方（追求独立和自由），时而落在持相反态度的一方（愿意为爱人妥协和牺牲），男主人公、他的未婚妻、众配角（包括餐厅遇到的路人甲一家）均属于后一阵营。

二元价值结构建立之后，女主人公很快面临抉择，茱莉安接到迈克尔的电话，方知迈克尔并非要向她求婚，而是宣告三天后闪婚的婚讯。迈克尔的未婚妻是一位富家千金，刚刚20岁，大学尚未毕业，迈克尔作为体育记者，需要四处奔波，未婚妻心甘情愿辍学陪伴迈克尔。此时茱莉安突然意识到自己对迈克尔余情未了，她如果想追回迈克尔，就必须从纽约赶去中部城市，证明自己才是适合迈克尔的人——这也意味着她必须放弃引以为傲的独立和自由，进入稳定的情感关系。

"二元对立是类型片的灵魂"，本片依循二元价值结构主干，在女主人公茱莉安和男主人公未婚妻金佰莉之间营造了既丰富又鲜明的对比。比如"机场情敌相见"这段戏。

图1-1 美国版电影《我最好朋友的婚礼》剧照片段

我们把此段落中构成二元对立的"节奏鼓点"罗列一下：

女主人公茱莉安	女配角金佰莉
（28岁轻熟风韵）	（20岁青春活力）
穿暗色职业装	穿亮色淑女短裙

干练中性气质	柔美女性气质
见面客气握手	见面热情拥抱
坐跑车因车速快而紧张	开跑车驾轻就熟横冲直撞
心怀"鬼胎",神情拘谨	真诚爽朗,自来熟

两位阶层出身、内心性格、人生阅历、事业追求、情感观念皆截然相反的女性以鲜明对比的方式呈现出来,伴随着节拍器的摆荡,我们不断玩味两种典型人设,揣测个体的自由独立和婚恋带来的安全感能否得兼,电影会在最后给予我们答案。

如果从男主人公迈克尔的角度看待这个故事,他面临的二元选项也很清晰,是选择独立、自尊过高、不肯轻许承诺但充满成熟魅力的女主人公茱莉安,还是选择小鸟依人、能屈尊迁就爱人、单纯娇憨的未婚妻金佰莉?这个故事中还夹杂着阶层对比(见表1-1),茱莉安和迈克尔作为美食家和记者,属于中间阶层;未婚妻金佰莉一家则是富豪阶层。阶层对比中隐含了事业观对比,媒体工作是有创意性的、工作即爱好,即使收入微薄也富有成就感;而富豪商务人士的工作是相对刻板无趣的、功利性的,迈克尔如果进入金佰莉家的公司做高管,就会远离他热爱的体育记者生涯。

表1-1　美国版电影《我最好朋友的婚礼》中三位主人公人物设定对比

茱莉安	金佰莉	迈克尔
28岁	20岁	28岁
著名美食专栏作家	大学生、富家女	平凡体育记者
纽约摩登都市	芝加哥普通大城市	芝加哥普通大城市
独立大女人	小鸟依人小女人	有些大男子主义
感情上不确定	感情真挚踏实	感情真挚踏实
恐婚爱自由	闪婚放弃自由	闪婚放弃自由

续表

茱莉安	金佰莉	迈克尔
自尊过强	能为爱放下面子	自尊较强，担心被小视
有一定城府，不够真诚	真诚爽朗	真诚直率
不敢表白	经常表白	较常表白

综上，可以判定美国版故事主干清晰，人物设定和感情观对比清晰，且各方面的对比通过精当的"节奏鼓点"得到了落实。

那么，中文版《我最好朋友的婚礼》问题出在哪儿呢？

我们来看一下中文版开头段落，同样是介绍人物"日常"：

（1）卧室梳妆台上有一张<u>被撕掉一半的合照</u>，半张照片里是年轻女子（女主人公顾佳）嘟嘴亲吻的侧脸。顾佳对镜梳妆，涂睫毛膏和口红。

（2）电话响起，顾佳接电话，传来助理的声音，提醒说："<u>主编</u>，我们在米兰，就等你了。"

（3）顾佳提起硕大的名牌旅行袋，进入客厅。打开冰箱，里面只有<u>一盒盒的牛奶</u>。冰箱上贴着许多照片，其中有<u>顾佳和一个年轻男子（男主人公林然）的合影</u>。

（4）闪回：顾佳回忆和林然用拍立得拍下合影照片的时刻。两人一起过圣诞，顾佳看到林然手机上有<u>其他女孩子发来的暧昧消息</u>，调侃林然。台词说出："我们是<u>最好的朋友</u>，不许有隐私。"

（5）闪回结束。顾佳在客厅电视上看到<u>林然采访世界级球星</u>。

（6）闪回：顾佳与林然在欧式庭院里避雨，林然提到两人远远看意大利甲级联赛的经历，许愿要成为"世界名记"。

（7）闪回结束。顾佳看墙上照片，其中一张是英国伦敦标志性景观"大本钟"，照片上题字——"我也要和你一样追逐梦想。林然。"

以上是对女主人公顾佳职业状态和生活状态的初步展示，紧接着是顾佳前往欧洲参加时装周的段落，借顾佳与女助理的谈话，透露出顾佳与林然相识多年，助理戏称"准男友"，顾佳否认。助理台词调侃："主编，要我说你就把他收了，这女人和男人可不一样，女人一到岁数，这选择面可是越来越……"潜台词不言自明，在顾佳威胁的眼神中才住了口。

我们来分析一下上述段落，看影片交代了哪些信息？"节奏鼓点"是否足够紧密和有效？

（1）女主人公顾佳职业不详，撕掉一半的照片暗示感情生活空白。此处化妆的动作算不上 Beat，很多女性的日常生活习惯而已。

（2）通过电话台词交代出顾佳职业身份，但因为没有场景烘托，"时尚杂志主编"身份只是一个概念。且女主人公的态度慵懒，显得对工作很不认真，不像时尚杂志高管。

（3）冰箱里只有牛奶，可推测顾佳饮食简单，也许工作繁忙所致。冰箱上照片强调顾佳与某男子关系亲近。

（4）闪回交代顾佳与林然似乎是合租室友关系，台词交代两人是最好的朋友，林然桃花不断，女主人公并没表现出不快，可见当时并无爱情纠葛。

（5）林然作为记者很成功，采访名人。

（6）林然许愿要出人头地，实现记者梦想，女主人公开玩笑挖苦。

（7）林然似乎生活在英国，照片留言暗示了他在追逐梦想方面以顾佳为榜样。

我们对照美国版客观评判一下，中文版女主人公的职业、生活、感情观交代是否清晰？"日常"阶段是给人物"定调子"的关键时机，在浪漫爱情叙事类型中，生活观、情感观（情感状态）的塑造格外重要。但是在中文版的开头段落中，顾佳的职业情况仅仅是个口头概念（主编），表现出的工作状态又和职业身份标签很不符合。清晨化妆、饮食简单等信息不算最有效的"节奏鼓点",因为看不出要体现怎样的二元价值对比。同理,林然昔日的理想与今日的成功,当年顾佳对林然事业追求和情感生活的调侃,乃至女助理对女主人公情感状态的"敲打",都不足以建立可类比美国版的清晰的二元价值观结构,这意味着剧情无法合理解释男女主人公的爱情因何受阻,人物又面临怎样的价值观抉择。

关于顾佳的职业身份,后续情节中有顾佳参加时装周沙龙的若干场景,除了衣香鬓影、宝马香车的展示,并没有更多凸显主人公职业能力和事业观的"节奏鼓点"。而美国版会时时强调女主人公醉心于工作,忽略情感生活,当迈克尔告知茱莉安自己周末便要结婚时,茱莉安竟然脱口而出:"你周末不工作吗?"此言一方面非常符合两人作为媒体人全年无休的工作性质,另一方面茱莉安说出在常人听来很荒唐的话,表达对对方闪婚的不满,不经意的言辞恰恰暴露人物潜意识,茱莉安本身就是一个工作狂,迈克尔也说"你总是在巡回签售,找不到人"。

"工作 VS. 生活"的二元关系在爱情浪漫叙事为代表的"情感向"类型中非常常见,是人物生活观、情感观对比的基础。这一组二元价值配合"对个人独立自由的极端追求 VS. 为婚姻爱情牺牲部分自我",以及性别气质对比,叠合成了美国版故事的价值观对立图式,如下:

对个人独立自由的极端追求　VS.　　　为婚姻爱情牺牲
　　　　　　　　　　　　　　　　　部分自我
　　　　　　工作　VS.　　　生活
　　　非典型女性气质　VS.　　　传统女性气质
　　　女主人公茱莉安　男主人公迈克尔　未婚妻金佰莉

中文版《我最好朋友的婚礼》似乎完全放弃了美国版中清晰的对比意识,同样是"机场情敌相见"段落,中文版的处理是这样的。

图 1-2　中文版电影《我最好朋友的婚礼》剧照

从两位女主人公的身份设定来看，顾佳是时尚杂志女主编（不同于美国版纽约知识分子、自由撰稿人美食家的设定），未婚妻萱萱是富家千金（沿用美国版设定）。两位女性都是时尚达人，讲究仪表和品位，见面时除了衣服的色调一明一暗，都穿着公主感的裙装和细高跟红底鞋，服装造型、外表气质乃至说话口吻都没有足够的区分度。剧情安排顾佳通过台词吐槽萱萱娇嗲，但实际顾佳的言谈举止也一样娇嗲，这吐槽非但无效，反引发观众对女主人公和剧情的嘲笑。美国版中女主人公面临坚持自我还是迎合传统婚恋观念的选择，男主人公面临红玫瑰与白玫瑰的选择，而中文版的男主人公却看不出有什么两难，在看起来差不多的两位女子之间盲选一个而已，难怪给观众留下男主人公没原则，而女主人公莫名一厢情愿的糟糕印象，完全没能实现美国版的价值调和功能。

日本动漫巨擘手冢治虫在他撰写的创作指南《谁都可以画漫画！手冢治虫大师班》一书中用一幅图来说明故事主干的重要性（见图1-3）。

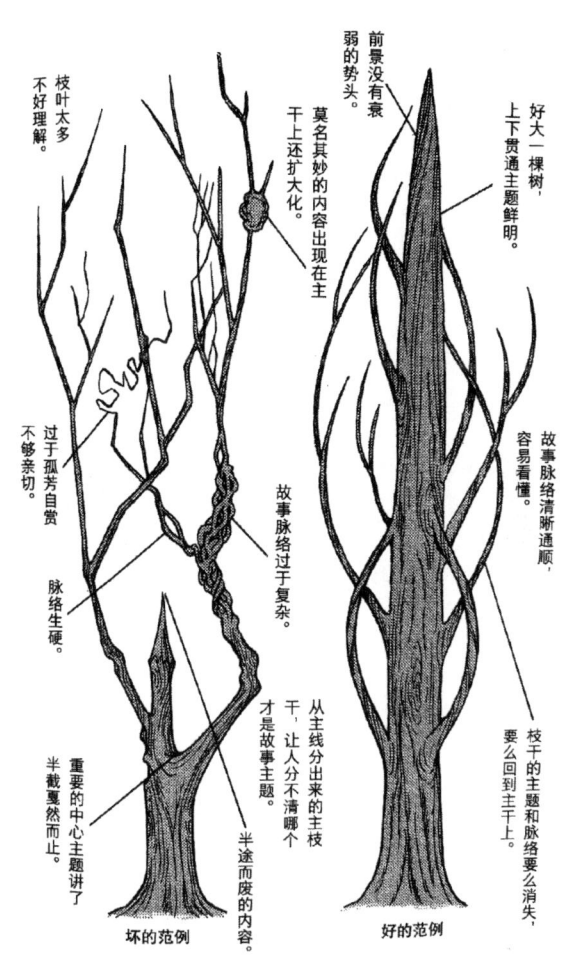

图1-3 手冢治虫对讲故事"好的范例"与"坏的范例"的形象化解释[①]

好的故事范例"上下贯通，主题鲜明"，所有的情节线索和细节如枝芽合抱，围绕着主干生发，将主干落实。而坏的故事范例看不出主干，导

---

① 手冢治虫.谁都可以画漫画！手冢治虫大师班[M].甘卉，译.北京：北京联合出版公司，2020：131.

致一系列问题。我们借这个图来理解类型叙事的神话结构及二元对立法则，就能清晰地看出工整的类型片与不合格类型片之差别，类型片的"紧锣密鼓"的对比应该像"节拍器"一样在二元价值对比主干（也必然是叙事主线）之间摆荡。

不过手冢治虫关于好坏范例的断言，以及我们前面对类型片"节奏鼓点"有效性的鉴定，仅限于大众通俗娱乐叙事的语境，限于类型叙事内部，大家不要有所误解，认为这是放之四海皆准的法则。记得 2022 年，中传校友、青年导演魏书钧携他的电影作品《野马分鬃》来学院进行交流，提问环节中有同学问道：

> 您提到电影中不是所有人物都必须对剧情发展起到推动作用，但我在课堂上被传授的观点是，好的电影没有一个镜头是浪费的，不能推动剧情发展的篇幅很可能是流水账，暴露创作者还不够成熟。您认为电影的所有场景、段落甚至每句对白都应该为一个大的主题服务吗？

听到这个问题，已得到戛纳等国际电影节青睐的魏书钧导演面露困惑，直言不讳："在创作方面，对于所有过于绝对的论断不要听信。"显然他不赞同"电影的所有场景、段落、每句对白都应该为一个大的主题服务"的说法。魏导所言一点也没错，尽管看起来与手冢治虫的那幅图以及我们上面的论述完全相左，但这恰恰说明了不同电影观念的客观存在及它们各自的合理性。

这位提问的同学只知其一，不知其二，怕是误解了类型电影课上老师们的讲授。"好的电影没有一个镜头是浪费的。电影的所有场景、段落甚至每句对白都应该为一个大的主题服务"，仅从字面意义上理解，这是对于常规类型电影的要求，也仅适用于"想拍摄一部标准的、工整的、精巧的类型电影"这样的目的，而追求作者性的艺术电影创作不必刻板地循此惯例。

"流水账"对于类型片创作和以通俗娱乐为目的的观众而言，是"不合格的""不好看的"，是贬义词；但对于现代主义艺术电影运动以来的艺术电影场域而言，相对类型片强情节模式而言的"流水账"往往是常态，有时是创造性的空间呈现和彰显作者艺术主张的场面调度所需，有时是对生活现实的沉浸式模拟。不过话说回来，对于编剧专业的同学，如果你没有"自编自导"的作者电影理想，还是先从传统的古典式剧作着手为好，若没有手握"摄影机自来水笔"的天才导演加持，"流水账剧本"大概率是无节奏、无细节、无主干的一盘散沙、失败之作，而工整的类型化剧本能够让普通创作者以常规视听语言拍出基本符合工业水准的作品（电视剧领域尤其如此），是"腰部作品"的基石——无论从工业角度还是艺术角度。这也说明了类型叙事为何繁盛，毕竟类型化能够保障以高效率的、试错成本最低的方式维持内容产品的批量生产。

三、极致人物："天才"原则与特色人设

现在我们来聊聊类型叙事的人物设置，不知道大家有没有留意过，在那些公认"好看"的、大量观众"用脚投票"取得票房成功的电影中，有多少主人公是真正意义上的普通人？又有多少主人公是某个领域的专家甚至顶尖高手？

你千万不要说："《我不是药神》中的地下药商、《人生大事》中的殡葬师、《奇迹·笨小孩》中的技术工人乃至《长津湖》中的青年战士伍万里都是普通人和小人物。"

不，他们不是真正意义上的普通人，他们在自己从事的领域中绝对是专家，哪怕最初不是，也会很快地以超乎常人的速度成长为好手。

至于那些更富冒险色彩和幻想元素的作品就更不用说了，主人公要么天赋异禀，要么天生贵胄，或者兼而有之。也许有同学反驳说"指环王"系列中的霍比特人佛罗多是普通人啊，但别忘了电影中另一条平行的故事线是顶尖的战士、王族阿拉贡和他的伙伴们（精灵王子、矮人战士、最强巫师），且仅看霍比特人佛罗多的话，他能够超乎寻常地保持"内核稳定"、与世无争，比所有人都更能够抵御至尊魔戒的欲望召唤，这难道不是整个故事中最超凡的能力吗？相比之下，最接近普通人的是佛罗多的伙伴、同为霍比特人的山姆，但山姆的心地单纯至极、忠厚至极，是堪比圣人的道德楷模，他普通吗？不普通。

人物才能是否极致化是类型叙事与非类型叙事的常见差异。我曾经在前文跟大家提过故事的"腔调"，把故事分为冒险、生活，以及活着三种腔调。那么，这三种腔调对应的人物依次为：

"冒险调"的主人公绝大多数拥有在险境中生存下来并谋取利益的一技之长，这专长往往与暴力或犯罪有关。

"生活调"的主人公大部分拥有专业长项，因为事业心和才华能够让人焕发魅力，吸引到他人关注，方便引出情感故事。如果没有专业特长，那主人公很可能拥有极致纯洁的心灵和圣人般的道德品质，以德行吸引到他人去爱他和帮助他，且成为主人公伙伴的人往往拥有专业特长。

在上述两种故事里，即使主人公毫无专业能力，品行上也并非绝对纯净，至少主人公拥有极其奇特的癖好、性格或外表，这奇特很可能来自某种身心疾病，且这种特质竟然能够让人物在某些关键时刻因祸得福，比如对某事物的极度专注，做一事专一事的强大毅力。也许人物在故事最初并没有专长，但可以在故事进程中迅速学习，得到飞速成长。

想要验证这里的论断，大家可以去各类榜单看看，在高票房电影榜、热门剧集榜、动漫排行榜以及各大网络文学网站的"神作"榜单中试着找找，有多少作品是不符合上述归纳的反例？

反例在哪里？如果梳理"活着"腔调的故事，我们会看到很多"好死不如赖活着"的主人公，他们是真正的普通人，不具备任何"神技"，放眼望去，身无长物，他们的人生中没有出生入死、没有铤而走险，也没有职场生涯的高光时刻和真爱降临的仪式，只有日复一日的平淡日常和无甚奇观价值的常人悲欢。电影《三峡好人》《十七岁的单车》《一一》《风柜来的人》《爱情万岁》《海边的曼彻斯特》《步履不停》《罗塞塔》《纳德和西敏：一次别离》……

人物才能是否极致化，是类型与非类型的常见差异！

电影《少年的你》《我的姐姐》《狗十三》《过春天》《天才枪手》《健听女孩》……，同样讲述青春少女的故事，大家可以评估一下这些电影中女主人公的才能，感觉到类型化程度的差异了吗？

媒介产业的格局决定了文学和电影领域中有大量"活着"叙事的存在，当然占据产业效益主流的一定是"冒险向"和"生活向"的类型化作品，而在电视剧、动漫等内容领域中，"活着"腔调的作品更是凤毛麟角。类型叙事是偏传奇性的，与"活着"腔调天然抵触，而大众对传奇的偏爱是"类型"得以存在的基础。

以电影为例，我们来查看一下"豆瓣电影 TOP250"榜单[①]，作为国内相对有公信力的电影网站，"豆瓣电影 TOP250"至少代表了在国内有一定阅片量的影迷心目中哪些是好看的电影。榜单中，大部分是"冒险向"和"生活向"的类型片，典型"活着"腔调的作品不过十余部，如果把一些平淡温馨的"治愈系"作品、浪漫的散文式作品（介于"生活向"和"活着"之间）也算进来，广义上讲述日常生活（不包含冒险、犯罪、暴力、灾难、幻想元素）的作品大约有35部。而在250部作品中，主人公为无突出技能的普通人电影，大约有65部，主人公是某个领域专家、顶尖人才的电影，

---

① 对豆瓣电影 TOP250 榜单、中国历史票房前 50 榜单的分析见本节附录。

至少某项能力极优秀的有160部。有一些故事会安排相对平凡的主人公进入极致奇幻情境或卷入极端事件，在这种情况下，"无技能"人物经常凭借"至诚至纯"的心灵力量走出困境，如《阿甘正传》《千与千寻》《幸福终点站》等。

美国编剧教育者杰弗里·斯科彻特曾在线上讲座[①]指出，影片中的主角一定要让人有共鸣：(1) 主角是一个强大的角色，是某件事上的专家；(2) 主角曾经遭受或者正在遭受不幸的遭遇；(3) 主角善待动物、孩子或老人；(4) 主角古怪或者／并且酷。

类型叙事是传奇性的，要么事件是奇事，要么人物是奇才，大部分时候两者皆然。这意味着类型叙事是"势利的"，绝大部分时候只青睐那些有才华的个体，哪怕人物的特殊能力并非日常生活中常见的或被世俗肯定的，至少在故事时空里要实现"人尽其才，物尽其用"。"天才原则"是类型叙事吸引观众认同的有效手段，即便不是必须遵守的法则，确乎是最常用的方法。

这是因为，当代类型叙事无论是以小说、影视剧还是动漫为载体，背后都隐藏着一个"现代梦"——工业社会实现后，职员群体（中间阶层）梦想着凭个人专业能力攀登社会的阶梯，追求进步，至少要拥有比上不足、比下有余的生活。"现代梦"的题中之义，一是个人主义，二是专业主义。这个梦想曾经在美国大众文化领域极度发达，于是有了"美国梦"的说法。在知识分子口中，"美国梦"早已破碎，但百足之虫，死而不僵，看看近几年的奥斯卡电影《健听女孩》《绿皮书》和票房大热的漫威超英电影，以及海量的美剧（剧集的类型叙事倾向比电影更突出），类型叙事的意识形态调和本性决定了它们的中庸与保守，"美国梦"的表达依然广泛存在。当工业社会逐渐过渡到后工业阶段，现代演进为后现代，消费主义的兴起非但没

---

① 构建完美剧本的五个步骤 [EB/OL]. (2019-09-09) [2024-05-01]. https://m.douban.com/time/article/2440?dt_time_source=douban-web_top_nav.

有让以"美国梦"为代表的"现代梦"完全消失，反而作为虚幻的景观更强势地销往全球。

而中国特色的现代化进程指向了"中国梦"——中国人的"现代梦"方兴未艾、前景广阔，其中既包含着弄潮时代、阶层跃升的个人主义意识，受高等教育和现代企业制度影响的专业主义理想，也包含其他中国特色的成分（集体意识、民族情绪、爱国主义……），这种深层的情感结构促成了21世纪以来中国通俗类型叙事的勃兴，类型电影长足进步，类型化的网络小说极尽繁荣并反哺全媒体产业链、二次元国漫崛起。中国类型叙事内容产业广泛借鉴海外既有经验，在此基础上进行本土化创新，"专业主义"法则屡试不爽，无论是扶贫题材《一点就到家》，还是城市建设主旋律《奇迹·笨小孩》，以及"我和我的……"系列，都成功地将宣传教化与类型表达相结合，"成为具有一技之长的建设者！"

通俗类型叙事的受众基础是现代社会中身为职员的人们，而职员社会的情感结构决定了观众或读者普遍是爱才惜才的，看到有才华之人得不到公正待遇和发展空间的时候，会愤愤不平，咬着牙看下去等待人物雄起。当然，这首先得让观众和读者相信主人公确实具有专长，而不是糊弄人，要靠叙事技巧去建立极致的人设，要落到实处，倘若口说无凭，搞不好会适得其反。

以我们此前提到的中美版本《我最好朋友的婚礼》为例，美国版开头迅速建立了女主人公身为顶尖美食专栏作家的形象，并在后续情节中多次强调，于是，她这样一个成功的职业女性，要不要委曲求全迎合在二线城市生活、各方面条件不如她的男主人公，就成了观众关心的问题。而中文版的女主人公反复被人在口头称呼为"主编"，可她非但没展现职业能力，反而处处显得不专业、没能力、恋爱脑，看到这样一个事业、爱情都搞不清状况的女子，观众会心生厌烦，她为什么追不到爱人，她和心仪对象之间有什么问题，剧情没讲清楚，观众根本不关心。

剧作课上，老师经常提醒同学们的一句话是"人物要极致"，怎样算极致？要么有特殊的技能，要么有特色的个性，有时候特色的技能刚好能够塑造特色的个性，反之特色的个性也能够成就特殊的才能。有趣的是，无论在真实世界里是什么情况，在类型叙事营造的故事世界中，社会财富结构是枣核型，天才的分布是金字塔型（见图1-4，图1-5）。

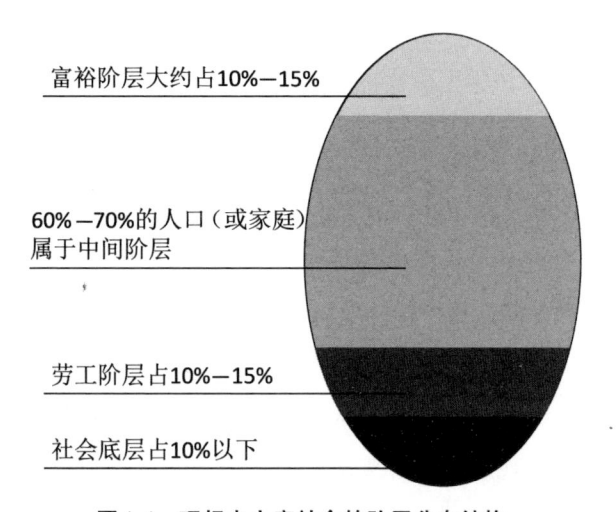

图1-4　理想中小康社会的阶层分布结构

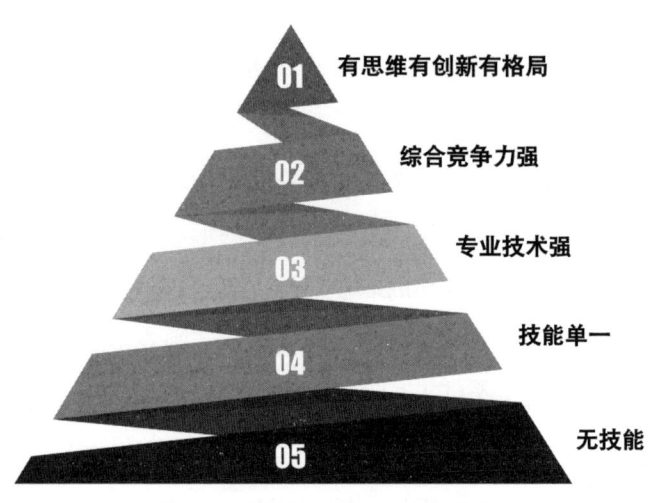

图1-5　常规社会中人才分布结构

枣核型社会是中产阶级/中间阶层占据全体人口主流的社会结构，被视为最稳定的社会结构，极度富裕阶层和赤贫阶层皆为少数，美国曾经一度以枣核型社会为傲，日本在经济高速增长期也曾喊出"一亿总中流"的口号。当代类型叙事的社会想象是在这样的时期定型下来的，至今仍保持着惯性，倾向于讲述枣核型社会的故事。实际上，当前西方资本主义世界面临危机，"美国梦"破灭、日本经济长期停滞导致"中产下流化"，新兴经济体如韩国、印度贫富差距极其严重，于是也出现了《寄生虫》《鱿鱼游戏》《东城梦魇》等控诉社会问题的类型叙事作品——多为犯罪题材。然而，如果宏观审视当代类型叙事的社会想象模式，类型叙事作为"社会解压阀"仍然在发挥着调和作用，固执地维系着所有人都生活在枣核型社会的假象。

在通俗类型叙事的样本库里，身为中产白领或富裕阶层的主人公占据相当高的比例，"生活向/情感向"类型尤为明显。来自知识阶层的批判频频指出当代文化景观中社会底层的消失，内容产业要么对他们冷漠无视，要么虚假同情将其作为消费对象，如当下国内盛行的现代言情类型"甜宠剧"，就连架空的古装言情偶像剧也要根据嫡出庶出设定人物品行排行，类似二次元逻辑的仙侠剧里主人公皆是帝姬、神君，总之天生贵胄。

相对"生活向"类型，"冒险调/暴力向"类型中的底层人物相对多一些，但此时"天才金字塔"法则往往发挥作用，《天才枪手》《少年的你》《狂飙》《隐秘的角落》《怒火·重案》等作品中的主人公不是智商极高，就是胆识过人，天才人物屈居底层不得施展，龙游浅水遭虾戏能够提供更强大的戏剧性张力，同时潜台词也敲响了警钟，大幅度的阶层跃升几乎不可能，除非以人性和犯罪为代价。还有大量类型奇幻（玄幻）类叙事作品讲述困厄主人公"逆袭"的爽文爽剧，重生、穿越等成为中国网络小说独特的类型母题，主人公的"金手指"是个人才华的变体，讲述主人公如何一步步"打怪升级"。这种奇幻故事和现实背景下人物凭借超强能力改变命运的励志故事内核相似，虽然出身不是中产或精英，但定然以中产和精英为终点，且实现梦想的速度超乎想象。

说回同学们的创作，当你想要写作一部面向市场的通俗类型作品时，不妨检视一下，你的主人公位于上述枣核型社会中的哪个位置？他的才华又属于金字塔的哪个水平？如果主人公出身底层，才能平庸甚至低下，你的写作恐怕会与"面向市场的通俗类型作品"这一目标南辕北辙，大概率是一部"活着"腔调的作品，除非你写的是一部荒诞喜剧，并且加入了冒险、奇幻等元素，比如《宇宙探索编辑部》。

四、精密编码："刻板印象"构成的肖像学[①] 系统

> 不同的类型社区——从古老的西部到城市黑社会到外太空——提供了一个戏剧展开的舞台，也提供了一个颂扬特定行为和价值的重要领域。为了陈述任何类型社区中的实物和角色的内在意义或者本质含义，我们要考虑类型的图像志（Iconography）。图像志包含了由一个流行故事的不断重复而产生的叙事和视觉编码的过程。例如，西部片中的白帽子或者歌舞片的高帽子就是有其意义的，因为它在叙事系统中提供特定的象征功能。
>
> ——美国学者托马斯·沙茨《好莱坞类型电影》[②]

[①] Iconography 一词可以译为"肖像学"或"图像志"，是艺术史（美术史）研究的常用概念，是对艺术品中的形象、主题和题材进行鉴定、描述、分类和阐释的理论方法，代表学者有欧文·潘诺夫斯基等。托马斯·沙茨等电影类型研究学者借用艺术史（美术史）研究中的 Iconography 来探讨电影中的视听符码，本书为了与艺术史研究有所区分，主要使用更通俗的译法"肖像学"，涉及沙茨译著时遵循译者译法"图像志"，两个词语在本书中意义等同。此外还有另一个易混淆的概念 Iconology，通常被译为"图像学"，但 Iconology 更侧重对艺术品进行整体性考察。

[②] 沙茨.好莱坞类型电影[M].冯欣，译.上海：上海人民出版社，2009：29.

类型叙事是精密的编码体系，文学意象如此，落实到影视或动漫媒介的视听层面，这一点更加凸显。

"类型图像不仅通过它在个别类型电影中的使用来呈现意义，而且还将其用法联系，以整个类型系统本身来呈现意义。西部片的白色马匹和帽子在一个角色开口说话或者行动之前就从人物造型上确定了他的身份，这是因为我们先前对于戴白帽子和骑白马的人的经验。"[①] 类型符码的肖像学含义是在反复的使用中奠定的，"观众对于类型越是熟悉，它的成规也扎得更牢，于是它那独特的叙事逻辑就更能压倒真实世界的逻辑，从而不仅创造一个人为的风景线，而且还创造出人为的价值系统和信念系统。一切都已编码，并且在它们的特殊的类型关系中获得了特殊的意义"。[②]

关于托马斯·沙茨举的这个"白帽子"案例，大家如果看过热门美剧《西部世界》，会记得在玩家们进入大型 AI 辅助沉浸式游戏场景"西部世界"时，要先选择外观衣着（相当于电子游戏中选"皮肤"的环节）。更衣室里，两排帽架一黑一白泾渭分明，熟悉美国西部片编码系统的影迷见到这个场景自然会心，因为在最传统的西部片中，正面人物戴白色帽子，而反派人物戴黑色帽子，《西部世界》中的玩家从进入西部世界"元宇宙"开始，就通过选择帽子颜色确定了自己在游戏中的人设和剧情线。

当然在类型电影发展过程中，这些编码并非永久固定的语法，类型的进化和创新也意味着对原有编码的创造性使用，但观众对创新性使用的理解恰恰要建立在对原有编码的熟知之上。例如电影《芭比》(*Barbie*,

---

① 沙茨.好莱坞类型电影[M].冯欣，译.上海：上海人民出版社，2009：29-30.
② 沙兹.旧好莱坞/新好莱坞：仪式、艺术与工业[M].周传基，周欢，译.北京：中国广播电视出版社，1993：66.

2023），该片运用了在美国乃至全球家喻户晓的芭比娃娃形象，且戏谑性地调侃了围绕着芭比形象展开的女性主义论争。以傲人三围和粉红色衣装为标志的芭比娃娃，被创造之初的立意是鼓励20世纪60年代新兴的女性独立意识，女性可以走出家庭，享受工作和消费带来的自由，小女孩从此不再是抱着婴儿状玩偶、模拟母职的"主妇预备役"，而是以充满女性魅力的芭比为榜样，学会愉己，成为"摩登新女性"。然而随着女性主义浪潮的变迁，芭比"反科学"的三围比例，脚尖永远翘起准备穿"恨天高"的姿态，一头在西方审美传统中被视为"傻白甜"标志的"金发"……成了被新一代女性主义者诟病的对象，就像片中的青春期少女一样，许多声音指责永远完美的芭比形象束缚了女性，强迫女性"服美役"迎合男性的凝视，让女性陷入消费主义的陷阱，满足资本主义男权社会的需求。毫无疑问，芭比以其标志性的粉红色，她的金发、高跟鞋、完美身材一齐构成了一种刻板印象，且这种刻板印象在以往的芭比IP动画片中被反复演绎，对芭比符号的反感昭示了女性主义思潮对消费主义的回绝。另外，对芭比代表的"完美女性特质"的抵触，也导致了女性"厌女"的自我否定悖论。真人电影《芭比》针对粉红性感女郎芭比的肖像学传统进行了创造性挪用，让芭比光滑的皮肤出现橘皮、"高跟鞋足"变成了扁平足，但与此同时也大声喊出：粉红色不是对女性的贬低，性感的身材不是原罪，粉红世界的芭比们可以取得一切在真人世界中被男性"把持"的成就。导演刻意要用铺天盖地的粉红色打败厌女的"粉红色歧视"，同时又要超越以粉红色作为女性限定色的教条，并且真的做到了这一点。

"刻板印象理论认为媒体通过不断传播对某些特征和情况的想象（imaginings），会向广大观众群体暗示：这个或那个特征是某个特定社会群体所特有的，所以可以用某种（通常是负面的）眼光去看待某一个族群。在刻板印象中，一些很容易把握的特征（比如头发、嗓音、姿态）总是被认为是某一个群体所特有的，在对这个群体的再现当中，这些特征被认为是最为重要的因素。"① 不得不承认，类型叙事依赖刻板印象（stereotype），这些刻板印象首先来自生活中人们的认知，来自人们对现实世界做"类型化"理解的心理定式，同时类型叙事的编码又不断加深并制造着刻板印象。"肖像学系统"在类型叙事文本之内和文本流通的外部文化环境中交互发生作用。当空间场景、重要道具、人物外貌、习惯动作、口音口头禅等出现在我们面前时，我们会习惯性地按照生活经验和类型叙事经验对其进行解码，揣测此设定的用意。结合类型叙事二元对立价值系统与特定节奏来分析，每个肖像学符码都会被划归在二元系统中的某个位置。"类型的图像志不仅包括了叙事的视觉符码，还显示了主题价值（白色、开化、善良相对黑色、无政府状态、邪恶，还有暧昧的白与黑）。我们在西部片中区分穿着白色衣服和穿着黑衣服的角色，或者在歌舞片中区分那些唱歌跳舞的人和那些不唱歌跳舞的人，这些区分反映了内在于这些社区的主题冲突。因为视觉编码在叙事的和社会的价值，也延伸到了类型电影制作的非视觉层面。比如对白、音乐甚至是演员阵容，都可能成为类型图像志的关键组成部分。"②

"类型的图像志反映了价值系统，这个价值系统定义了它的特定文化社区并且延伸到构成它的实物、事件和角色类型之上。每种类型内涵的价值和信仰系统——它的意识形态和世界观——决定了其角色的演员挑选、问题（戏剧性冲突）和这些问题的解决方法。"③ 让我们结合具体例子来理解沙茨的这段话。

譬如在"生活向"类型中，都市喜剧经常树立"工作 VS. 生活"这组二元对立价值，这组对立也引发了"功利 VS. 情感""理性 VS. 感性"等

---

① 布兰斯顿. 电影与文化的现代性 [M]. 闻钧, 韩金鹏, 译. 北京：北京大学出版社, 2012：220.
② 沙茨. 好莱坞类型电影 [M]. 冯欣, 译. 上海：上海人民出版社, 2009：31.
③ 沙茨. 好莱坞类型电影 [M]. 冯欣, 译. 上海：上海人民出版社, 2009：31.

相关对立，此类都市喜剧问出了每个现代职场人都纠结的问题，是应当将事业成功和物质利益作为人生头号目标，还是放慢脚步停止内卷，享受生活？我们以《人再囧途之泰囧》为例，影片开头便通过准确的编码建立起了对立关系（见表1-2）。

表1-2 《人再囧途之泰囧》中的人物及价值观（生活观）对比

工作成就至上（物质、功利、理性、虚伪）	享受生活至上（情感、超脱、感性、真诚）
徐朗	王宝 / 宝宝
专利产品"油霸"研发者，科技行业商人	做葱油饼的个体户
西装革履，颜色单调，外出戴眼镜，商务精英气质	戴夕阳红旅行团小红帽，穿坎袖背心，花哨泰式阔腿裤，市井游民气质
公司会议室，展示实验工作的突破性成果。妻子此时提出离婚，徐朗的第一反应是不要影响出差。徐朗不知道孩子头部受伤，听说后抱怨妻子，妻子则指责徐朗多次许诺带孩子去海洋馆却最终没能兑现。	（后续交代宝宝视女明星为女友，态度认真。）
徐朗与同公司竞争伙伴争吵。徐朗牙疼但无暇顾及。	（后续交代宝宝注意健康和养生，擅长武术。）
徐朗命令秘书查出生意合伙人所在地，要求精确到泰国具体位置，面对徐朗苛刻的要求，秘书唯唯诺诺。	台词交代宝宝到泰国旅游，列出了详细的泰国之旅愿望清单：泰式按摩、骑大象、海边游泳、拜佛、挑战泰拳高手、种健康树……
徐朗在飞机上给孩子打电话道歉并许愿，孩子不肯原谅总是爽约的父亲。	上飞机较他人更晚，手拿仙人球坐飞机，踩在飞机座位上放行李，不拘小节。
徐朗催促秘书确定合伙人地址，频繁被宝宝的声音干扰。	宝宝给某个朋友打电话，开玩笑，频频打岔徐朗和秘书的谈话。坐在徐朗身边，自来熟，大呼"你手机屏幕好大"。
徐朗接收秘书发来的重要讯息。面对宝宝的提醒，徐朗拒绝在飞机临近起飞前关掉电话。在空姐催促下被迫关机，错过了秘书消息。 徐朗强调自己经常坐飞机。	飞机起飞之前，宝宝认真关掉手机。提醒徐朗关机，见徐朗拒绝关电话，喊来空姐强制徐朗关机。 宝宝安慰："我第一次坐飞机也是这样。"

续表

工作成就至上（物质、功利、理性、虚伪）	享受生活至上（情感、超脱、感性、真诚）
徐朗拒绝微博关注宝宝。	宝宝主动告知徐朗自己微博名称"宝记饼铺"，提议互关。
徐朗不耐烦，但还是帮宝宝填写英文入境单。 指出泰姬陵不在泰国。 徐朗质疑女明星是宝宝的女朋友，强调照片是杂志上剪下来的。 徐朗讽刺宝宝"该吃药了"。	宝宝不会填写英文入境单。 宝宝护照等证件都装在塑料袋里，称为了防止泰国雨大而被淋湿。 口头语"我妈说了"。 宝宝误以为泰姬陵在泰国。 宝宝拿出一沓照片，其中有一张报纸上剪下来的女明星照片，宝宝称其为女朋友。 宝宝开心承认自己该吃药了，拿出专门的药盒，许多维生素分门别类，宝宝向空姐要水，认真吃药。
下飞机，徐朗行色匆匆联系秘书，发现手机中病毒没能收到合伙人地址，焦急。徐朗不耐烦帮宝宝拍照。 徐朗帮宝宝拿仙人球，着急赶去另一个机场，不耐烦打发宝宝走开。 徐朗听闻"特务"，发现合伙人追踪自己，喊住宝宝，假意拥抱并将手机塞入宝宝口袋。 徐朗敷衍不肯认真记电话号码，称自己记性好，口头能记住。祝福宝宝和他的明星女朋友，催促宝宝离开。	旅行团下飞机，兴奋张望，宝宝开心自拍，让徐朗帮忙拍照。 宝宝称要去厕所，让徐朗帮拿仙人球。 宝宝声称遇到"特务"谈论手机病毒。 宝宝开心和徐朗拥抱。主动拉着徐朗要给他电话号码。要求徐朗用笔记下电话，反复提醒徐朗记住电话保持联系。 宝宝特意跑回来抱歉地告诉徐朗，女明星不是他女朋友，"我妈喜欢她"。

以上是开场部分，让我们检视一下这个段落中的"实物、事件和角色类型"。著名编剧束焕在题为《喜剧的"墙"与"坑"》的讲座中曾提到他创作《人再囧途之泰囧》的经过，其中有一条创作技巧——"为你的人物设计至少五个标志性特征"，他当时就设定了宝宝有"一头黄毛"，手上拿着个仙人球，戴小红帽，随身带女明星照片，走到哪儿都自拍，口头禅"我妈说了"，等等多个特征元素，这些特征是我们此前提到的Beat，也是沙茨所谓的肖像学符码。

图1-6 《人再囧途之泰囧》剧照

相较徐朗一板一眼的商务人士气质，宝宝显得"土味"、随意、市井，但是他在经营生活上比徐朗认真得多。徐朗有妻有子，因为疏于照顾家人濒临离婚，但即使如此仍然把工作放在第一位，不肯花时间与妻子好好解决感情问题；宝宝没有女友，但"爱"远在天边的女明星爱得很认真，言谈中与母亲感情亲密，有闲聊打趣的朋友。徐朗性格中有狡诈一面，待人不真诚，以貌取人，鄙视看似文化程度不高的宝宝，需要时利用对方达到自己的目的（起初态度冷漠，后借拥抱机会转移手机）；宝宝待人十分热情诚恳，淳朴有人情味，乐于助人，对徐朗完全不设防（主动攀谈，反复提出互留联系方式）。徐朗身体不适，无暇顾及；宝宝注意养生，留心生活细节。徐朗为工作焦虑，抓紧时间为事业奔走，一分一秒都不肯耽误甚至不惜违犯规则（上飞机不肯关机）；宝宝习惯于慢生活，享受假期，像小学生一样守规矩（坚持要求徐朗关机）。如果你们留意这个段落中 Beat 的对仗频率，会发现从两人相遇之后，每次徐朗在忙于工作、为工作焦虑的时刻，宝宝都在谈论假期和休闲；每当徐朗为情感和人际苦恼的时刻，宝宝都在享受亲情友情和所谓的"爱情",两相对照,喜感效果由此而来,本片的价值观二元对立框架也高效率地建制起来。

我们结合上一节讨论的人设话题审视本片的角色类型,首先能看到这部影片人设的极致化倾向。徐朗是堪称发明家的成功人士、企业老总,宝宝看似草根,其实深藏不露,他的葱油饼小生意红红火火,还是武功高手,武力值远高于书生气质的徐朗。在阶层设定上,双男主实际都处于枣核型的中段,并无巨大的阶层差异,只有文化资本方面的差别,品位差异是本片的笑料来源之一,但并非核心矛盾,真正的矛盾是"工作与生活孰轻孰重"的问题。现代社会对物质的追求是无止境的,这是"现代病"的来源,徐朗亦深陷追求物质与功利的旋涡不能自拔,而宝宝则能够在工作与生活之间达成平衡,向生活方面合理倾斜,因此当徐朗问及宝宝的葱油饼生意如此赚钱,为什么不多开一些分店赚几百万的大钱,宝宝秉持一种"匠人精神",回答说必须自己亲手制作,才能保证风味,他乐得做一事专一事,对额外的财富全无兴趣,此言一出,表面草根的他实际已经擢升成了现代社会鲜有的"世外高人",徐朗那句"所以你一辈子只能卖葱油饼",在观众听来不是贬低,而是褒扬。

大部分以"工作 VS. 生活""功利 VS. 情感"对立框架为叙事主干的电影,在故事开头就埋下了默认答案——生活更重要,情感更重要。这就是类型叙事的"陈词滥调",故事的过程无非是催眠一样向观众反复确认这一点。但每一个故事使用的具体符码又是不尽相同的,所有故事在一个大的肖像学系统中检索符码,进行排列组合,也偶有独创性的贡献。

再举一个都市轻喜剧的例子,"小妞电影"(Chick flick)作为都市女性轻喜剧的谑称,常见的价值观二元框架也是"工作 VS. 生活""理性回避爱情 VS. 感性拥抱爱情""追求独立自我 VS. 为爱牺牲妥协"。我们此前分析过中美版本《我最好朋友的婚礼》在建立框架、建构人设方面的差异,中文版的女主人公作为顶尖时尚杂志女主编的极致人设并没有在电影开头通过娴熟的肖像学符码操控和对比法建立起来，而同样表现时尚界人士生活的电影，《穿普拉达的女王》(*The Devil Wears Prada*，2006) 刚好可以提供一个成功的范本。

该片女主人公安吉丽雅出场时与其他女性形成对比，展现她的人物设定。

（1）雾气笼罩的卫生间镜面，女主人公安吉丽雅的手擦去雾气，<u>深棕色中长发</u>的女主人公开始刷牙。

（2）纽约城市外景。

（3）在能俯瞰城市的高层公寓窗前，苗条的美女A穿上黑色<u>蕾丝性感内衣</u>。

城市不同地方，丰满的美女B也穿上细节不同的黑色<u>蕾丝性感内衣</u>。

美女A穿上<u>性感的内裤</u>。

美女B穿上款式不同的<u>性感内裤</u>。

美女C穿上性感的<u>黑色丝袜</u>。

美女D穿上<u>豹纹性感内裤</u>。

（4）安吉丽雅在卧室抽屉里找出<u>居家风纯棉底裤</u>。

（5）城市不同地方

美女C一身性感内衣，在宽敞的走入式衣柜中挑选<u>丝绸衬衫</u>。

美女D身穿丝绸睡袍，在木质大衣柜中挑选<u>性感裙装</u>。

美女C<u>挑选裙子</u>。

美女A<u>夹睫毛</u>。

美女B<u>涂睫毛膏</u>。

美女C<u>涂睫毛膏</u>。

美女D从满满当当的化妆柜里拿出<u>口红涂抹嘴唇</u>。

美女C涂口红。

（6）安吉丽雅涂起了无色润唇膏，穿偏休闲的针织衫，衣橱里的衣服都是暗色休闲款。房间不大。

（7）城市不同地方

美女A从珠宝盒拿耳环戴上。

美女B从珠宝盒里拿耳环戴上。

美女E拿耳环戴上。

（8）安吉丽雅查看记事簿，看到日程表写着：早上8点，艾丽雅斯·克拉克出版集团人事部。安吉丽雅合上厚厚的记事簿，翻看自己的新闻写作范例集（类似剪报，新闻专业求职必备）。特写中，能看到安吉丽雅曾经做过的新闻都是偏严肃的社会新闻，关心社会民生话题。

（9）城市不同地方

美女A穿上粗跟超高跟鞋。

美女B穿上细跟高跟鞋。

美女C穿上灰色高跟船鞋。

美女D穿上黑色高跟船鞋。

金发美女F穿上高筒高跟皮靴。房间宽敞，大窗户窗明几净，英俊的男友正在床上睡着。美女F亲吻男友面颊。

（10）安吉丽雅身穿暗黄色休闲西装，亲吻已经醒来的、在读报的朴实男友，房间狭窄局促，窗户外就是隔壁建筑的砖墙，毫无景观可言。

（11）纽约街头，熙熙攘攘

美女A拿上名牌包，放下咖啡，腕上首饰叮当作响，出门。

美女G拿起紫红色手机，出门。

美女H背着小皮包出门。

美女I打扮精致出门。

（12）安吉丽雅穿得比其他女子臃肿，她穿着卡其色平凡的大衣，因为穿得多看不出身材，搭配黑色长裤，粗中跟鞋。拎着很大的公文包。走出稍显简陋的建筑，因为冷而瑟缩，顾不得仪态。

（13）城市不同地方

美女B抓了一点点麦片放在碗里。

美女C数着杏仁计算热量。

（14）安吉丽雅在路边小店买了一个很大的汉堡，能看到沙拉酱溢出。安吉丽雅在街头边走边吃。

（15）纽约街头

美女A穿着窈窕，风度翩翩地叫了一辆出租车。

美女F穿着窈窕，风度翩翩地叫了一辆出租车。

美女H穿着窈窕，风度翩翩地叫了一辆出租车。

美女B穿着窈窕，风度翩翩地叫了一辆出租车。

美女C上了一辆出租车。

（16）安吉丽雅快步走为了赶地铁。

（17）安吉丽雅来到目的地摩天大楼门前，仰视摩天大厦。方才提到的A、B、C、D等美女纷纷昂首挺胸进入大厦。安吉丽雅拎着公文包大步走入，眼神局促四下打量豪华的大堂，繁忙的人群。大堂赫然写着企业名称"艾丽雅斯·克拉克出版集团"。

（18）安吉丽雅走出电梯，手上拎着大衣，身穿休闲西装，西装里是紫色针织衫和白衬衫。走入一间写着"天桥"的办公地（该出版集团旗下的知名杂志《天桥》）。

前台接待员妆容精致，安吉丽雅报出想找艾米莉·查尔顿，女主编助理艾米莉穿着时尚，站在前台附近，惊讶且不善地看着安吉丽雅，抱怨"人力部可真会开玩笑"。

（19）艾米莉介绍自己是女主编的第一助理，刚刚升职，带着安吉丽雅穿过杂志办公走廊，有很多衣架衣服陈列在一边，很多人来来往往。艾米莉称老板、时尚女主编米兰达对助理要求非常挑剔，安吉丽雅不知道米兰达是谁，艾米莉一脸无语，但强调如果曾经有在米兰达手下工作一年以上的经历，以后去别处求职会很顺利。随即嘲笑安吉丽雅土气不时尚，根本无法胜任这个岗位。

我们从梳理影片开头段落能够得出如下二元价值观对比及对应的肖像学符码（见表1-3）。

表1-3 《穿普拉达的女王》开场所呈现的二元价值观对比及肖像学符码

物质名利至上（奢华、精致、虚荣、冷漠）	人文理想至上（勤俭、朴实、淡泊、温情）
时尚杂志行业	严肃新闻行业
纽约时髦女子们（出场的路人女等与艾米莉）	刚刚大学毕业，希望成为记者的女主人公安吉丽雅
忙于打扮	热衷工作
各种精致的女性消费品（性感内衣、精致女性化服饰、高跟鞋、首饰、睫毛膏、口红、精致手包）	素面朝天，衣着简朴（润唇膏、纯棉内衣、休闲中性服饰、公文包、记事簿、新闻剪报）
低热量精致饮食	高热量快餐汉堡
高档高层公寓	简陋小公寓
出租车	地铁
在豪华写字楼里优雅自信	在豪华写字楼里稍显不安

因影片视听编码足够清晰，制造了足够鲜明的对比，我们能立刻明白女主人公处于怎样的两难选择之中，虽然安吉丽雅希望成为真正的新闻调查记者，但此时缺乏工作经验的她只收到了时尚杂志女主编助理岗位的面试通知。后续我们会知道毕业于常春藤名校的安吉丽雅学习优异，性格勤勉踏实，但她与浮华的时尚圈和颐指气使的工作狂女主编米兰达格格不入，她到底要改变自己成为米兰达那样的人，还是成为开头那些精致淑女风的

纽约名媛，抑或是要坚持自己内心的理想主义？

这样的"日常"阶段建制，对比中文版《我最好朋友的婚礼》，怎样算高效呢？

中文版《我最好朋友的婚礼》中的女主人公被观众吐槽"一点也不像顶级时尚杂志女主编"，我们不妨也来看一下《穿普拉达的女王》中的女主编形象，依旧是通过对比来呈现。

……（接上文拉片序号）

（20）女助理艾米莉手机忽然响起，艾米莉惊慌失措，安吉丽雅呆立一旁，不知发生了什么事。

（21）大厦门前，奔驰车停下来。

（22）艾米莉如临大敌，打电话通知全员，老板米兰达马上要出现，让大家做好准备。

男摄影师与艾米莉谈话，称米兰达今天迟到了，艾米莉回答说是米兰达的美容师生病了，影响到了米兰达的行程。男摄影师纳闷安吉丽雅是什么人，但来不及细问就忙着指挥其他工作人员去了，男摄影师抱怨办公室有洋葱味道（安吉丽雅刚吃了洋葱汉堡）。

安吉丽雅冲手心哈气，闻了闻自己口气。

艾米莉手拿气泡水跑着往米兰达办公室送去。

（23）米兰达脚穿红色粗高跟鞋走下专车。一头银发身穿黑色貂皮，手拿普拉达包，夹着《天桥》杂志走入摩天大楼。

（24）办公室众人忙乱成一团，有人收拾桌子，有人搬运东西。有人扔掉了正在吃的色拉，有人脱下拖鞋换上高跟鞋，有人忙着补妆。安吉丽雅茫然地看着众人忙碌。

艾米莉把一厚摞《天桥》杂志放在米兰达的办公桌上。

（25）米兰达走在摩天大楼大堂里。

艾米莉继续奔跑着收拾物品。

米兰达进入电梯，一位已经在电梯里同样准备上楼的妙龄女子立刻毕恭毕敬地为她让出电梯，自己跑下轿厢乘坐其他电梯。

米兰达走出电梯进入公司。

艾米莉在走廊奔跑着催促其他员工。她迎上刚进入公司的米兰达，米兰达轻声细语询问为什么预约没有约好，艾米莉道歉并辩解。米兰达打断了艾米莉的辩解，布置了一系列工作指示，关于选择模特的风格等，言辞挑剔。米兰达布置行程安排，她说话很轻但很快，几乎没有标点符号一样。行程包括各项工作以及提醒前夫去开家长会，提醒现任丈夫约会。

米兰达一路不停说着话进入办公室，似乎压根没看到在旁等候的安吉丽雅，艾米莉一直在唯唯诺诺地做记录。直到说完话之后，米兰达才问起安吉丽雅是谁。

艾米莉称人事部这次选来的人（安吉丽雅）根本不合格，但米兰达面无表情指出此前艾米莉面试选择的人都不合格，这次她要亲自面试安吉丽雅。安吉丽雅拿着公文包正要进入办公室，艾米莉夺过公文包说，太土了，不要让米兰达看见。

安吉丽雅与米兰达面对面开始了面试。

在这个段落中，我们再次领略了"紧锣密鼓"对比法则的有效性，米兰达不怒自威的形象首先通过她"人未到，威先至"的氛围表现出来，周围员工面对她如同老鼠见猫一般噤若寒蝉，这样又凸显出女主人公安吉丽雅作为初生牛犊的懵懂与莽撞，而她是此情境中对待米兰达态度最真诚最自然平视的人。米兰达到了办公室之后说话格外轻柔，但这种气场比粗声大气更压迫感，我们代入助理艾米莉的感觉，需要竖起耳朵大气不敢出地聆听她说出的每一个字，唯恐遗漏。米兰达在这段台词里有95%都关于工作，她说话经常打断他人，有一种不容置疑的口吻，且几乎每句话都含讥带讽。大家不妨往前翻一下《人再囧途之泰囧》中徐朗与秘书的对话，体会一下是不是有内在的相似性？这种工作狂老板形象，就连情感生活都颇为类似，徐朗面临离婚仍惦记出差，而米兰达离过婚又再婚，和前后两位丈夫的沟通居然都需要通过助理来完成，这都是将"工作狂"人设推向极致的传统做法，是此类作品"肖像学"的一部分。而本片中的女主人公安吉丽雅除了要在时尚行业和理想的新闻行业之间抉择，还会面临工作过度侵占私人生活空间带来的烦恼，最终需要做出决断。

对比米兰达的形象，中文版《我最好朋友的婚礼》中女主人公为什么不令人信服，就不难理解了。再次强调，类型肖像学是较为稳固的系统，所有符码有惯例可循，你们可以看看早年奥黛丽·赫本代表作《甜姐儿》（*Funny Face*，1957）和最新案例《黑白魔女库伊拉》（*Cruella*，2021），看看这些作品中的时尚女魔头形象是怎样表现的。

图1-7 《黑白魔女库伊拉》中的时尚教母

图1-8 《甜姐儿》中的时尚杂志女主编

类型叙事的肖像学系统不仅存在于电影领域，还存在于网络小说中，它伴随着特定人设会有套路化的描写，使用惯例性的意象，甚至有人用 AI 来生成公式化的段落。在动漫领域，日本后现代文艺批评家东浩纪在其代表作《动物化的后现代：御宅族如何影响日本社会》中提出了"萌的数据库"概念。"萌要素"[①]能够被御宅族们迅速感知并解码，其道理与类型片肖像学系统非常相近，甚至可以说其内在原理就脱胎于类型电影。东浩纪也曾指出日本战后动漫发展与美国文化输入的关联。反之也可以把类型影视剧理解为漫画式的价值表达图解，越商业、工业化，就越接近"漫感"，如中国的仙侠剧，可以以"尚没有动漫原作的漫改"视之，正如东浩纪对日

---

① "萌要素"即能够唤起受众内心"萌欲望"的动漫人物属性设定和特定图像符号。单独就与原著故事无关的片段、图画或设定进行消费，消费者随自己喜好强化对那些片段的情感投射，这种现象被御宅族们自称为"人物萌"，并派生出"萝莉控""猫耳控"等各种迷恋倾向。就制作者角度看来，能否通过人物的属性设定和特定图像符号唤起读者内心的萌欲望，比作品叙事更重要。而消费者观看作品后会立刻分解这些人物的萌要素，汇入数据库里成为二度创作的素材。

本轻小说的描述"根据心目中尚未拍出的动漫写成的小说"。

"轻小说的作家与读者,由于都是以战后日本的漫画动画所孕育出来的想象力的环境为共同前提,所以对于特定的角色其外貌的特征(如眼镜、娇小等用法),会被拿来与何种性格与行动模式(如神秘的无表情属系、魔女郎)相互结合等,都共同拥有相当具体性的知识。因此,作品中如果出现了一个娇小并且很烃常出错的女生时,他们多半能半自动地预想她在这种状况下会这么做;在那种状况下会那么做等。能在脑中描绘出复数的场景。而作家也可以期待其读者具备这种能力,即'萌的识字率'(literacy),而创作出其角色造型。"①

图1-9　漫画《偷偷藏不住》,改编自同名网络小说

---

① 东浩纪.游戏性写实主义的诞生:动物化的后现代2[M].黄锦容,译.台北:唐山出版社,2015:34.

日本动漫、轻小说与中国网文之间存在千丝万缕的关联，而中国网文又作为中国特色 IP 跨媒介叙事产业链的源头，被批量"翻译"为真人影像和动漫图像。一系列新兴的后现代通俗叙事文本症候，大概是类型叙事肖像学系统发展到互联网信息时代的必然演化吧。

图 1-10　网剧《偷偷藏不住》，改编自同名网络小说，男女主人公很符合"漫感"

附录：热门电影排行榜中的主人公设定与故事调性统计（见表 1-4、表 1-5）

表 1-4　豆瓣电影 TOP250[①]

序号	电影名称	人物身份	技能水平	情境	腔调
1	《肖申克的救赎》	金融人才	顶尖[②]	犯罪	冒险
2	《霸王别姬》	京剧名伶	顶尖	时代动荡	多调杂糅
3	《阿甘正传》	士兵、运动员、智力障碍者	顶尖心灵纯粹	时代动荡	冒险＋生活

---

① 豆瓣排名数据截止到 2024 年 1 月。
② 指能力顶尖。

续表

序号	电影名称	人物身份	技能水平	情境	腔调
4	《泰坦尼克号》	画家 富家小姐	优秀 心灵纯粹	灾难	冒险+生活
5	《这个杀手不太冷》	黑道杀手	顶尖	犯罪	冒险
6	《千与千寻》	普通少女 白龙神君	心灵纯粹 强大神力	奇幻	冒险
7	《美丽人生》	犹太父亲	心灵纯粹	战争	冒险
8	《辛德勒的名单》	商人	极其精明	战争	冒险
9	《星际穿越》	宇航员 科学家	顶尖 顶尖	科幻, 灾难	冒险
10	《盗梦空间》	造梦侦探	顶尖	奇幻	冒险
11	《楚门的世界》	普通人	心灵纯粹	特殊经历	冒险+生活
12	《忠犬八公的故事》	通人性忠犬	顶尖 心灵纯粹	日常	生活
13	《海上钢琴师》	钢琴家	顶尖	奇幻	生活
14	《三傻大闹宝莱坞》	学霸	顶尖	学业竞赛	生活
15	《放牛班的春天》	唱歌少年学生	顶尖	才艺学习	生活
16	《机器人总动员》	机器人	优秀	科幻	冒险
17	《无间道》	卧底探员	优秀	犯罪	冒险
18	《疯狂动物城》	警察	优秀	奇幻	冒险
19	《控方证人》	律师 伪证罪犯	顶尖 高智商	犯罪	冒险
20	《大话西游之大圣娶亲》	"齐天大圣"	顶尖身份[①]	奇幻	冒险
21	《熔炉》	教师	普通人 道德楷模	犯罪	冒险
22	《教父》	黑帮老大	顶尖	犯罪	冒险
23	《触不可及》	护工	普通人 善良温情	偏日常	生活
24	《当幸福来敲门》	职员	普通人 善良温情	偏日常	生活

---

① 指人物或者天生贵胄,或者身负神异血统,但本人未必在故事中具备超凡技能,也有可能在故事开始之后一段时间才觉醒超凡技能。

第一章　类型叙事的几个基本要素 | 077

续表

序号	电影名称	人物身份	技能水平	情境	腔调
25	《龙猫》	守护神龙猫 小女孩	强大神力 心灵纯粹	奇幻	生活
26	《末代皇帝》	帝王	顶尖身份	时代动荡	多调杂糅
27	《怦然心动》	少女学生 少年学生	擅长农艺 普通校草	日常	生活
28	《寻梦环游记》	少年歌手	顶尖	奇幻	冒险
29	《活着》	平民	普通人	时代动荡	活着
30	《蝙蝠侠：黑暗骑士》	富豪 超级英雄	顶尖	奇幻	冒险
31	《哈利·波特与魔法石》	魔法师	天赋超群	奇幻	冒险
32	《指环王：王者无敌》	霍比特人 王族骑士	心灵纯粹 顶尖	奇幻	冒险
33	《我不是药神》	非法药商	极其精明	犯罪	冒险
34	《乱世佳人》	名媛	极其精明	时代动荡	冒险+生活
35	《飞屋环游记》	退休老人	目标极纯粹	奇幻	冒险
36	《素媛》	受害儿童	心灵纯粹 境遇极悲惨	犯罪 创伤经历	多调杂糅
37	《哈尔的移动城堡》	少女 魔法王子	心灵纯粹 强大神力	奇幻	冒险
38	《十二怒汉》	陪审员	道德楷模 推理能力强	犯罪	冒险
39	《何以为家》	难民儿童	境遇极悲惨	时代动荡	活着
40	《摔跤吧！爸爸》	运动员	顶尖	体育竞技	生活
41	《让子弹飞》	土匪	顶尖	犯罪	冒险
42	《天空之城》	神异少女	顶尖身份	奇幻	冒险
43	《鬼子来了》	农民	普通人 境遇极悲惨	战争	冒险
44	《猫鼠游戏》	诈骗犯	顶尖	犯罪	冒险
45	《少年派的奇幻漂流》	少年	毅力超群	奇幻	冒险
46	《海蒂和爷爷》	山民	普通人 善良温情	非极致， 日常	生活
47	《钢琴家》	钢琴家	顶尖	战争	多调杂糅

续表

序号	电影名称	人物身份	技能水平	情境	腔调
48	《大话西游之月光宝盒》	"齐天大圣"	顶尖身份	奇幻	冒险
49	《指环王：双塔奇兵》	霍比特人 王族骑士	心灵纯粹 顶尖	奇幻	冒险
50	《闻香识女人》	护工 眼盲上校	善良温暖 嗅觉超群	偏日常	生活
51	《罗马假日》	公主	顶尖身份	历险情境	生活
52	《死亡诗社》	学生 教师	有文艺天赋 优秀	偏日常 特殊经历	生活
53	《天堂电影院》	导演/放映员	顶尖 善良温情	偏日常 温馨情境	生活
54	《绿皮书》	钢琴家 保镖	顶尖 优秀	历险情境	冒险+生活
55	《大闹天宫》	齐天大圣	顶尖身份	奇幻	冒险
56	《黑客帝国》	救世主英雄	顶尖身份	奇幻	冒险
57	《指环王：护戒使者》	霍比特人 王族骑士	心灵纯粹 顶尖	奇幻	冒险
58	《教父2》	黑帮老大	顶尖	犯罪	冒险
59	《狮子王》	王子	顶尖身份	奇幻	冒险
60	《辩护人》	律师	顶尖	时代动荡	冒险
61	《饮食男女》	厨师	顶尖	非极致，日常	生活
62	《搏击俱乐部》	地下搏击者	顶尖	历险情境	冒险
63	《美丽心灵》	数学家	顶尖 特殊疾患	特殊经历	多调杂糅
64	《本杰明·巴顿奇事》	逆生长者	特殊遭遇 心灵纯粹	奇幻	生活
65	《穿条纹睡衣的男孩》	犹太男孩 德国男孩	境遇极悲惨 心灵纯粹	战争	冒险
66	《窃听风暴》	窃听专家	顶尖	时代动荡	多调杂糅
67	《情书》	普通少女	心灵纯粹	日常 人生巧合	生活
68	《两杆大烟枪》	黑道混混	打牌高手	犯罪	冒险

续表

序号	电影名称	人物身份	技能水平	情境	腔调
69	《西西里的美丽传说》	美丽少妇	顶尖美貌 境遇极悲惨	时代动荡 情节剧	生活
70	《看不见的客人》	律师/骗子	顶尖	犯罪	冒险
71	《音乐之声》	家庭教师 上校	擅长音乐 "霸总"	日常及少许历险情境	生活
72	《阿凡达》	战士	顶尖	科幻	冒险
73	《拯救大兵瑞恩》	战士	优秀	战争	冒险
74	《哈利·波特与死亡圣器（下）》	魔法师	天赋超群	奇幻	冒险
75	《飞越疯人院》	囚犯	非常机智	特殊经历	多调杂糅
76	《小鞋子》	小学生	普通人 擅长跑步	非极致，日常	生活偏活着
77	《沉默的羔羊》	女警察 心理学家	优秀 顶尖	犯罪	冒险
78	《布达佩斯大饭店》	酒店经理	顶尖	时代动荡	冒险
79	《禁闭岛》	警察	优秀	历险情境	冒险
80	《蝴蝶效应》	普通男性	超自然能力	历险情境	冒险
81	《功夫》	武功高手	顶尖	奇幻	冒险
82	《致命魔术》	魔术师	顶尖	奇幻	冒险
83	《心灵捕手》	数学天才	顶尖	偏日常 事业奋斗	生活
84	《哈利·波特与阿兹卡班的囚徒》	魔法师	天赋超群	奇幻	冒险
85	《海豚湾》	纪录片			
86	《低俗小说》	杀手 拳击手	能力强大 优秀	犯罪	冒险
87	《超脱》	教师	普通人 较称职	非极致，日常	活着
88	《春光乍泄》	都市男女	普通人	非极致，日常 禁忌恋情	生活与活着杂糅

续表

序号	电影名称	人物身份	技能水平	情境	腔调
89	《摩登时代》	流浪汉	顶尖明星卓别林	历险情境	生活
90	《美国往事》	黑帮分子	能力强大	犯罪	冒险
91	《喜剧之王》	喜剧演员	才华一般 毅力超群	荒诞喜剧 犯罪	冒险+生活
92	《致命ID》	群戏		犯罪	冒险
93	《杀人回忆》	警察	普通人 较优秀	犯罪	冒险
94	《七宗罪》	警察	优秀	犯罪	冒险
95	《红辣椒》	梦境侦探	顶尖	奇幻	冒险
96	《加勒比海盗》	海盗	顶尖	奇幻	冒险
97	《哈利·波特与密室》	魔法师	天赋超群	奇幻	冒险
98	《一一》	职员	普通人	非极致，日常	活着
99	《狩猎》	普通男性	普通人 境遇极悲惨	犯罪	多调杂糅
100	《唐伯虎点秋香》	才子佳人	顶尖	历险情境	冒险+生活
101	《7号房的礼物》	罪犯	境遇极悲惨 心灵纯粹 智力障碍	历险情境	
102	《被嫌弃的松子的一生》	女教师	境遇极悲惨	歌舞元素 特殊经历	多调杂糅
103	《请以你的名字呼唤我》	文艺青年	才华出众	非极致，日常 禁忌恋情	生活
104	《断背山》	牛仔	普通人	非极致，日常 禁忌恋情	生活与活着
105	《剪刀手爱德华》	剪刀手男子	奇异+存在 特殊能力	奇幻	冒险+生活
106	《爱在黎明破晓前》	文艺青年	普通人	非极致，日常 浪漫情境	生活+活着

续表

序号	电影名称	人物身份	技能水平	情境	腔调
107	《入殓师》	入殓师	优秀	非极致，日常	生活
108	《蝙蝠侠：黑暗骑士崛起》	富豪 超级英雄	顶尖	奇幻	冒险
109	《勇敢的心》	战士	顶尖	战争	冒险
110	《第六感》	心理学家	优秀	奇幻，犯罪	冒险
111	《重庆森林》	都市男女（职业身份淡化不重要）	普通人	非极致，日常 暧昧情感	生活+活着
112	《幽灵公主》	与狼为伍的神奇少女	顶尖战士	奇幻	冒险
113	《超能陆战队》	机器人和主人	顶尖机器人	科幻	冒险
114	《爱在日落黄昏时》	都市文艺青年	普通人	非极致，日常 浪漫情境	生活+活着
115	《菊次郎的夏天》	流氓混混和小男孩	普通人	非极致，日常 温馨治愈	生活+活着
116	《甜蜜蜜》	都市男女（职业身份淡化不重要）	普通人	非极致，日常 浪漫情境	生活+活着
117	《借东西的小人阿莉埃蒂》	迷你小矮人	神奇物种	奇幻	冒险
118	《天使爱美丽》	都市男女（职业身份淡化不重要）	普通人	日常巧合情境	生活
119	《阳光灿烂的日子》	无业少年	普通人	动荡年代怀旧	活着
120	《消失的爱人》	大学教师 富家女主妇	普通人 超高智商	犯罪	冒险
121	《小森林：夏秋篇》	乡村女孩	普通人 擅长厨艺	非极致，日常 温馨情境	生活

续表

序号	电影名称	人物身份	技能水平	情境	腔调
122	《完美的世界》	逃犯 小男孩	高智商犯罪 心灵纯粹	犯罪	冒险
123	《无人知晓》	平凡少年	普通人 境遇悲惨	特殊经历 被母亲 遗弃	活着
124	《倩女幽魂》	女妖 书生	顶尖美貌 心灵纯粹	奇幻	冒险
125	《寄生虫》	诈骗者	极精巧骗术	犯罪	冒险
126	《时空恋旅人》	穿越者	超能力	奇幻	生活
127	《侧耳倾听》	少男少女	普通人 热爱读书	非极致， 日常 温馨情境	生活
128	《小森林：冬春篇》	乡村女孩	普通人 擅长厨艺	非极致， 日常 温馨情境	生活
129	《幸福终点站》	东欧旅客	普通人 心灵纯粹	特殊经历 温馨情境	生活
130	《驯龙高手》	少年战士 飞龙	优秀 顶尖强大	奇幻	冒险
131	《一个叫欧维的男人决定去死》	退休工人	普通人 擅长家务	特殊经历 企图自杀	生活+活着
132	《未麻的部屋》	少女偶像	优秀	犯罪	冒险
133	《教父3》	黑帮老大	顶尖	犯罪	冒险
134	《哈利·波特与火焰杯》	魔法师	天赋超群	奇幻	冒险
135	《怪兽电力公司》	怪兽员工	优秀	奇幻	冒险
136	《萤火之森》	妖怪少年 少女	超能力 心灵纯粹	奇幻	冒险
137	《傲慢与偏见》	乡绅富豪	顶尖	非极致， 日常	生活
138	《玩具总动员3》	玩具牛仔 玩具超人	优秀	奇幻	冒险
139	《新世界》	黑帮头目	顶尖	犯罪	冒险

续表

序号	电影名称	人物身份	技能水平	情境	腔调
140	《釜山行》	职员父亲	普通人 机智强大	灾难	冒险
141	《神偷奶爸》	发明家 孩子们	顶尖 心灵纯粹	奇幻	冒险
142	《被解救的姜戈》	赏金猎人	顶尖	历险情境	冒险
143	《玛丽和马克思》	中年大叔 少女	普通人	非极致， 日常	活着
144	《告白》	女教师	高智商	犯罪	冒险
145	《哪吒闹海》	哪吒	顶尖身份	奇幻	冒险
146	《大鱼》	冒险家	普通人 心灵纯粹	奇幻	冒险
147	《茶馆》	三教九流	普通人	时代动荡	活着
148	《射雕英雄传之东成西就》	侠客	会武功	历险情境 荒诞喜剧	冒险
149	《头号玩家》	电竞高手	顶尖	历险情境	冒险
150	《喜宴》	同性恋人	普通人	非极致， 日常 禁忌恋情	生活
151	《模仿游戏》	数学家	顶尖	特殊经历 禁忌恋情	多调杂糅
152	《九品芝麻官》	县官	优秀	历险情境 荒诞喜剧	冒险
153	《阳光姐妹淘》	少女学生们	普通人 校花	非极致， 日常 特殊经历	生活
154	《我是山姆》	智力障碍者	心灵纯粹 残障	日常 特殊经历	生活+活着
155	《色·戒》	女间谍	极致色诱	历险情境	多调杂糅
156	《花样年华》	都市男女	普通人	非极致， 日常 禁忌恋情	生活+活着
157	《血战钢锯岭》	士兵	顶尖	战争	冒险
158	《恐怖直播》	主播	能力强大	犯罪	冒险

续表

序号	电影名称	人物身份	技能水平	情境	腔调
159	《七武士》	武士	优秀	历险情境	冒险
160	《头脑特工队》	头脑特工	优秀	历险情境	冒险
161	《惊魂记》	女职员 杀手	普通人 心理变态者	犯罪	冒险
162	《黑客帝国3：矩阵革命》	救世主英雄	顶尖身份	奇幻	冒险
163	《你的名字》	少年少女	普通人 预见未来	奇幻	冒险+生活
164	《电锯惊魂》	杀人狂	高智商 心理变态者	犯罪	冒险
165	《三块广告牌》	中年母亲	普通人 毅力超群	犯罪	冒险
166	《达拉斯买家俱乐部》	非法药商	普通人 身患绝症	犯罪	冒险+生活
167	《疯狂原始人》	原始人一家	能力强大	奇幻	冒险
168	《心迷宫》	犯罪村民	普通人	犯罪	冒险
169	《谍影重重3》	特工	顶尖	历险情境	冒险
170	《上帝之城》	黑帮暴徒	能力较强	犯罪	冒险
171	《英雄本色》	黑帮分子	能力强大	犯罪	冒险
172	《卢旺达饭店》	酒店经理	顶尖	战争	冒险
173	《风之谷》	女英雄	顶尖	奇幻	冒险
174	《纵横四海》	盗贼	顶尖	犯罪	冒险
175	《海街日记》	小城姐妹	普通人 心灵纯粹	偏日常 特殊经历 温馨情境	生活
176	《爱在午夜降临前》	文艺青年	普通人	非极致， 日常 浪漫情境	生活+活着
177	《绿里奇迹》	囚犯	超能力 心灵纯粹	犯罪， 奇幻	冒险
178	《记忆碎片》	警探	能力强大	犯罪	冒险
179	《疯狂的石头》	保安	普通人 道德楷模	犯罪 荒诞喜剧	冒险

第一章　类型叙事的几个基本要素 | 085

续表

序号	电影名称	人物身份	技能水平	情境	腔调
180	《岁月神偷》	城市平民	普通人 身患绝症	日常 特殊经历	生活+活着
181	《忠犬八公物语》	通人性忠犬	顶尖 心灵纯粹	日常	生活
182	《小丑》	小丑	普通人 顶尖身份	犯罪， 奇幻	冒险+活着
183	《雨中曲》	电影明星	顶尖	歌舞元素	生活
184	《荒蛮故事》	群戏		犯罪	冒险
185	《背靠背，脸对脸》	职员	普通人	非极致， 日常	活着
186	《2001太空漫游》	强大AI 宇航员	顶尖 能力强大	科幻 历险情境	冒险
187	《小偷家族》	城市底层	普通人	犯罪	冒险+活着
188	《爆裂鼓手》	鼓手 爵士乐老师	优秀 顶尖	歌舞元素	生活
189	《无间道Ⅱ》	卧底探员	优秀	犯罪	冒险
190	《无敌破坏王》	游戏角色	顶尖	奇幻	冒险
191	《心灵奇旅》	乐手	优秀	奇幻	冒险+生活
192	《冰川时代》	冰川动物	各有能力	奇幻	冒险
193	《贫民窟的百万富翁》	竞答者	顶尖	犯罪	冒险
194	《恐怖游轮》	群戏		犯罪 恐怖历险	冒险
195	《东邪西毒》	侠客	顶尖	历险情境	多调杂糅
196	《牯岭街少年杀人事件》	中学生	普通人	犯罪	冒险
197	《魔女宅急便》	小魔女	超能力	奇幻	冒险
198	《遗愿清单》	退休老人	普通人	非极致， 日常 特殊经历	生活
199	《东京教父》	流浪者	普通人	历险情境	冒险+生活
200	《大佛普拉斯》	底层平民	普通人	犯罪	冒险
201	《你看起来好像很好吃》	动物角色	普通人	奇幻	冒险

续表

序号	电影名称	人物身份	技能水平	情境	腔调
202	《真爱至上》	群戏	首相等多种身份人物	日常 禁忌恋情	生活
203	《黑天鹅》	芭蕾明星	顶尖	歌舞元素 特殊经历	多调杂糅
204	《可可西里》	反盗猎队	优秀	犯罪	冒险
205	《城市之光》	流浪汉	顶尖明星卓别林	历险情境	生活
206	《源代码》	军人	顶尖	犯罪	冒险
207	《雨人》	自闭症患者（数字天才）	特殊残障 顶尖	非极致，日常 特殊经历	生活+活着
208	《海边的曼彻斯特》	丧子父亲	普通人	偏日常 创伤经历	活着
209	《恋恋笔记本》	失忆症患者 深情恋人	特殊残障 心灵纯粹	非极致，日常 特殊经历 浪漫情境	生活
210	《初恋这件小事》	学生	普通人	日常 才艺竞赛	生活
211	《波西米亚狂想曲》	歌星	顶尖	歌舞元素	生活
212	《人工智能》	AI男孩	顶尖	科幻	冒险
213	《青蛇》	女妖 高僧	顶尖 顶尖	奇幻	冒险
214	《虎口脱险》	战争逃亡者	极其机智	战争 历险情境	冒险
215	《终结者2：审判日》	战士 小男孩	顶尖 心灵纯粹	奇幻	冒险
216	《疯狂的麦克斯4：狂暴之路》	战士	顶尖	奇幻	冒险
217	《罗生门》	群戏	各有特色	犯罪	多调杂糅
218	《新龙门客栈》	侠客	顶尖	历险情境	冒险
219	《萤火虫之墓》	战争孤儿	普通人 境遇极悲惨 心灵纯粹	战争 时代动荡	生活+活着

续表

序号	电影名称	人物身份	技能水平	情境	腔调
220	《末路狂花》	都市女性	普通人	犯罪	冒险
221	《千钧一发》	欺诈者	极其机智	科幻,犯罪	冒险
222	《崖上的波妞》	金鱼公主 小男孩	顶尖身份 心灵纯粹	奇幻	冒险
223	《无耻混蛋》	反纳粹战士	优秀	战争 荒诞喜剧	冒险
224	《奇迹男孩》	残疾男孩	面部残疾 心灵纯粹	日常 特殊经历	生活
225	《彗星来的那一夜》	群戏		奇幻	冒险
226	《花束般的恋爱》	都市男女	普通人	非极致,日常	生活
227	《二十二》	纪录片			
228	《爱乐之城》	爵士乐手 女演员	顶尖 成名	日常 歌舞元素	生活
229	《黑客帝国2：重装上阵》	救世主英雄	顶尖身份	奇幻	冒险
230	《芙蓉镇》	小镇老板娘 文革受害者	很精明 有知识	时代动荡	多调杂糅
231	《血钻》	钻石贩子	极其精明	犯罪	冒险
232	《战争之王》	军火商	顶尖	历险情境	冒险
233	《房间》	被绑架的女子和孩子	普通人 心灵纯粹	犯罪	多调杂糅
234	《步履不停》	都市男女	普通人	非极致,日常	活着
235	《魂断蓝桥》	舞女	普通人	时代动荡	生活
236	《哈利·波特与死亡圣器（上）》	魔法师	天赋超群	奇幻	冒险
237	《火星救援》	宇航员	顶尖	科幻	冒险
238	《千年女优》	女明星	顶尖	时代动荡	生活
239	《谍影重重2》	特工	顶尖	历险情境	冒险
240	《弱点》	运动员 贵妇养母	顶尖 能力强大	体育竞技	生活

续表

序号	电影名称	人物身份	技能水平	情境	腔调
241	《阿飞正传》	群戏	普通人		多调杂糅
242	《白日梦想家》	胶片洗印员	优秀	特殊经历	生活
243	《哈利·波特与凤凰社》	魔法师	天赋超群	奇幻	冒险
244	《谍影重重》	特工	顶尖	历险情境	冒险
245	《燃情岁月》	群戏	普通人	时代变迁 特殊经历	多调杂糅
246	《朗读者》	法官 纳粹女看守	优秀 普通人	时代动荡	多调杂糅
247	《再次出发之纽约遇见你》	音乐家	优秀	歌舞元素	生活
248	《蜘蛛侠：平行宇宙》	超级英雄	顶尖身份	奇幻	多调杂糅
249	《香水》	香水师	顶尖	奇幻	多调杂糅
250	《穿越时空的少女》	女中学生	超能力	奇幻	冒险+生活

表1-5 中国历史票房前50[①]

序号	电影名称	人物身份	技能水平	情境	腔调
1	《长津湖》	军人	优秀	战争	冒险
2	《战狼Ⅱ》	军人	顶尖	战争 历险情境	冒险
3	《你好，李焕英》	工厂女工 女儿	普通人 擅长体育 超能力	穿越	生活
4	《哪吒之魔童降世》	哪吒	顶尖身份	奇幻	冒险
5	《流浪地球》	宇航员父亲 驾驶员儿子	顶尖 普通人	科幻，灾难	冒险
6	《满江红》	士兵首领 小兵	能力强大 极其精明	历险情境	冒险
7	《唐人街探案3》	侦探	顶尖	犯罪	冒险
8	《复仇者联盟4：终局之战》	超级英雄	顶尖	奇幻	冒险

---

① 票房排名数据截止到2024年1月。

续表

序号	电影名称	人物身份	技能水平	情境	腔调
9	《长津湖之水门桥》	军人	优秀	战争	冒险
10	《流浪地球2》	宇航员 科学家	顶尖	科幻，灾难	冒险
11	《红海行动》	军人	顶尖	战争	冒险
12	《消失的她》	杀妻丈夫 复仇好友	精明普通人 高智商骗局	犯罪	冒险
13	《唐人街探案2》	侦探	顶尖	犯罪	冒险
14	《美人鱼》	美人鱼 富豪老板	心灵纯粹 精明	奇幻 荒诞喜剧	冒险
15	《我和我的祖国》	群戏	顶尖专家 优秀公民	特殊经历	生活
16	《八佰》	军人	忠勇普通人	战争	冒险
17	《独行月球》	宇航员	顶尖	科幻	冒险
18	《我不是药神》	非法药商	极其精明	犯罪	冒险
19	《中国机长》	机长	顶尖	灾难 历险情境	冒险
20	《我和我的家乡》	群戏	顶尖专家 优秀公民	特殊经历	生活
21	《速度与激情8》	车手	顶尖	历险情境	冒险
22	《这个杀手不太冷静》	演员	优秀	历险情境 荒诞喜剧	冒险
23	《西虹市首富》	市民	普通人变成 顶级富豪	特殊经历 荒诞喜剧	生活
24	《捉妖记》	捉妖师	超能力	奇幻	冒险
25	《速度与激情7》	车手	顶尖	历险情境	冒险
26	《复仇者联盟3：无限战争》	超级英雄	顶尖	奇幻	冒险
27	《捉妖记2》	捉妖师	超能力	奇幻	冒险
28	《羞羞的铁拳》	拳手	优秀	体育竞技 荒诞喜剧	生活
29	《疯狂的外星人》	马戏师 外星人	优秀 超能力	科幻 荒诞喜剧	冒险

续表

序号	电影名称	人物身份	技能水平	情境	腔调
30	《八角笼中》	拳手	普通人变成优秀拳手	体育竞技	生活
31	《海王》	超级英雄	顶尖	奇幻	冒险
32	《变形金刚4：绝迹重生》	外星英雄	顶尖	奇幻	冒险
33	《前任3：再见前任》	都市男女	普通人	非极致，日常	生活
34	《毒液：致命守护者》	超级英雄	顶尖	奇幻	冒险
35	《封神第一部：朝歌风云》	王侯将相女妖	顶尖	奇幻	冒险
36	《功夫瑜伽》	武师	优秀	历险情境	冒险
37	《飞驰人生》	车手	优秀	历险情境	冒险
38	《阿凡达》	战士	顶尖	科幻	冒险
39	《人生大事》	殡葬师	优秀	日常特殊经历	生活
40	《烈火英雄》	消防员	优秀	历险情境	冒险
41	《阿凡达：水之道》	战士	顶尖	科幻	冒险
42	《侏罗纪世界2》	科学家孩子们	顶尖	历险情境	冒险
43	《寻龙诀》	盗墓者	顶尖	历险情境	冒险
44	《长安三万里》	诗人	顶尖	历险情境	冒险
45	《西游2：伏妖篇》	神仙妖魔	顶尖	奇幻	冒险
46	《港囧》	都市男女	普通人	日常喜剧	生活
47	《姜子牙》	神仙妖魔	顶尖	奇幻	冒险
48	《万里归途》	外交官	顶尖	战争历险情境	冒险
49	《少年的你》	中学生小混混	顶尖学霸普通人	犯罪	冒险
50	《变形金刚5：最后的骑士》	外星英雄	顶尖	奇幻	冒险

第二章

类型叙事分类之"文武二分法"

我们前面所讨论的内容，基本上是将类型电影、剧、小说、动漫当作整体性范畴，将具有神话式结构、鲜明节奏、极致人物、精密符号编码的作品笼统归为类型叙事，并没有分别介绍何为电影中的西部片、歌舞片、武侠文，或是当代网文中的修仙文、系统文、机甲文，以及动漫中的战斗番、运动番、少女漫、社团漫，等等。

对类型的理解，我们可以把它视为各种既有叙事套路模型的汇聚，也可以是在宽泛的"类型性"框架下的"杂合体"[①]（Chimaerism）实践。

前一种思路，难免和"类型学""分类学"打交道，以往有很多学者的类型研究著作会以梳理几大类通俗叙事套路模型的方式来进行，如北京电影学院郝建的《类型电影教程》，书中从第3章到第15章，分别详细介绍了爱情片、西部片、惊险片、恐怖片、侦探推理片、黑色电影、政治电影、强盗片、警匪片、动作片、灾难片、音乐歌舞片、喜剧片；北京电影学院洪帆、张巍合著的《电视剧编剧教程》在"剧作核心Ⅰ"章节中介绍了国内电视剧常见类型言情剧、青春偶像剧、伦理剧、职场剧/行业剧、破案

[①] "杂合体"借自法国哲学家、社会学家布鲁诺·拉图尔（Bruno Latour）的行动者网络理论，描述一种全新的认知方式和事物存在形态。

剧／警察剧、侦探剧、医疗剧、军旅剧／战争剧／抗日剧／剿匪剧、谍战剧、历史剧／古装剧、武侠剧、玄幻剧、科幻剧；北京电影学院韩笑的《动画类型学》以特定标准划分了冒险类型、动作类型、言情类型、幻想类型、家庭类型五种。

而网络文学的研究者如邵燕君、王玉玊、肖映萱等，倾向于综合性谈论网络文学中的代表性现象，如某些流行的叙事模式，至多将"女性向"网络文学笼统分为"女性言情""女性耽美"，并没有按照晋江文学网站的思路去整理分类标签"细如牛毛"的各种网文。网文研究者的谈论方式与网络文学的客观存在形态息息相关，网络文学具有"类型性"毋庸置疑，但其后现代杂合倾向极度突出，已不再适合用传统文学类型研究的分类思维加以考量。

本章也会以宽泛的类型性视角带领大家了解当下通俗叙事内容产业的"类型杂合体"实践，但不会分别论述历史性形成的具体类型。从类型叙事传统和受众接受角度来看，无论什么媒介载体的通俗叙事类型，都可以分为"一文一武"两条时而平行时而交叉的路径，分别对应着我们之前聊过的"腔调"（冒险 VS. 生活）。

"阅读"永远是"读作"的过程。

《侠胆雄狮》是被读作爱情故事还是被读作动作冒险系列，所呈现出来的意义和产生的乐趣是完全不同的。[①]

——亨利·詹金斯《文本盗猎者》

上面这段话其实在讨论一个问题：当一部故事中同时包含冒险（常常伴随暴力）和情感故事线时，究竟孰轻孰重？当传统意义上"侠之大者，

---

① 詹金斯. 文本盗猎者：电视粉丝与参与式文化［M］. 郑熙青，译. 北京：北京大学出版社，2016：126.

为国为民"的侠客故事变成了"三生七世，永堕阎罗，只为情故，虽死不悔"的情爱纠缠时，是扼腕叹息"品位日下"，还是正视以女性为主的言情受众之需求？当创作者致力于创作一部动作冒险故事时，作品的粉丝们却不断要求增加感情线戏码且不顾创作者初衷非说这是一个言情故事，此时又该何去何从？

一些创作者在谈论作品的调性时，将性别作为给作品定调的首要因素之一，且业界有个不成文的公论：女性向的作品声量高，但是会与男性受众互斥。而优质的男性向作品能够兼容女性受众。

那么，新问题来了，"男性向""女性向"这组流行概念又当如何理解？

这个话题直接关乎本书的类型叙事分类理念，我们先从托马斯·沙茨的电影类型理论说起。

一、类型电影："秩序的仪式"VS."聚合的仪式"

美国学者托马斯·沙茨堪称类型电影研究的奠基人，鉴于20世纪中叶之后的类型叙事深受一时称霸通俗内容产品领域的电影媒介影响，沙茨对类型电影的许多论断亦适用于电视、小说、动漫等多媒介载体的类型叙事研究。

在出版于20世纪80年代的《旧好莱坞/新好莱坞：仪式、艺术与工业》（*Old Hollywood/New Hollywood: Ritual, art, and industry*）和《好莱坞类型电影：公式、电影制作与片厂制度》（*Hollywood Genres: Formulas, Filmmaking, and The Studio System*）这两本著作中，沙茨将彼时美国好莱坞历史性形成的几种重要电影类型——西部片、黑帮片、黑色电影/硬汉侦探片、科幻片、战争片、音乐歌舞片、喜剧片等从宏观角度划分为两类，依据是这些类型分属于两种不同的文化仪式——"秩序的仪式"与"聚合的仪式"。

基本上,"秩序的仪式"对应本书论述的"冒险"腔调(冒险调)和"暴力向"叙事,而"聚合的仪式"对应本书论述的"生活"腔调(生活调)和"情感向"叙事。必须承认,上大学的时候,笔者热爱类型片且熟读沙茨的著作,做学问和教学的思路深受他的影响。

托马斯·沙茨对这两种仪式有自己的界定方式(见表2-1)。

表2-1 "秩序的仪式" VS. "聚合的仪式"界定方式

主人公	固定空间(秩序的仪式)			不固定空间(聚合的仪式)		
单个主人公	西部片	黑色侦探片	强盗片			
集体主人公	战争片	科幻片				
配对主人公				音乐片	喜剧片	家庭情节剧

此前章节我们强调过,类型片可以被视为一种仪式,通过叙事过程来肯定某种文化价值观。"好莱坞类型片的主题兴趣是通过文化对立表现出来的,而在每一种类型中,它都是通过这一类型独特的动作模式来加以对抗和解决的,这样就歌颂了某种基本文化理想。这一建制、稳步强化及最终解决类型环境中所固有的冲突,赋予好莱坞类型片以一种仪式感及其维持基础文化价值的能力。"[①] 那么在此基础上,"英雄人物及其环境的关系对类型的冲突与解决,以及最终对类型本身的仪式功能的确定有着重要的影响"[②]。

"秩序的仪式"意味着故事要以"奠定秩序、消灭对手"为终点,对应着固定空间,大多数故事需要"武戏",人物冒险和施展暴力的环境往往

---

① 沙兹. 旧好莱坞/新好莱坞:仪式、艺术与工业[M]. 周传基,周欢,译. 北京:中国广播电视出版社,1993:108.
② 沙兹. 旧好莱坞/新好莱坞:仪式、艺术与工业[M]. 周传基,周欢,译. 北京:中国广播电视出版社,1993:108-109.

与日常生活环境有较大的差异，会更加风格化和超离现实，且空间的形态、风格与故事的情节密切相关。而"聚合的仪式"意味着故事以不同文化价值观"彼此理解、取长补短"为目标，大部分故事基本都是"文戏"，对应着不固定空间，所谓"不固定"也可以换个说法即无特殊要求，往往是更加生活化的日常空间，因为"不固定"所以兼容性更强，"聚合的仪式"也可以使用"秩序的仪式"中常见的固定空间。至于人物是孤胆英雄还是配对情侣，抑或是组团作战，各种人物组合可以灵活地与不同空间、不同仪式相结合。

"一种情况下，对立是事件发生地点土生土长的，一般表现为具体的暴力斗争。这些对立或者是由单个主人公（西部片、强盗片、硬汉侦探片）或者是由在解决具体的冲突中承担起单个主人公的基本功能的集体（战争片、科幻片）来对付并解决之。在另一种情况下，对立不是故事发生地土生土长的，而是其中主要居民的相互冲突的态度和相互关系（音乐片、喜剧片、家庭情节剧）。"[1]

沙茨上文提到的"对立"是具体的冲突形态，也指向内在的文化冲突二元对立。如典型西部片的事件发生地点是西部蛮荒小镇，其中土生土长的冲突是盗匪对抗牛仔英雄及平民社群，最终要靠暴力的枪战场景解决反派势力，内在的文化冲突是"野蛮 VS. 法制""无政府势力 VS. 社会化力量"。而像《雨中曲》《相逢圣路易》《音乐之声》这样的歌舞片，故事分别发生在好莱坞、中部城市圣路易和欧洲国家奥地利的阿尔卑斯山地区，具体空间涉及家宅、舞台、修道院、野外，等等，这些空间地点并不直接勾连任何特定的对立，"自由 VS. 束缚""平民 VS. 上流"等二元对立和相应的戏剧冲突是通过恋爱关系、家庭代际关系等体现的。

为什么"秩序的仪式"要求风格化、编码较精密的固定空间？很大一

---

[1] 沙兹.旧好莱坞/新好莱坞：仪式、艺术与工业［M］.周传基，周欢，译.北京：中国广播电视出版社，1993：74.

部分原因是暴力活动并非文明的人类社会日常所见，那些随时随地可能爆发打斗的空间以及暴力想象相关的视听符码，构成了一个高度象征性的肖像学系统，一个架空的神话环境（即便看起来仍然是现代文明社会中的某处地点）。在这类故事中，两派阵营要进行你死我活的殊死搏斗，让观众暂时跳出日常生活中的法制常识，去体会无政府势力与社会化力量之间的冲突，并且常常站在社会化力量的反面去感受故事对无政府势力的浪漫书写——在那些看似与现实隔绝的传奇空间里，具有暴力能力的个体尽显自由与张扬，西部片中的独行报私仇、黑帮片中的富贵险中求、黑色电影中的色字一把刀、武侠电影中的侠以武犯禁……固定空间的风格化，让西部蛮荒、城市地下世界、险恶江湖挣脱生活中的日常图景，成为供人欣赏独立的暴力演练场，满足观众内心深处以个人化手段高效率贯彻道义、实现正义的冲动。

而"聚合的仪式"，就像我们此前谈论"故事腔调"时提到的，"生活调/情感向"作品容易与"艺术片"、"活着"腔调混同，这样的电影甚至被认为不是类型片，例如同学会对《人生大事》是否算是类型片提出疑问。在"生活调/情感向"的故事里，整个环境不是危机四伏的无秩序环境，而是秩序已经奠定的文明社会，一切看起来都来自日常生活，没有突然拔枪相向或拔刀砍人的重口味情节，矛盾的发生不那么依赖特定的空间，人物冲突不至于"正邪不两立"，主人公不需要以杀死敌人的方式取得胜利，不同阵营之间存在着沟通、博弈、转圜、融合的余地。一对恋人、一对父子、一对好友、一对师徒……他们之间能有多大的仇怨？无非是一时的误会与争论。"聚合的仪式"意味着每个主要人物都要磨掉一点不必要的棱角，与他人精神上拥抱，"聚合"成融洽和谐的社会单位——也许是家庭也许工作/学习团体。确定此类故事属于类型叙事/神话/情节剧的标志，是故事中人物具有类型化的文化价值观态度以及鲜明的对比关系，"界定类型环境的不仅限于场景，而且还包括居住于其中的主要人物的成规化社会态度和相互关系"。① 故事中人物的个体自由很可能受到传统习俗、保守权威、社会等级理念等制度性存在的压抑，而对手人物则站在恪守传统、维护权威、维系社会等级观念的立场上，主人公们与他者的对抗也难免为了情感需求适当妥协。"在这些类型中成规化主要人物并不是社会秩序的代理人，而是一些试图把个人的需求和行为适应于集体要求的个人。"②

此处要插一句，如果想要写"生活"腔调的电影，轻易不要安排暴力犯罪元素进来，除非荒诞感的无厘头喜剧。杀人放火的情节就好比重口味的调料，与浪漫甜品天然互斥，与温情鸡汤也很不搭调。电视剧、长篇小说、连载动漫相对好中和一些，因为在较长的篇幅中，情节有松有缓，也许能够在两种仪式、两种腔调之间取得平衡，即便如此，只要加了"重口味"的暴力元素，温情治愈感几乎必然给紧张惊悚感让路，无法回归平和纯粹；而暴力被温情压过风头的时候比较少，且常常被视为不够成功的案例。

仙侠剧最初被视为武侠故事的变种，被最初的武侠受众们认定是"秩序的仪式"，遵循"冒险调/暴力向"模式，却在发展过程中渐渐变成了或甜宠或虐恋的言情故事。叙事以恋人的聚合为旨归，正邪冲突反而不清不楚，"救苍生？还是救一人？""要不要为了天下太平而断情绝爱？"这样的命题用沙茨的术语来翻译，即"奠定秩序的需求与情感聚合的需求不可得兼当如何"？令观众一头雾水的是，这两者为什么莫名其妙就成了鱼和熊掌。

又如媒介研究大家、粉丝文化研究奠基人亨利·詹金斯在《文本盗猎者：电视粉丝与参与式文化》中举的例子，美剧《侠胆雄狮》播出时，创作者致力于打造奇幻冒险故事，但大批女性剧粉期待看到爱情线，在互联网

---

① 沙兹.旧好莱坞/新好莱坞：仪式、艺术与工业[M].周传基，周欢，译.北京：中国广播电视出版社，1993：105.
② 沙兹.旧好莱坞/新好莱坞：仪式、艺术与工业[M].周传基，周欢，译.北京：中国广播电视出版社，1993：155.

尚未兴起的20世纪80年代，她们不断以写信等方式催促电视台，试图扭转故事调性，最终创作者理念和剧粉需求无法协调，该剧被迫腰斩断更。这部剧集在我小学时曾引入国内，在"正大剧场"栏目播放，我清晰记得彼时我爱看译制片的母亲破天荒看起了这个奇幻剧，她原本只喜欢典型的"生活"腔调作品——现实生活背景的情感故事，如今想来，她也是个把《侠胆雄狮》当言情故事看的"CP粉"。因此，詹金斯在引用类型电影理论分析此案例时，提到了"读作"的重要性，受众判断作品类型和调性时的能动性不容忽视。

需要注意，詹金斯的粉丝能动性研究主要基于电视剧这种长篇叙事作品，并建立在故事调性有较多混合余地的情况下，数十集的故事体量容许在不同的时段变换调性，供受众选择，创作者甚至可以随时调整作品的定位和方向。中国特色的古偶仙侠剧在这点上异曲同工，神仙们借着拯救天地苍生的冒险背景主攻谈恋爱任务，冒险没那么重要，但完全摒弃神魔大战似乎还真不行。

"男性向"和"女性向"两立，内在隐含着"秩序"与"聚合"两种仪式之争，这点在网络小说领域格外明显，当下古偶仙侠剧的盛行正得益于诸多网络小说IP。面对这个当代中国通俗叙事内容生产的重要命题，我们不妨去小说领域看一下。

二、类型小说："男频"VS."女频"

"在网络文学内部，性别差异是划分阅读趣味和阅读平台的重要标准，女性向的出现，也反身定义了男性向。这种区分方式蕴含着商业化的消费主义逻辑，是商业文学网站定位目标群体的重要参考。"[1] 网络文学研究者肖映萱在界定"女性向"一词时强调性别差异对于网络时代数据库化的叙

---

[1] 邵燕君. 破壁书：网络文化关键词 [M]. 北京：生活书店出版有限公司，2018：168-169.

事内容生产具有格外重要的意义，女性向除了指向作者创作态度、网站的商品分类逻辑，还更加宽泛地将读者反应考虑进来。

知名网络小说书评人安迪斯晨风在其书评集《生如稗草：网络文学导读》中也提道，"女读者和男读者的关注点大多数时候不相同"，男读者更看重"主角的功业"，女读者更看重"主角的感情经历"。[1]但这位多年来关注网络小说脉络发展的评论者也提醒大家不要被当下网络文学 IP 及其跨媒介衍生链（IP 剧、IP 动画漫画）的男频、女频标签误导，认为这种分野是天然泾渭分明的。"在网络小说发展的早期不是这样的。那时网络小说还很少有针对某一性别的说法，更多的是类似《佣兵天下》《紫川》这样男生和女生都会有共鸣的书。……"[2]

当时我读书评看到这里，不禁失笑，现在男女频网文形成的印象的确深入人心，作为影视专业的研究者，观察网文 IP 转化成真人影视剧的情况，又会发现微妙的变化。原本男频 IP 如《庆余年》《赘婿》《雪中悍刀行》等，在改编成古装剧的时候，如金庸笔下韦小宝一般坐拥多美的男主人公，都变成了一对一的专情人。为什么男频小说中一心搞事业，顺便完成美女"集邮大业"的主人公纷纷在影视版中变成了情圣，自然是由影视剧受众画像决定的，国内剧集的观众中不仅女性数量居多，热衷于在互联网社交媒体讨论剧情与角色的剧迷也多为女性，她们对于声量和热度贡献巨大，亨利·詹金斯在早年美剧粉丝文化研究中就指出了这一亚文化现象具有较明显的性别倾向。因此，男频爽文中的一夫多妻美梦，为了吸引女性观众，会自我审查一番，至少不要触怒；而女频后宫宫斗戏中的一夫多妻，属于"已婚"故事，骨子里是家庭情节剧的婚恋伦理矛盾，在女性视

---

[1] 安迪斯晨风.生如稗草：网络文学导读［M］.天津：百花文艺出版社，2020：158.

[2] 安迪斯晨风.生如稗草：网络文学导读［M］.天津：百花文艺出版社，2020：158.

角下，不是齐人之福，是妥妥的人生悲剧。

为什么业界印象里"女性向的作品声量高，但是会与男性受众互斥？"优质的男性向作品又为何能兼容女性受众？首先，很多从男性视角讲述男主人公"专心搞事业"的男频作品，即使网上讨论度不高甚至被挑剔诟病，却可以默默地坐拥高收视率基本盘，如2019版的金庸武侠剧《倚天屠龙记》，男性受众无论对待男频网文还是男频剧集，都是"默默地充值默默地观看，从不多发议论"。当女性观众或读者嫌弃当下男频小说无聊的时候，也须正视这种通俗类型文类满足男性幻想的自然属性，即便是金庸大师古韵盎然、文化深厚的经典之作，也没有脱离"一见杨过误终身"的主角人见人爱模式。女频的"霸总+玛丽苏"乃至一女多男的"女尊"，不过是按照女性情感需求对主角人见人爱模式的另一种运用，而多年来类型叙事的受众画像表明，国内男性受众对于泛言情类的故事（以浪漫爱情为代表的"聚合的仪式"）普遍兴趣缺失。沙茨说类型片解决人心中潜在焦虑，那么大抵是男性群体的焦虑与女性群体差异颇大，这是基于人类历史、社会结构和两性权力关系的根源性差异。

"优质的男性向作品能够兼容女性受众"则是因为真正动人的冒险调叙事中，总会有真挚的情感和有趣的人物关系，这是很多女性观众青睐的要素，犹记得我中学时候读金庸小说喜欢挑情感线部分看，被男同窗调侃我读的不是金庸而是"金瑶"（金庸变琼瑶），教书后意外发现戏剧影院文学专业学生中不少女孩子也是如此，可见"读作"一词的妙处。"当代中国的女性读者，接受的是与男性相同的教育和阅读训练，因此许多'男性向'作品也拥有大量的女性读者。如南派三叔的《盗墓笔记》和蝴蝶兰的《全职高手》，都是男频文成为女性向热门作品的典型例子，作者甚至会因此在作品中加入一些服务于女性读者的元素。"[1] 相比男性对女频作品的兴趣寥

---

[1] 邵燕君. 破壁书：网络文化关键词[M]. 北京：生活书店出版有限公司，2018：170.

寥，女性受众更"杂食"，许多困扰男性群体的焦虑也同样困扰着女性，女性亦能够从"秩序的仪式"中得到满足；且女性能够将原本"秩序的仪式"有选择性地扭转为"聚合的仪式"，并有选择性地确定所读文本的"叙事重心"——也许与创作者初衷并不相符。

于是有调侃说法"男频的也是女频的，女频的还是女频的"，换言之女性群体的"读作"——"对抗性读解"能力普遍高于男性群体，是一种来自边缘的、受压抑地位的反弹。"女性向"不完全等同于女频，如果说女频泛指将"聚合的仪式"作为内在核心的情感故事，那么"女性向"强调的是一种从女性主体性需求出发的阅读和写作态度，某些保守迎合男性读者需求的情感故事，即便看似"聚合的仪式"，看似书写爱情，也很可能在女性读者激烈的讨论声中被女性向阵营"开除"；而"秩序的仪式"只要提供了满足女性情感需求的人物关系，也会被接纳进入女性向的怀抱。

有很多"女性向"作者致力于沿用"男性向""秩序的仪式"外壳来书写情感故事，"《残次品》正是这样一部典型的'星际文'，与反乌托邦的英雄叙事同步推进的是主角的爱情故事，小说最终是否走向完满结局，并不取决于能否找到新的乌托邦出路，而取决于主角们有没有达成精神的和解，获得爱的圆满。有读者曾诟病《残次品》中关于星际的宏大、复杂设定挤占了原本属于言情叙事的篇幅，但正因如此，才更清晰地道出了小说的言情（言说爱情）本质"[1]。网络文学研究者肖映萱如是评价兼具"冒险调/暴力向"和"生活调/情感向"双重特质的科幻类女性向小说，可见即便两种仪式在同一部长篇作品中并存，我们仍能清晰分辨出最终极的仪式性功能究竟是"奠定秩序"还是"聚合情感"，故事必然有一个主导性的"腔调"，并以性别化的方式区分"武戏文唱"还是"文戏武唱"。

"网络文学的主流作品类型是泛幻想类作品，包括玄幻小说、仙侠小

---

[1] 肖映萱.幻想的开拓："女性向"网络小说对科幻资源的继承与改造[J].中国图书评论，2023（1）：73-86.

说、奇幻小说、穿越小说等类型，主流文学中占据绝对统治地位的现实题材作品在网络文学中是少数派。由网络文学自身特征决定：大多数网络文学写作目的有商业性质，为了读者娱乐、消遣，从中获得快乐，不刻意承担深刻的社会价值，不会有沉重、严肃的现实主义内核。"[1]安迪斯晨风导读的泛幻想类作品的绝大多数是有战斗元素的男频"冒险调"小说，其类型化规律更容易集中把握，此前同学去应聘男性向漫改影视项目的经历也佐证了，在很多时候，"冒险调""秩序的仪式"被视为通俗类型叙事的核心部分。

必须承认，迄今为止网文领域的各种世界观创意和一大批通用的幻想设定大部分是由男频网文奠定的，女频在幻想故事世界的"开疆拓土"方面相对不那么倾力，往往是沿用男频成型的世界观架构（修仙、克苏鲁、机甲、系统等），浇灌己之块垒。但是并不能因此轻视女频在情感叙事开拓方面的独特魅力——愿意花更多笔墨探索人性幽微之处，尝试塑造理想化的伴侣关系。正如学者肖映萱对女性向科幻网文的评价：E伯爵的《异乡人》、Priest 的《残次品》、一十四洲的《小蘑菇》分别代表了欧风、星际、末世三类"女性向"科幻叙事，"爱情和幻想仍牢牢占据着作品的中心位置，因此它们涉及的'科学'多数时候只是纯粹的设定，重要的是这个设定发生之后的故事"[2]。而B站（哔哩哔哩）UP主责备偶像剧化的仙侠剧"有仙无侠"，如果是质疑叙事节奏和表演，当属创作水平争议；如果是仅仅因为女频/女性向创作者挪用了传统男频"侠"之世界观，便嗤之以鼻加以讥嘲，这种恪守"秩序的仪式"经典模式的"原教旨主义"态度，未免过于狭隘和傲慢了。

当下中国网络小说领域，男频故事的游戏化、角色工具人化比女频更加严重，当"冒险调"叙事只剩下打怪升级的游戏积分之旅，从真人影视

---

[1] 安迪斯晨风.生如稗草：网络文学导读[M].天津：百花文艺出版社，2020：7.
[2] 肖映萱.幻想的开拓："女性向"网络小说对科幻资源的继承与改造[J].中国图书评论，2023（1）：73-86.

剧改编的角度大概率是不好看的。男频小说影视改编失败率高，除了占比较多的女性剧迷对传统男频"秩序的仪式"不那么感兴趣的因素，更重要的原因是真人演绎的影视剧对叙事节奏的要求，读小说内容是好看的，而经文字"直译"为长视频影像未必好看，最适宜改编男频小说的影像媒介也许是动画和漫画。

无独有偶，东浩纪对日本 ACGN[①]动漫叙事的论断也主要基于男性御宅族的"数据库内容消费"[②]，"数据库写作"可视为类型思维在计算机技术加持下发展到极致的产物，将故事碎片与人物形象要素进行万花筒式的排列组合，更加远离现实，人物脱离日常逻辑变成了纯粹的故事工具。东浩纪把御宅族们对这些事物的着迷命名为"动物化的后现代"。说"动物化"，是因为人类拥有欲望，需要与他者、与现实进行较为复杂的互动；而动物谈不上欲望只有需求，遵从的是条件反射般的简单反应模式。数据库叙事作为精神领域消费主义极致化的标志，佐证了当代受众精神需求的"动物化"趋向。

不过东浩纪对待女性御宅族创作与消费的态度不同于他对"男性向"叙事（典型如"开后宫"的美少女游戏）的批判态度，至少东浩纪认为在其重点观察的 20 世纪 90 年代到 21 世纪初期阶段，女性御宅族幻想的同人情感戏码仍然与人的现实处境（如性别处境）有密切关联，不过他亦指出，

---

① ACGN 为英文 Animation（动画）、Comic（漫画）、Game（游戏）、Novel（小说）的合并缩写，ACGN 文化发源于日本，以网络及其他方式传播。为华人社会常用的亚文化词汇。现在主要指日本动画及其伴生的亚文化现象，欧美地区热爱日本动画的群体也会使用这一概念，而欧美自身的动画基本不算在此范围之内。在当代中文互联网环境日常语用中，往往与"二次元"混同使用，作为动漫内容产品和（泛）动漫文化的代名词。

② 数据库与资料库作为同一英文词汇 database 的不同译法，两个概念等同。东浩纪著作目前仅有台湾版本，在台版译本中按照台湾习惯译法 database 被译作"资料库"，在并非引用台湾译本原文的情况下，本文均遵循大陆习惯译法，使用"数据库"一词。

随着数据库创作思维的发展，出现了"女性群众的年轻世代也渐渐朝向动物化与数据库化改变"的趋势[①]。

中国网络文学的发展脉络与日本动漫有异曲同工之处，近年来女频网络文学的创作也越发脱离生活情感现实，向更公式化、平面化的方向发展，这大概才是仙侠剧"有仙无侠"的真正原因，是数据库模式无序扩张带来的负面效果，无关"男性向""女性向"性别趣味差异。

三、二次元动漫：热血战斗 VS. 青春日常

写到这个篇章的时候，我随手翻看娱乐产业消息，看到热门玄幻漫画改编的网剧《异人之下》正在热播，都市情感漫画《蝉女》的改编正在拍摄中，奶茶品牌蜜雪冰城的联名 IP 动画《雪王驾到》意外得到颇多好评，同时大量网络小说的动画、漫画版本也在制作和连载中。

如何看待这些国漫的分类呢？在动漫领域中，我所谓的"文武二分法"是否还成立？"冒险调/暴力向"与"生活调/情感向"的腔调差别、"男频"与"女频"的性别化分类倾向在动漫领域也有同样的体现吗？动漫因为主要面对儿童、青少年观众和部分刚刚走出青春期的青年观众，青春成长属性基本是主流动漫故事的底色，因为要凸显少年少女的成长，浪漫的幻想元素对于动漫故事格外重要，超脱现实的冒险情节和理想化的校园生活情节大概率会受到青睐。

从近年的跨媒介叙事产业格局来看，动漫逐渐成为 IP 内容产业链条的重要一环，甚至是盘活各种媒介叙事资源的枢纽。从美国的漫威、DC 漫画公司漫改电影行销全球，到日本的 ACGN 文化反哺影视，再到我们中国的二次元产业"国漫崛起"，动漫的重要性日益凸显。除却少量的艺术性实验动画，

---

① 东浩纪. 游戏性写实主义的诞生：动物化的后现代 2 [M]. 黄锦容, 译. 台北：唐山出版社，2015：137.

批量生产的主流商业动漫自然应该放在通俗类型叙事的大框架之下来审视。

当代中国通俗内容产业的 IP 经济,受我国独特的互联网文化发展进程影响,与美国、日本等跨媒介内容生产大国不同。中国 IP 产业链的母矿/母舰主要是以"文"牵头,基本是"文漫影游"模式,而美国特许权(Franchise)① 产业链主要以"影"为引擎、日本 ACGN 产业链以"漫"(Anime&Comic,动漫)为源头。另外,中国的网络文学乃至整个 IP 产业又在 21 世纪初期由互联网推动的全球化大潮中吸纳了海量信息,受到各文化输出大国流行叙事模式的影响,这一代网络作家、动漫以及影视创作者们并不避讳"拿来主义",而是灵活地将各种类型化的故事模型加以本土化改造,糅合中国本土文化经验,打造出了符合中国青年群体(尤其是生来即为互联网原住民的 Z 世代)期待的"故事/文化仪式"。

在那些给中国创作者提供了借鉴的海外作品中,动漫(尤其是日本动漫)的影响十分巨大,二次元文化的逻辑与思维习惯如今已经溢出了纯动漫领域,对于影视剧、小说等传统的叙事内容载体产生了潜移默化的影响,首先就是日本后现代文化学者东浩纪指出的"数据库消费"以及相应出现的"数据库写作"倾向。而数据库中海量的故事"组件/模块"尤其是作为"萌要素"的人设/角色特征,最早且最主要的来源又要追溯到 20 世纪最重要的大众传播媒介电影,尤其是类型电影,"数据库思维"正是类型思

---

① Franchise(特许权)一词在电影产业中专指那些由漫画、通俗文学作品、儿童读物或者某部原创电影衍生出的一系列影片,这些影片不仅有着贯穿始终的人物和/或场景,最重要的是它还具有推广相关消费产品的强大能力——包括玩具、服装、公园游艺设施以及其他各种带有影片标志性 Logo 的物件。国内往往用"系列电影"指称此类现象,但"系列电影"的说法过于局限,不足以体现此类大众文化商品的跨媒介特性。在中国内地文化产业语境中 IP(Intellectual Property)与 Franchise 的内涵有所重叠,但并不完全相同,IP 概念要比 Franchise 更加泛化。在好莱坞——特许权概念的大本营,受到类型等因素的制约,构成"特许权影片"系列的绝大多数作品以动作、冒险、科幻元素为主,这些元素相对不受情节限制,能够在宏大又统一的故事世界中反复呈现。

维的极致化。因此，我们在谈及类型化的电影、小说、动漫时，三者其实是彼此缠绕、相互渗透影响的关系。

日本文化评论家宇野常宽在他给京都精华大学授课的讲义专著《给年轻读者的日本亚文化论》中写道："战后日本的漫画和动画——这两个领域都是从对美国影像文化的模仿起步，之后从国内开始独自进化的，随着战后漫画通过模仿好莱坞的故事片掌握了独特的分格的语法。……从模仿美国文化起步，然后成功地完成了独自的进化。"[1] 日本女性学者沟口彰子也在其研究耽美亚文化的著作《BL进化论》中指出，日本BL漫画滥觞于美国导演詹姆斯·伊沃里（James Ivory）的名作《莫里斯》（Maurice），该片在日本上映后引发了日本女性漫画家及女读者对"美少年之恋"的痴迷热潮。宇野常宽将日本动漫从模仿美国类型电影和迪士尼，到独立发展成为与美国作品迥异的Anime（专指日式动漫）及御宅族文化的过程，形象地比喻为"加拉帕戈斯"式的发展。加拉帕戈斯是一座远离美洲大陆的岛屿，与世隔绝，岛上的生物形成了独特的繁衍、进化形态。"加拉帕戈斯化"被用来专指"某种事物在相对孤立的环境中发生、发展，最终进化成了最适合那个条件的状态"[2]。因此，我们谈论日漫时，既要重视其独特性，同时也不必完全排斥类型电影研究的思考模式，有许多道理是相通的。

中国当代类型叙事内容产品的发展进化，尤其在网络文学和网络动漫领域，情况与当年日本通俗文化的发展轨迹有相似之处，内容和类型仪式也多有借鉴，客观上日漫的类型生态与演变与当代中国类型叙事生产有更多关联。

至于以迪士尼、皮克斯、漫威等厂牌为代表的美国动漫产品，不难发现其叙事层面的类型公式很接近美国类型片的一般情况，《辛普森一家》

---

[1] 宇野常宽.给年轻读者的日本亚文化论[M].刘凯，译.桂林：漓江出版社，2023：23.

[2] 宇野常宽.给年轻读者的日本亚文化论[M].刘凯，译.桂林：漓江出版社，2023：23.

《瑞克和莫蒂》《怪诞小镇》等长篇动画剧集则类似美国肥皂剧的类型模式，难怪我接触到的一些美国编剧、剧作老师并不认为动画剧本写作与真人剧本有本质上的巨大的差异——这一点见仁见智。大家不妨根据本章第一节的类型电影分类来理解这些美国作品，譬如美国迪士尼动画电影大部分是以奇幻冒险情节为主的"冒险调"作品，但相对真人的"冒险调"电影，会淡化暴力元素（分级通常属于PG），用喜剧性冲淡暴力与危险，适时插入歌舞奇观，比常规的"冒险调"电影更突出亲情、友情"社群聚合"的仪式感，也可以说美式"合家欢动画"的特色就是"秩序的仪式"与"聚合的仪式"高度重合、平衡存在。但相对而言，"冒险调"作为叙事主线往往不可或缺，情感线内容多寡则可以调整，美国动画电影中完全脱离"冒险调"叙事线的纯"情感向"动画极少，除了少数纯音乐歌舞题材的作品如《欢乐好声音》。当然大家也可以说在日本动画中，只有剧集形态的连载动漫才有以日常情感叙事为主的作品，大银幕剧场版的电影作品大多具备"冒险调"特征，那么即使只看剧集领域，美国动漫剧集中的日常情感叙事也要远远少于日本动漫作品。

　　翻开国内能看到的一些日本动漫研究著作，由北京电影学院李彦和曹小卉合著的教材《日本动画类型分析》分章节讨论了"机器人动画""体育竞技类动画""言情类动画""家庭生活类动画""魔法类动画"这五大类，该著作对日本战后动画的几个主要类型其历史性存在状况进行了描述，是符合日本动漫创作语境的。曾担任日本动画协会事务局长的山口康男编著的《日本动画全史》、小山昌宏和须川亚纪子编著的《日本动漫研究入门》，以及我很欣赏的日本文化评论家宇野常宽的著作《给年轻读者的日本亚文化论》也都是基于这几大类谈日本动漫。而另一部由北京电影学院韩笑写的《动画类型学》区分的"冒险类型""动作类型""言情类型""幻想类型""家庭类型"更像是结合电影类型理论做的提炼性分类归纳，而不是ACGN创作和接受领域实用性的通行描述。

根据"文武二分法"分类逻辑，上述学者提及的日漫类型标签，在我看来也至少在表面上可以归类到我们谈论的"冒险 VS. 生活"两种腔调，或者说"秩序的仪式 VS. 聚合的仪式"两大集合之中。比如"机器人动画""冒险类型"就大概率符合"秩序的仪式"模式，以讲述"冒险"为主。"言情类动画""家庭生活类动画"毫无疑问是"生活调/情感向"，很可能是"聚合的仪式"。而"体育竞技类动画""幻想类型"相对特殊一点，和电影领域的运动类型片一样，"体育竞技类动画"模拟了战斗的感觉，对手之间剑拔弩张的时刻在情感氛围上几乎与典型的"冒险调/暴力向"作品完全一致，然而归根结底体育运动类型通常仍是"聚合的仪式"，赞美队友伙伴之情、运动员与国族社群之间的情感以及奥林匹克精神这种大爱，而《食戟之灵》这样的美食竞技动漫也是一样的道理，虽然比赛的内容不是体育项目而是烹饪。至于"魔法类动画""幻想类型"，虽然魔法和奇幻设定往往会带来危险，也蕴含暴力的可能性，人物可以凭借超自然的能力施加暴力或被超自然能力迫害，但具体也取决于故事的主要情节走向，创作者可以设定超自然力无害并带来治愈的力量，采用"生活调/情感向"的腔调，成就"聚合的仪式"，例如治愈系动画《夏目友人帐》《龙猫》等。

日本动漫及御宅族文化领域比较突出的特色现象是在受众性别画像与作品性别化调性上的杂糅局面。按照我们此前的"文武二分法"思路，"生活调/情感向"腔调、"聚合的仪式"基本与"女频""女性向"等价，而"男频""男性向"基本对应着那些最硬核、最简单的"冒险调/暴力向""秩序的仪式"作品。但是，偏偏在日本，少年漫和少女漫、男性向动漫和女性向动漫是不能这样简单区分的。

从女性漫画家高桥留美子（代表作《犬夜叉》《乱马1/2》）在主要针对青少年男性受众的少年漫画杂志《周刊少年Sunday》上推出了奇幻恋爱喜剧故事《福星小子》并广受欢迎之后，校园青春爱情从此也成了日本少年漫的重要分支类型，并影响到了御宅族文化中的重要组成部分——"美少女恋爱养成游戏",20世纪末传入中国的日本恋爱养成游戏《心跳回忆》《白色相簿》《樱花大战》等都是这种"男性向恋爱类型"兴起后的产物。"高桥留美子作为女性作家,试图将某种女性的世界观带入少年漫画当中。她在代表作《福星小子》中描写了一个后宫（harem）的世界,少年主人公的周围环绕着各种类型的美少女,……男性欲望和女性欲望在这里以一种扭曲的形式勾连在一起,在这部新作品中,男性对后宫的愿望得到了直接表现,而女性箱庭的世界愿望是包裹在男性愿望周围出现的。"[1] 类似的情况还有《超时空要塞 Macross》将三角恋情节的重要性置于太空战斗情节之上,专注于讲述战士身份的男主人公在身为偶像艺人的邻家女孩和飒爽美女上司之间徘徊不定的日常恋爱。目标受众为男性的言情故事（其中部分是披着暴力冒险外衣谈恋爱的伪冒险故事）,在全球范围的娱乐内容生产和接受领域是颇为罕见的现象,几乎算是日本独有或者说唯独在日本得到了蓬勃的发展。

如果"开后宫"的男性恋爱故事还能够获得青少年男性受众认可的话,"高达系列"中的《新机动战记高达 W》则因"卖腐"触怒了"高达"系列的粉丝。该作品一反此前《机动战士高达》《机动战士 Z 高达》等先作中的热血战斗叙事,变成了"洋溢着全能感的美少年们喜欢一边说着宝冢歌剧式的名言,一边驾驶高达把普通士兵操纵的量产机器人打得落花流水,而且故事的核心被设置在几位少年之间的关系上了"[2]。《新机动战记高达 W》的情况与中国女频网文作者对男频网文故事模型的"盗猎"很类似。另外,以"魔法少女动画"为代表的日本动漫类型,《美少女战士》《魔卡少女樱》

---

[1] 宇野常宽.给年轻读者的日本亚文化论[M].刘凯,译.桂林:漓江出版社,2023:65.这段话中的"箱庭"指"箱体空间",原书指"在一个有限的空间内创造一个优美的微型世界,结构相对稳定"。

[2] 宇野常宽.给年轻读者的日本亚文化论[M].刘凯,译.桂林:漓江出版社,2023:132.这段话中的"全能感"是心理学术语,原书中指"自己感觉自己什么都能做"。而"宝冢歌剧"是日本著名女子歌舞剧团体宝塚剧团的作品代称,该剧团的特色是全员女性,男性角色由标致的少女演员女扮男装演绎,作品风格以华丽和唯美著称,该剧团至今已有百年历史。

《魔法少女小圆》等几代作品在尽情呈现少女可爱娇憨外表、时尚变装奇观和女性友情的同时，很坚定地将魔法战斗作为核心情节线，并不属于"生活调/情感向"的言情故事。在展现女性力量和主动性方面，日本魔法少女动画的尝试比迪士尼公主动画步调更大，日漫中"战斗的少女"形象远远多于美国动画。

于是，日本动漫领域呈现出故事调性极度杂糅的局面：一些具有传统"男性向""冒险调"典型要素的故事，可能在实际的肌理中呈现出"女性向""情感向"的面貌，属于"挂羊头卖狗肉"；一些少女漫用满足女性受众审美趣味的方式讲述战斗故事，让"卡哇伊"的少女成为魔法战士，渲染百变的唯美造型，不知到底是为了战斗而"变身"，还是为了表现华丽的换装而战斗，但女主人公的最终目标是战斗，而不是恋爱；言情类型日漫可能是面向男性御宅族的"少年漫画"，也可能是面向少女读者的"少女漫画"，取决于视角和具体的表现方式。

当然，以"文武二分法"观之，日本动漫中也始终存在着一种极度接近"秩序的仪式""冒险调/暴力向"作品的类型——热血少年漫，这类漫画以青少年男性为目标受众，最典型的是"战斗番"，此外还要加上"体育番"，虽然体育运动类型的主人公并不需要从物理层面"消灭"对手，严格意义上并不属于"秩序的仪式"和"冒险调/暴力向"，但在"热血战斗"的精神气质上可归为一类。热血少年漫往往采用"淘汰赛"形式，这种故事模式由日本著名漫画杂志《周刊少年JUMP》开创，该杂志的办刊宗旨在全球动漫迷中耳熟能详——"友情·努力·胜利"，"这种形式一般是，主人公和面前出现了一个强敌，之后通过自身努力并与同伴合力最终取得胜利，一旦获胜，主人公就会和那个强敌萌生友情，之后又会出现更强大的敌人，他们共同向其发起挑战，于是故事发展到高潮"。[①] 从20世纪70年

---

① 宇野常宽. 给年轻读者的日本亚文化论 [M]. 刘凯, 译. 桂林：漓江出版社，2023：35.

代的拳击动画，到中国"80后"熟悉的《圣斗士星矢》《北斗神拳》《七龙珠》《灌篮高手》《幽游白书》，21世纪初期的《海贼王》《火影忍者》在"淘汰赛"基础上融入了"开发新地图"的故事世界横向拓展模式，近几年的《灵能百分百》《咒术回战》《鬼灭之刃》《排球少年》等仍然延续着相近的"热血战斗"故事形态。

与"热血战斗"形态相对应的另外一极，我们不妨称之为"青春日常"形态，熟悉日本动漫的同学可能会发现日本动漫中的校园社团生活故事格外繁荣，简称"部活"题材，几乎你所能够想到的体育与才艺，都被日本动漫创作者细致入微地呈现过。在中国动漫迷中比较有影响的作品有音乐题材的《轻音少女》《吹响悠风号》《交响情人梦》，表现小众社团或爱好的《冰果》《别对映像研出手！》《摇曳露营》《白箱》《月刊少女》《强风吹拂》《花牌情缘》《3月的狮子》，以偶像产业为背景的《偶像大师》，以及表现特色"职人"生活的《昭和元禄落语心中》《编舟记》（这类故事主人公偏成人，严格来说并不算"青春日常"）。这些情调温馨美好，品味日常生活中"小确幸"的作品自然归属于"生活调/情感向""聚合的仪式"。

在"热血战斗"与"青春日常"这两极形态之间有许多微妙的杂糅形式，且有着前后相继的历时性发展过程。

日本动漫中有一个知名的流派——"世界系"，"世界系"动画电影代表作是导演新海诚的一系列作品，剧集代表作是庵野秀明的《新世纪福音战士》。"在形容出现于轻小说或其周边作品的想象力之时，经常被使用的字眼就是'世界系'一词。这种想象力意味着主角与恋爱对象之间，他们小小的感性的人际关系（你与我）的描写，并未带着社会或国家这类中间选项的成分。而是一种与'世界的危机''世界末日'等巨大的存在论性质的问题直接联结的想象力。……通常以环绕着十来岁的平凡主角其平稳的校园生活的描写展开故事。既维持着其日常性的状态之同时，女主角则是战斗机的驾驶员，同学是外星人，或学校生活本身就是个假想世界等。平淡地描写出这些非现实的世界,如此日常与非日常直接联结的故事情节之发展……"①"世界系"作品的特色是超出受众现实生活的设定(外星人战争、末世图景、魔法世界……)与叙事主体琐碎庸常的絮语式表达共存,模拟出在"极度非正常状态"的世界中按部就班过着日常柴米油盐、小情小爱生活的独特氛围,且主体的小生活很可能与该世界的命运直接相连,比如一场爱情的成功与否,决定了世界是否毁灭,大家可以回忆近年在中国上映的《你的名字》《天气之子》《铃芽之旅》,都是如此。

"世界系"叙事风格的缘起可以上溯到最初那些被"生活调/情感向"改写了的少年漫,而"世界系"动画经历了 21 世纪初的繁盛之后,发生了朝向"日常系"的转向。介于两股潮流之间的转折之作是《凉宫春日的忧郁》,这部以高中少女凉宫春日的日常生活和友情关系为主线的动漫改编自同名轻小说,明明剧情以高中生的日常为主,竟又充斥着超自然的情节元素。这所高中里藏龙卧虎,女主人公的同学里有外星人、超能力者等,而女主人公只是安之若素地与大家做着所有普通高中生在做的事情——社团活动、聚会吃饭等,整个故事几乎谈不上有什么真正意义上的"冒险",在超自然元素的点缀下,生活平平淡淡,什么都没有发生。宇野常宽在论及这部作品时特别提到了日本导演矢口史靖的代表作《五个扑水的少年》,这部真人青春运动电影是 2001 年的日本票房冠军,2021 年中国翻拍了这部电影,也有不错的口碑。《五个扑水的少年》的新意在于"它明明是青春剧,却没有任何目的……它描写的仅仅是青春本身很快乐和没有目的的青春之美"②。这种风格后来成了以校园社团故事为代表的"青春日常"动漫的主流,而《凉宫春日的忧郁》则意味着"世界系"这种依赖幻想元素又回

---

① 东浩纪. 游戏性写实主义的诞生:动物化的后现代 2 [M]. 黄锦容,译. 台北:唐山出版社,2015:88.
② 宇野常宽. 给年轻读者的日本亚文化论 [M]. 刘凯,译. 桂林:漓江出版社,2023:195-196.

避真正冒险或战斗的风格类型，进一步脱离战斗动漫、机甲动漫等"淘汰赛"式作品的"热血"气质，全方位地融入了日常生活叙事之中。以《凉宫春日的忧郁》为转折，"世界系"热潮退却，号称"空气系"的日常治愈作品兴起，逐渐构成了另外一极。

至于纯正描写成年人情感关系的言情漫画，日剧中有不少漫改名作，从《东京爱情故事》《爱情白皮书》到《NANA》，从改编的顺畅程度也能知晓这类漫画不需要受少年成长和幻想元素的制约——目标受众并非低龄的青少年，因此与真人影视剧、女性向言情小说在类型叙事模式上并无本质区别。一些青春校园言情动漫如《辉夜大小姐想让我告白》《四月是你的谎言》《堀与宫村》《跃动青春》也基本符合"聚合的仪式"的常规形态。而满足青少年男性青春期幻想的"后宫"言情动漫较难简单套用类型电影研究的"仪式"模式理解，其仪式目标并非肯定社会化的社群情感联结，模拟的是个人男性气质的养成过程，但又无法最终实现成长，只是尽可能地将恋爱结局拖延下去。"后宫选择困难症"导致这些故事难有真正的结局，更符合恋爱养成游戏的逻辑，用东浩纪的后现代故事消费理论来解释，这类叙事不是为了达到单一的故事结局，而是体验攻略不同角色对象的游戏乐趣。

《金田一少年事件簿》《名侦探柯南》这样的推理动漫，《银河英雄传说》《星际牛仔》这样的太空歌剧，《浪客剑心》《银魂》这样的剑戟动漫，《罗德岛战记》《钢之炼金术师》《进击的巨人》这样的西幻战斗故事，《寒蝉鸣泣之时》这样的惊悚恐怖动漫，等等，基本可以视为同类型真人影视作品的对等存在，腔调和仪式感界定也比较清晰。当然如果是较长篇的系列连载，完全可以在每集独立成章的单元模式下，以单元为单位，在不同腔调和仪式之间切换。

爬梳了日本动漫的类型模式之后，我们回到中国动漫领域，当下"国漫崛起"的声音可谓震耳欲聋，一系列佳作的涌现也极大提振了中国创作者和动漫迷的文化自信。不过,当下的动漫行业也感受到动画媒介原创力的隐忧——过于依赖网络文学改编,动画剧集领域和知名漫画 APP 平台上的国漫作品大比例是网络文学 IP 跨媒介产业链的延伸产物。在分类上也遵循与网文类似的逻辑,腾讯动漫、快看漫画平台首先都会确定用户的性别,以便大数据进行有针对性的类型推荐,而在类型筛选界面通常会罗列:恋爱(有时细分为"总裁"等具体标签)、剧情、唯美/纯爱(BL[①]等另类情感漫画的替代性说法)、日常、恐怖、犯罪、悬疑、武侠、历史、冒险、动作、竞技、玄幻、奇幻、异能、科幻、热血、青春、穿越、系统、重生、末世、悬疑、搞笑、都市等,逻辑层次并不统一的类型标签。虽然和日漫分类命名不同,但深度细分的数据库标签化检索思维很类似。如果仔细研究每一部作品,大体仍能够根据我们本章的关键词"文武二分法"理解之,单部作品必然处于"秩序的仪式""聚合的仪式""男频/男性向""女频/女性向"构成的坐标系中的某一个位置。

这也与中国网络文学网站的分类界面很相似,在中国,网文和动漫的联姻几乎是一种必然,两者本就是同属于"泛二次元"文化圈的产物,又在 IP 跨媒介内容生产的大潮中深度影响了影视剧尤其是网剧创作。中国男频网文受日本热血少年漫的影响显著,男频文"打怪升级"模式与热血少年漫的"淘汰赛"如出一辙;而女频的"种田文",多少有几分"日常系"的影子;女频言情网络文学对男频世界观设定的"盗猎"与偷梁换柱,与当年改写少年漫、创造魔法少女漫画的日本女性漫画家异曲同工。这些相似的发展脉络不仅仅是因为日本动漫蓬勃发展在前,中国通俗类型叙事发展在后;更深层次的原因恐怕还是中日两国社会在时代症候方面存在着隔了一段"时差"的共鸣性,且东亚社会心理亦有接近之处,通俗类型叙事终究是对特定时代民众潜意识的回应。从 20 世纪 80 年代至今,日本的御

[①] 指耽美漫画。

宅族文化从边缘亚文化逐渐过渡为主流，反哺主流文化；而 2010 年以来的中国 Z 世代二次元文化似乎也正处于这样的进程之中，其中必然包含复杂的博弈与调整，从中国二次元文化的大本营 B 站这几年来的主流化、综合化战略能看出这种趋势，洋溢着二次元气息的"新国风""新国潮"广泛应用于中国文化出海场景亦是佐证。

也许有同学会疑问我为什么没有在这部分提及动画大师宫崎骏的作品，也没有提到火爆 2023 年暑假的《长安三万里》，它们该算是哪种类型？在以日本动漫作为类型叙事分类样本的时候，我主要基于日本电视商业动画和周刊连载漫画——类型化程度更高。同理，东浩纪会在著作中把话说在前面，他对日本 ACGN 产业"数据库消费"的研究基本以长篇连载的商业动漫为主，而宫崎骏富有"匠人精神""手工感"的动画作品，艺术独创性更加突出，算是"作者电影"，相对远离数据库思维，故不在他的研究范围内。虽然我们也可以将《风之谷》《幽灵公主》《千与千寻》《哈尔的移动城堡》《起风了》等名作放在"文武二分法"的类型坐标系里考察，尝试确定其腔调属性和仪式功能，但最后恐怕是难以简单给出结论的，到底是"秩序的仪式"还是"聚合的仪式"？是"冒险调/暴力向"还是"生活调/情感向"？这些作品难以轻易界定，比以迪士尼为代表的"美式合家欢仪式"更加复杂，有战斗，但最终又常常导向与"敌对方"（大自然）的温柔和解（《风之谷》《幽灵公主》）；有大篇幅的温馨日常相处（《天空之城》《哈尔的移动城堡》《崖上的波妞》），却会在温情之后迎来一场"大战"。这些作品似乎没有精准的目标受众投放意识，却丝毫不妨碍大批观众被深深吸引，这恰恰说明了它们的独特之处。然而也不能就此声称"宫崎骏的电影不是类型片"，上述作品具备类型电影的基本要素，无论在剧作结构还是视听元素方面都并非完全脱离类型叙事传统，我们之前提到过，很多电影不能够确定属于具体哪个单一的电影类型，但不妨碍其作为"类型电影"存在。《长安三万里》也是同样的道理，而我们应当为国漫创作者创作出了这种难以归类、颇具"艺术片"质感的动画而感到振奋。

"冒险VS.生活"也好，"男频VS.女频""秩序的仪式VS.聚合的仪式"也罢，并非要划定严格的区隔，只是提供了一种区分叙事重心的角度。叙事重心在"阅读时长"较短的作品当中尤为明显，而在长篇幅的作品中，则闪现在不同的叙事时段里，为叙事提供节奏变化和错落感。由此无论较短时长的作品整体（如90—120分钟的电影）还是长篇通俗叙事作品中的任意情节段落，都可以以此二分法观之并判断其情节功能、叙事效率与目标完成度。下面，就让我们进入分岔小径的花园，去概观重心各异的故事世界。

第三章

"情感向"类型——"我爱你！"

在综合介绍了类型叙事的基本要义之后，我们现在开始进入具体的"文""武"两大类型叙事集合之中，去探讨"情感向"（生活调）与"暴力向"（冒险调）各自的特色与规律。

在类型叙事这门课的课程计划中，每个学期讲授了概论之后，我总是习惯先讲"情感向"。为什么呢？主要原因在于情感叙事既可以作为整部电影的类型调性归属（如浪漫爱情喜剧、家庭亲情故事、伙伴公路片等），也可以作为小型的叙事模块杂合镶嵌在"暴力向/冒险调"的叙事之中，"感情戏"应用范围确乎更广。纯粹的情感故事中可以没有暴力元素，但绝大部分"暴力向/冒险调"的故事中必然包含或多或少的情感元素，通俗类型叙事不只是提供外在的感官刺激和强情节，观众或读者总归需要通过情感关系代入人物、认同人物。

任何类型若完成不好情感模块，都可能沦为全员工具人的鸡肋局面；反之，原本无意在情感叙事上多费笔墨的暴力冒险故事，若能用寥寥几笔写好情感模块，能起到无心插柳柳成荫的"点睛"效果。金庸先生写江湖风雨、家国情仇，对于纯然的儿女情长着墨并不多，但我们会记住他作品中的一对对侠侣，别说郭靖/黄蓉、杨过/小龙女这种主角，就连丁典/凌霜华、杨逍/纪晓芙、夏雪宜/温仪等配角搭配亦能给人留下深刻的印象。

最纯粹的"情感向"故事关注日常生活和人际关系，叙事以爱情、友情、亲情的完满团圆为最终目标，也就是我们通常说的"言情"故事。狭义的"言情"指的是浪漫爱情叙事，广义的"言情"又或者称为"泛言情"故事将友情、亲情等主题也涵盖进来。注意，我们现在谈论的是类型化的情感故事，"言情"一词的语用就包含了一定的通俗类型色彩和理想化倾向，不能仅仅从字面意思上理解本书中的"情感向"一词，否则哪有作品中没有情感？泛化理解就会远离我们讨论"类型化的情感故事"之初衷。本章中的"情感向"一词特指满足前两章节中"类型叙事"前提的类型作品，现实主义或风格化的艺术电影、严肃文学等不在此列。

而所谓"纯粹的情感向"，是与杂糅了其他非日常元素（如仙侠玄幻、宫廷权谋、武侠冒险等）的"言情+冒险"作品相区分，"非日常"基本意味着与某种形式的暴力有关，意味着叙事目标除了情感圆满还有正义战胜邪恶的目标。"言情+冒险"的情况常见于长篇叙事作品，如网文、连载动漫和剧集，有相对充足的空间完成两方面的故事线。对于电影这种限定90—120分钟时长的故事，很难两全，因此电影媒材承载的"纯言情"故事更多些，即托马斯·沙茨所言的"聚合的仪式"。

沙茨将音乐歌舞片、喜剧片、家庭情节剧划归此列，你会发现在这些类型中"言情+"仍然是普遍形态，即使以日常生活为背景，单靠情感关系也很难撑起剧情，经常需要歌舞、运动、行业、职场等其他要素与情感故事搭配，即使在专注谈恋爱的偶像剧里，人物不工作、不学习、只谈恋爱的情况也很少见。在阅文集团发布的"2023网络文学十大关键词"中，"非遗"一词赫然在列，成为女频标签Top1，"看网文可以学习非遗文化！京剧、木雕、造纸技艺、狮舞……上百个非遗项目尽在网文"[①]。可见，这

[①] 阅文集团：2023网络文学十大关键词出炉［EB/OL］.（2023-12-27）[2024-05-01］. https://mp.weixin.qq.com/s/HpQrkd4MHDf8Dz1XAlyXOQ.

一年度的女频言情文学多么依赖中国传统文化遗产中的行当、才艺与技能。总之，谈恋爱也好，亲人、友人共处也好，总不能让人物大眼瞪小眼杵在那里，"要让人物有事干"——这个道理颠扑不破。而摒除各种"花活儿"元素的情感向故事当然有，但那极有可能属于"非类型叙事"的范畴，如严肃文学改编的剧集《人世间》，杨荔钠的电影《妈妈》《春潮》，入围戛纳国际电影节的艺术片《燃冬》等。

参见本书第一章文末所附的"热门电影排行榜中的主人公设定与故事调性统计"表，[①] 我们能在豆瓣电影250榜单中看到，有大约60部作品能够算在泛言情类型中，绝大部分标注"生活"调性的均可计入。在"中国历史票房前50"的统计表格中，泛言情类型约9部。可见在电影领域，"暴力向/冒险调"类型的风头要远超过"情感向/生活调"类型。这是由电影与剧集的体裁、篇幅、传播媒介等差异决定的，全球电影的高度奇观化、动作化，向"暴力向/冒险调"类型倾斜，这些其实是21世纪以来才发生的转向。在电影诞生后的整整一个世纪里，"秩序的仪式"一直与"聚合的仪式"各占半壁江山，到了20世纪八九十年代，"全球情感向/生活调"电影更是步入黄金期，涌现出大批经典的浪漫爱情电影、亲情友情合家欢电影。但随着电脑虚拟影像CGI[②] 技术飞速发展、电影公司纷纷被媒介集团兼并等行业大势的出现，电影产品愈发追求特效奇观和动作场面刺激，"指环王""阿凡达""哈利·波特"系列以及漫威宇宙等划时代作品的出现，电影行业普遍倾向以高投资谋求高回报，让成本与回报处于中游的爱情、友情、亲情故事大面积淡出电影领域，此类叙事并没消失，转而在小屏幕上继续繁荣。

在长篇幅的网文领域，男女频向来各占半壁江山。在动漫领域，动漫大国日本是热血少年漫、少女漫（含战斗类与日常生活类）、成人言情漫画等类型众多，各自繁荣；美国漫画"暴力向/冒险调"作品相对更多，也

---

① 见本书第75页。
② CGI技术将计算机生成的图像分层到数字电影素材中时，再进行合成输出。

有长盛不衰的《辛普森一家》、讽刺喜剧《马男波杰克》等生活类故事。中国动漫近年来高度依赖网络文学 IP，在快看漫画、腾讯动漫等漫画平台，男女频并行，动画剧集领域则基本以男频网文 IP 动画居多，这与特定媒材的美学特色有关，男频网文中充斥着热血战斗、打怪修仙等奇观元素，人物关系偏工具化、游戏化，最适合的展现媒介也许正是动画，能够扬长避短；女频言情 IP 生活场景居多，如果以动态影像演绎，从成本和回报来看更适合拍摄真人剧集。

一、从浪漫爱情说起：主题与结构

（一）爱情至上：偶像剧作为浪漫爱情叙事的典型形态

既然讨论"情感向"类型，我们不妨以"浪漫爱情叙事"为原点，这是"言情"故事的最核心形态，也是占比最大的子类。尤其在女性受众综合占比居多的剧集领域，以 2022 年和 2023 年的猫眼剧集热度年榜为例。2022 年进入前该榜单前 10 名的言情剧集有《梦华录》《沉香如屑·沉香重华》《余生请多指教》《苍兰诀》《卿卿日常》《且试天下》《星汉灿烂·月升沧海》，占据 7 席。2023 年进入该榜单前 10 名的言情剧集有《长月烬明》《长相思》《玉骨遥》《云之羽》《宁安如梦》《一念关山》《田耕纪》，占据 7 席，第 10 名到第 20 名中还有《去有风的地方》《偷偷藏不住》《以爱为营》《归路》《爱情而已》《星落凝成糖》《好事成双》等 7 部言情剧集。

以上这些剧集基本都可归入"偶像剧"大类，不是"古偶"（古装偶像剧）就是"现偶"（现代偶像剧）。"偶像剧"一词是从 20 世纪 90 年代的日本、韩国舶来，中国观众先后为日式纯爱、韩流偶像倾倒，如今在中国网文行业的加持下，偶像剧在中国已经落地生根，发展成了根深叶茂的流量密码。"偶像剧"名为偶像，但基本是言情类型的代名词，虽然理论上讲偶像明星也可以出演多样态的作品，如传统武侠、战争、盗墓等类型，但偶像之所以能成为偶像，往往与受众近似恋爱的情感投射、"磕糖"心理密不可分，所谓"大众情人"，意味着要在屏幕上扮演情人。几十年来的通俗流行文化历史证明了，言情类型是最利于将演员推上"偶像""顶流"宝座的内容产品。

作为言情类型叙事核心产品的"偶像剧"，以及共享着类似原理的言情小说，与最广义的爱情故事的差别就在于"浪漫"二字。横跨文学与传播学领域的经典著作《阅读浪漫小说》，将 Romance（中文译为罗曼司、浪漫小说、言情小说）作为特定文类，与广泛意义上涉及爱情的文学作品相区分。浪漫小说/言情文学是主题上赞美"浪漫爱"的作品，"浪漫爱"不同于日常现实中的爱情，是一种爱情主义、爱情至上的理想，无论人物还是叙事者，都将完美爱情的实现视为人生和叙事的目标。尽管当下互联网上时见对"恋爱脑"的挞伐，但上述偶像剧在收视和热度榜单上的强劲表现反向说明了只要找到对的人，"恋爱脑"一下又何妨？目标受众们格外热衷围观原本不知情为何物的角色生出"情丝"、长出"恋爱脑"的过程。

这样的过程在不同媒材的通俗类型文本中是有特定结构的，起点、终点以及高潮几乎都已注定，无论是长篇幅的连载还是短时长的电影，过程可能千差万别，但几个重要节点必不可少——主人公相遇，尝试相处，一方或两方同时动心，表白，进入关系蜜月期，因矛盾导致关系降温，一度分手，一方或两方同时意识到错误，努力挽回，重归于好。当然也会有最终错过的 BE[①] 故事，但没有关系，即使未能终成眷属，观众会被告知这份爱情是两人生命中最珍贵的回忆，爱情的神圣地位仍然屹立不倒。

也难怪言情类型经常被严肃文学读者或想象力飞扬的男频 IP 受众嗤之以鼻，主打暴力冒险的故事，进程中相对会有更多出其不意，而言情文学

---

① EB 是 Bad Ending 的缩写，意为"坏结局，悲剧结局"。

对于目标受众的吸引力恰恰来自对于"和好"环节的强烈期待与笃定，无论是小吵、小和好还是分手后的追爱高潮，偏精英的学术批评反复诟病此类叙事"同质化"和"披上职业外衣谈恋爱"，但数据又表明了 CP[①] 党们恰恰对那些反复重复的桥段百看不厌。此时凸显美国学者珍妮斯·拉德威《阅读浪漫小说：女性，父权制和通俗文学》的洞察力，以女性为主的言情类型受众需要的恰恰是这个不断重复的"浪漫爱"白日梦，以此抵消在父权制社会中时时感受到的情感挫折与责任压力。她创造性地提出一个观点，女性读者看似是在浪漫小说中寻找完美男性，但其实潜意识中是从叙事中寻找"母爱"的替代物。用我们现在的流行语"情绪价值"来解释拉德威的理论，即男性普遍自幼能够从母亲处获得以"母爱"为代表的情绪价值，成人后则从作为伴侣的女性处获得"母爱"的等价物，父权制社会的两性分工制造了"第二性"，使其承担"human giver"（人类付出者）的职能，提供物理照料与情绪价值。这样的分工导致了两性在思维方式、沟通方式、情感表达等方面存在常规性差异，如果说男性可以终身享有"母爱"，那么女性很难在成年后从异性伴侣处获得接近"母爱"的情绪价值体验，对于女性，"母爱"情绪价值的剥离更加彻底，从而潜意识里形成了不同于男性的创伤感。浪漫小说的功能就是对于此类创伤感的安抚。

拉德威通过田野调查和具体采访，总结出在 20 世纪 80 年代最受读者欢迎的浪漫小说中，那些被高分评价的完美男性形象在精神上往往雌雄同体，这一点在今天的"甜宠剧"中仍能得到验证。而有些看似冷硬的"霸总"形象，则多半会在与女主人公相处的过程中变得柔软，对于读者而言，这恰恰模拟了很多女性（拉德威的调查对象多为郊区家庭主妇）与伴侣情感沟通、磨合的过程，并以造梦的方式给受众注入信心，"精诚所至，金石为开"，也的确有一批读者表示，在阅读浪漫小说之后，婚姻中的紧张得到

[①] CP 是 Couple 的缩写，在网络上衍生为"组合、配对"。

了一定缓解。而如果过于"贴近父权制的现实"（拉德威语），即男主人公始终对女性强硬粗暴，拒绝学习情感沟通，那么即使在20世纪80年代的古早读者群里，这样的故事也是被嫌弃和责备的。

（二）"爱情神话"中的二元对立

此前我们归纳类型叙事的核心特征之一是神话结构，那么从二元对立的神话角度来看，两性二元矛盾作为主题自不必言，但两性矛盾究竟是什么？不能只停留在抽象层面，仍要落到实处。那么，在排除非日常元素（暴力冒险元素）的纯粹情感向叙事中，另一组最常见的价值观矛盾是——

工作　　VS.　　生活

人的时间、精力有限，对于每个个体而言，人生的重心亦不同。工作和生活的明确分割是现代性和现代社会的固有特征，是每个现代都市人都面临的两难，需要努力平衡。于是在以现代日常生活为背景的情感向故事中，主人公十之八九要处理两者之间的矛盾。此前我们在谈论类型片基本要素时，曾以《人再囧途之泰囧》人物为例提及这组矛盾[①]。"工作 VS. 生活"矛盾又可与两性矛盾叠加，扩展为一系列二元关系——

工作　　　　　　VS.　　生活
工作狂　　　　　VS.　　慢生活
功利　　　　　　VS.　　情感
利益至上的现实主义者　VS.　爱情至上的浪漫主义者
男性　　　　　　VS.　　女性

---

① 见本书第一章。

大家可能会疑惑为什么"工作""功利""工作狂"在情感向类型中多与男性角色挂钩，而女性则往往被塑造为更热爱生活、享受生活、重视情感的形象。这是对于男性角色的刻板歧视吗？

首先，生活中的个体千差万别，两性关系更是复杂的议题，类型叙事做此处理确乎有刻板印象在发挥作用。其次，也要看到"刻板印象"的形成并非空穴来风，在长期以来的父权制社会结构中，女性在家庭之外的工作场域处于弱势地位。（具体可参见上野千鹤子《父权制与资本主义》等女性主义社会学著作）传统性别分工鼓励女性要专心经营家庭生活，反复重申女性更加感性、浪漫、温柔的性别气质标签，而男性气质的重要衡量标志是男性在工作场域的成就，男性被要求具备更强的事业心（实为功利心）。"多情女子负心汉"的说法由此而来，从陈世美与秦香莲，到薛平贵与王宝钏；从杜十娘怒沉百宝箱，到杨贵妃赐死马嵬坡，都是男性角色在功利利益面前弃女性与情感于不顾的经典例子。

两性社会地位、分工方式在一定程度上决定了两性思维差异，这种情况发展到现代，非但未因资本主义、工业化和城市化而改变，甚至还愈演愈烈，现代男女日常活动空间的截然分割导致了比以往更突出的两性矛盾。在欧美、日本等国家，"家庭主妇"问题一度爆发，成为严重的社会问题，为家庭情节剧电影和家庭伦理剧集提供了大量素材。（关于家庭主妇精神困境的分析可参考日本纪实文学作家斋藤茂男《妻子们的思秋期》、美国社会学著作《看不见的女人：家庭事务社会学》等）

到了20世纪80年代之后，伴随着更多女性走出家门进入工作场域实现个人价值，青年女性作为消费力量空前崛起，社会风潮的动向客观上为浪漫爱情叙事在20世纪末至21世纪初期的井喷提供了基础。一方面，"工作与家庭（生活）如何平衡"这一问题依旧很少被用于追问男性；另一方面，新时代理想女性的标准不降反升，事业家庭双丰收的"赢家通吃"型女性才是正解。尤其在21世纪初新自由主义崛起的年代，网文、网剧中

"大女主"无不是此类理想女性在不同设定下的变体。女性受众钟爱此类浪漫爱情叙事，梦想着能够实现剧情中"赢家通吃"的完美结局。

说回"工作 VS. 生活"二元对立，既然言情叙事的核心受众是女性，那么对于沉迷工作、无视自己和他人情感需求的男性形象——的确符合生活中很多女性对伴侣的印象，"聚合的仪式"要迫使其改观，许多男主人公出场时的标签是"工作""功利"，最终要把标签撕掉，变成一个懂爱的人。浪漫爱情叙事中的女主人公较少被贴上类似的标签，是因为现代女性经过漫长的跋涉才得以走出家庭、追求事业，且当下现实中仍然有很多女性为不能平衡工作和生活而苦恼，大量女性不得不为了家庭做出事业上的牺牲。因此，造梦的浪漫爱情故事倾向于将女性的事业心设定为恰到好处，而不是过分功利，轻易不去指责女性事业心过重。近年来的中国"大女主"IP（网文、网剧等）偶尔也出现沉迷工作而忽略情感的女性形象，比如一些"姐弟恋"故事的女主，但这些故事基本以甜宠喜剧的面貌出现，宗旨仍是赞美"赢家通吃"的姐姐角色，而不是批判，大女主故事里"虐男"的情节委实远少于男性霸总故事中"虐女"的情节。

例如，沙茨在总结美国歌舞片公式时提道："男女主人公同是表演者，男子更有物质野心，更自私；而女子的作用是教他学会美国传统的成家立业的价值观。……男主角教导女主角表演，最后还是女方教他如何从正确的文化角度来使用他的才能和功成名就。"[1] 就连在架空现实的仙侠剧中，也多是男主人公为了"天下苍生"（事业的变体，且带有为集体奉献的光环）断情绝爱，害女主人公伤心欲绝。

至于 2023 年热门港剧《新闻女王》中的"Man 姐"，在职场上心狠手辣、杀伐果决，甚至为了事业成功而不择手段，这样的故事是带有几分宫斗色彩的职场剧，而非浪漫爱情偶像剧。正如流潋紫《甄嬛传》和桐华

---

[1] 沙兹. 旧好莱坞/新好莱坞：仪式、艺术与工业 [M]. 周传基，周欢，译. 北京：中国广播电视出版社，1993：129.

《步步惊心》的风格差异，前者是带有职场寓言色彩的宫斗想象，后者是女主人公与三位阿哥的虐恋情深，主题上有本质区别，叙事目标也不相同。《甄嬛传》讲的是生存，在甄嬛"黑化"成为钮祜禄·甄嬛之后仍然对其表达了同情与悲悯，批判的是高高在上的皇帝和极致功利、缺乏人性的宫廷；《步步惊心》歌颂"浪漫爱"，通过一腔孤勇对抗命运的深情女主形象，反衬八阿哥的功利寡情、十四阿哥的野心勃勃和四阿哥的暗黑城府，最终赞美女主人公爱情至上的理想主义，而她也的确是三位男主人公心中挚爱——虽然各有功利心，无法与女主相守，但他们都忠于对女主人公的爱情，而非三心二意。同一叙事模板也延续到了 2023 年最新的桐华小说改编剧《长相思》之中，有趣的是，《长相思》中的女主人公小夭最终选择了几位男性对象中最缺乏"事业心"的涂山璟，这是"爱情至上"叙事的必然选择。

浪漫爱情叙事作为"爱情神话"，说到底是要通过二元对立的神话结构为两性矛盾提供想象性解决，"工作 VS. 生活"是两性矛盾的显像表征。

（三）高度公式化的"情路历程"

在浪漫爱情叙事中，恋人们的"情路历程"是高度公式化的，这种结构感在时长相对短小的电影中格外清晰。这部分我们以中国浪漫爱情喜剧《喜欢你》和美国浪漫爱情喜剧《风月俏佳人》作为例子。我加上"喜剧"二字作为两部作品的类型标签，是要提醒大家，虽然在浪漫爱情类型叙事中也存在以一些日韩影视剧为代表的细腻悲情流派，网文界也有匪我思存、桐华等以 BE 美学著称的言情作家，但电影领域的主流是与喜剧元素相捆绑的浪漫轻喜剧模式，近年兴起的"甜宠剧"也多有喜剧元素。部分原因是喜剧的"段子感"便于提供轻快的节奏和"不虐不折腾"的愉快感受，对于想要放松情绪的目标受众而言，娱乐性更强。而相对于依靠长时段来营造陪伴感、铺垫情绪的剧集，电影更需要密集的节奏和清晰的结构。

《喜欢你》和《风月俏佳人》都是典型的"霸道总裁+灰姑娘"故事，

大家不要嘲笑这种模式过时，俗也许不假，但离过时大概还早。看看2023年微短剧"霸总"故事出口海外的火热局面，再看看《以爱为营》等剧集的高收视率，无论大家喜好如何，专业学习者都有必要正视此设定的"存在即合理"。且同样是"霸道总裁+灰姑娘"设定，细节的精细度、节奏处理的技巧性仍然有高下之别，这些是我们应当重视和磨炼的。

这两部影片在结构、主题、人物性格和关键情节点设定上高度相似，只不过搭配感情戏的"辅料"不同，《喜欢你》主打美食元素，《风月俏佳人》用了性交易做噱头。"食色性也"，两部作品中的女性角色都是基本欲望需求的提供者，但也因此更贴近"工作 VS. 生活"二元价值中的"生活"一侧。

《喜欢你》讲述了顶尖女厨师顾胜男与口味堪比美食家的企业总裁路晋之间"以食会友"的恋爱故事。《风月俏佳人》讲述了美艳性感的风尘女子薇薇安与投资集团总裁爱德华因"交易"结缘，最终形成浪漫结局。按照沼田康博的"十三阶段结构"剧作法，两部影片情节结构如下（见表3-1）。

表3-1　电影《喜欢你》与《风月俏佳人》的"十三阶段结构"对比

	《喜欢你》	《风月俏佳人》
1. 日常	酒店集团总裁路晋从境外来上海出差，为享受美食推迟会议，厨师顾胜男替闺密报复渣男不小心划错了路晋的车，二人争执。顾胜男的地下男友、酒店经理提出分手。	投资集团总裁爱德华从纽约来洛杉矶出差，身处纽约的女友与爱德华在电话中争吵，宣布分手。爱德华心情不佳，开副手的车离开比弗利山庄，误入洛杉矶红灯区迷了路。薇薇安在街头拉客，看到爱德华，爱德华请薇薇安当代驾送他回酒店，两人相识。
2. 事件	路晋考察顾胜男工作的酒店，对各项指标都很不满意，嫌弃酒店食物。决定收购酒店，解散员工。	爱德华看到薇薇安拿到代驾酬劳后不舍得打车，在街头独自等车。爱德华一时寂寞，邀请薇薇安和他同住酒店，薇薇安衣着暴露，引来酒店宾客和侍者侧目。薇薇安与爱德华调情，两人发生一夜情。

续表

	《喜欢你》	《风月俏佳人》
3. 决心	顾胜男做的女巫汤意面让路晋改变了主意，路晋决定在酒店继续住一段时间，只为品尝美食，但路晋并不知顾胜男便是厨师。	爱德华决定雇用薇薇安作为女伴，陪同自己出席社交活动，为期一周，报酬丰厚。薇薇安欣然同意，开心"钓到大鱼"。
4. 困境	路晋午夜失眠，把泡面当夜宵，顾胜男因失恋借酒消愁，撒酒疯屡屡打扰路晋，两人闹进了警局。顾胜男捅了酒店马蜂窝，害路晋被马蜂蜇伤。路晋给顾胜男一只报警表，命令她与自己保持距离，不得靠近。顾胜男得知路晋身份。	薇薇安拿着爱德华给的"服装费"去买新衣服，却因衣着暴露寒酸被店员赶出奢侈品店。爱德华想收购经营不善的造船厂，却听说该厂新接到了海军订单。
5. 救助	路晋出了三道题目给素未谋面的女厨师，顾胜男用菜色完美解答，反过来她也出题给路晋。两人以美食为媒，隔空对话。路晋想见"知音"厨师，顾胜男拒绝见面。路晋尾随发现顾胜男身份。路晋借酒店火警演习捉弄顾胜男。	薇薇安难过之际得到酒店经理的帮助，开始学习上流社会的礼仪、着装等规范。
6. 成长·下功夫	路晋找到顾胜男的家，要求顾胜男专门给他做饭。路晋逐渐习惯与顾胜男一起用餐，打破了单独吃饭的规矩。	薇薇安在经理的指点下"焕然一新"，穿着得体，美丽动人，陪伴爱德华出席商务晚餐。爱德华与造船厂企业主祖孙二人在餐桌上谈生意，薇薇安对朴实的祖孙二人很有好感。爱德华为了造船厂收购一事烦恼，同情祖孙二人，但仍坚守商人唯利的准则。薇薇安来到空无一人的餐厅安慰爱德华，两人感情升温。爱德华想要亲吻薇薇安遭拒，薇薇安的原则是"不与客人接吻"。
7. 达成	两个人吃河豚陷入迷幻，夜游上海，举止亲密。	爱德华陪薇薇安去奢侈品店购物，给薇薇安撑腰，一掷千金买买买，薇薇安得意地回击当初看不起她的店员。两人泡浴聊天，打开心扉。

续表

	《喜欢你》	《风月俏佳人》
8. 磨炼	路晋意识到自己过于依赖顾胜男，心生退缩，离开顾胜男家不再出现。顾胜男做了美食找不到路晋，发现路晋已经退房，顾胜男一路找到路晋在上海的住处，见到了路晋的"御用厨师"——一位已经为其服务了七年的美丽女子，吃醋离开。御用厨师找顾胜男谈判，顾胜男拒绝"二厨事一客"。	薇薇安陪同爱德华出席上流社会的赛马活动，再次见到造船厂年轻继承人，相谈甚欢。爱德华有些吃醋，告知副手薇薇安真实身份。副手得知后讥讽薇薇安，薇薇安与爱德华为此争吵，愤然离去，爱德华安慰追回薇薇安。两人和好，薇薇安盛装打扮陪爱德华看歌剧，打破规则亲吻爱德华。
9. 破灭	路晋亲自来见顾胜男，承认将要收购酒店遣散员工，希望顾胜男接受偶尔为他做菜的合同，顾胜男拒绝且无法理解路晋的冷酷，两人吵翻，断交。	爱德华想办法拖延了造船厂的海军订单，对收购志在必得。爱德华结束了在洛杉矶的工作，提出包养薇薇安作为他出差来洛杉矶时候的女伴，薇薇安拒绝，决定结束"交易"。
10. 契机	路晋独自吃饭，食之无味，与御用厨师话不投机，御用厨师离开。	薇薇安告知同为站街女的女友，自己要离开，摆脱风尘，开启新的生活。
11. 对决	路晋离开上海后与父亲吃饭，父亲冷酷无情，效率至上，无法理解他对于美食的热爱。路晋与父亲争吵后丢下工作，返回上海。路晋一路追赶顾胜男，顾胜男拒绝谈话，两人你追我逃，顾胜男跑进了菜市场。	爱德华在谈判桌上改变主意，不再冷酷收购，而是与造船厂共同创业，副手无法理解爱德华放着钱不赚的行为。副手将爱德华生意理念的改变归咎于薇薇安，来到酒店辱骂薇薇安并试图强暴她。爱德华及时赶到，与副手决裂，在副手辱骂薇薇安是妓女时对其大打出手。薇薇安收拾好行李，感谢并告别爱德华。
12. 排除	路晋追到菜市场楼上某个办公室，隔着门向顾胜男表白，承认了自己对她的感情，确定了彼此是对方的唯一。顾胜男终于原谅了路晋。	爱德华在酒店归还原本租来给薇薇安戴的珠宝，在酒店经理的提醒下决定不再错过，赶去薇薇安的住所，克服恐高症爬上防火梯，隔窗向薇薇安告白，确定彼此是对方的唯一。薇薇安被感动，接受了爱德华的告白。

续表

	《喜欢你》	《风月俏佳人》
13.满足	路晋满足顾胜男曾经提到的愿望,借对面楼老夫妇的房子,两人坐在阳台,依偎着共看夕阳。	爱德华满足了薇薇安的愿望,"骑士爬上高塔来救她",两人拥吻。

通过以上两部剧的剧情对比,我们首先能够看到两部影片的对立格局是基本相同的:

（路晋、爱德华）男性　VS.　女性（顾胜男、薇薇安）
　　　　　　　工作　VS.　生活
　　　　　　　功利　VS.　情感
　　　　　投资集团　VS.　传统企业（古老酒店、造船厂）
　　　　　金钱交易　VS.　本能满足（食物/色）
　　　　　雇佣关系　VS.　爱情承诺
　　　　　　…………

其次,两部影片中的人物身份、性格设定也非常相似（见表3-2）。

表3-2　电影《喜欢你》与《风月俏佳人》人物设定对比

	《喜欢你》	《风月俏佳人》
男主人公	酒店集团总裁,高冷,精明,举止优雅	投资集团总裁,温和,精明,举止优雅
女主人公	厨师,热情,淳朴,大大咧咧	风尘女子,热情,淳朴,大大咧咧

最后,关键的情节点与问题解决方式相似。

两部影片在"日常"阶段分别介绍男女主人公天壤之别的生活状态和性格底色,再让二人以很乌龙的方式相遇,你来我往培养感情。《风月俏佳人》张扬欲望,《喜欢你》走"禁欲路线"——用各种美食作为欲望隐喻。《风月俏佳人》一开头就把性爱作为两人交往的基础,从一夜情交易到包养,每一次共度春宵,感情都逐渐升温。同理,《喜欢你》从一餐饭的测试,发展到包场品尝。但《风月俏佳人》中的"性"与《喜欢你》中的"食"都是表象,最终将男女主人公牵到一处的是精神层面的情感需求。于是乎,在两部影片中,女主人公都在影片高潮段落超越了单纯的工作/专长本职(美食或性爱),不再从交易的角度看待与男主人公的关系,转而寻求精神上的平等与尊重,索取原本并没想过的名分以及对方的专一相待。在"一无所有"或者说"破灭"阶段,女主人公的戏剧动作都是拒绝男主人公提供的"工作"及随之而来的优厚待遇,转身离去。而爱情危机的化解,都要靠男主人公放下身份、地位的束缚,走入女主人公的生活空间做一番告白,最终以抽象的浪漫仪式(爬防火梯、看夕阳)结束故事。

《风月俏佳人》中理查·基尔举着伞爬楼寻美也好,《喜欢你》二人携手看夕阳也罢,正如沙茨的类型片理论所言:"正是最终的屈服,亦即当双方玩世不恭的态度奇迹般地服从于浪漫爱情的势力时,也就是两性对峙的高潮。"[1]"(爱情喜剧)不一定要克服它们的文化矛盾,而是要在情感高潮时结束叙事,从而重新构成对立。影片一般恰在这对主人公屈从于相互要求的那一瞬间结束。把那一瞬间在时间中冻结(终场字幕和主题音乐逐渐消失),从而掩盖那由折中所带来的若有所失感,并把那使两人聚合的集体价值加以仪式化,变成一个理想的社会单位。"[2] 这里所谓的集体价值,即建立在真诚和平等的基础上,超越阶级差异、性格矛盾的理想爱情——现实中难觅踪影的"美梦"。

---

[1] 沙兹.旧好莱坞/新好莱坞:仪式、艺术与工业[M].周传基,周欢,译.北京:中国广播电视出版社,1993:134.

[2] 沙兹.旧好莱坞/新好莱坞:仪式、艺术与工业[M].周传基,周欢,译.北京:中国广播电视出版社,1993:156.

对比了两部浪漫爱情喜剧之后，大家不妨再去观照其他作品，举一反三，联系类似风格的剧集和言情小说并进行比较。比如2023年有几部剧，《以爱为营》（原著小说《错撩》）讲述了财经女记者与金融总裁的阴差阳错爱情，《我要逆风去》（改编自同名小说）讲述了骄纵富家女落魄之后与投行精英合作生情，《装腔启示录》讲述了初级律师与投行精英因"装腔"结缘又齐齐放下伪装真诚相爱的故事……无论篇幅长短，重要的剧情节点"桥墩子"几乎是雷打不动。

高度公式化的"情路历程"与其说是言情类型叙事的弊病，倒不如说是此类叙事的特色，即便人设改成女高男低、女强男弱、双强模式，结构上的同构性仍颠扑不破。在传统的电影类型研究领域，爱情喜剧的源头是好莱坞黄金时期（20世纪30年代）的"疯癫喜剧"（Screwball Comedy），此类喜剧中不乏"富家女与灰小子"的故事，因彼时社会环境使然，女高男低的故事甚至还占多数，无论两性地位高低，其规则至今仍在发挥影响。"爱情喜剧片的类型标记是来自行为举止和典型的社会姿态的'风格'的定型。……其中男女关系的社会态度编码和行为编码已经成文成法；正是这种法规本身受到成规化的中心人物的挑战。"[①]"在这些类型中，主要人物的配对一般是把一个在文化上是幼稚的初出茅庐者或对社会是不合时宜的人来和一个稳定的、社会态度是静态的人相对立。这类稳定与不稳定的社会代表人物的配对是通过浪漫的爱情关系表现出来的。"[②]

疯癫喜剧模式属于可以移植到多种文化背景下的类型模式。《喜欢你》严格遵循上述规则，顾胜男是那个初出茅庐、不合时宜的人，高富帅霸道

---

① 沙兹. 旧好莱坞/新好莱坞：仪式、艺术与工业[M]. 周传基，周欢，译. 北京：中国广播电视出版社，1993：100.

② 沙兹. 旧好莱坞/新好莱坞：仪式、艺术与工业[M]. 周传基，周欢，译. 北京：中国广播电视出版社，1993：27.

总裁路晋有诸多怪癖，但其社会地位和阶层资本决定了他是一个稳定的、社会态度静态的人。《北京遇上西雅图》中的文佳佳／弗兰克组合、《美人鱼》中的刘轩／人鱼珊珊组合皆符合此公式，乃至《七月与安生》中的双女主人物设置亦然，这样的设置方式尽管不新鲜，却是最容易制造喜剧效果、擦出火花的模式。关于这一点，我们会在"反差人设"环节深入探讨。

《喜欢你》和《风月俏佳人》都属于男女双视角并行讲述的视角叙事，那浪漫爱情叙事有哪些常见的视角模式呢？

二、性别差异：叙事视角与爱情观

叙事视角的选择往往意味着"代何人言"，决定了观众更多看到谁的戏份，代入谁的感受，盼望谁的目标得以实现。

视角概念源于文学理论，美国文艺理论家 M.H. 艾布拉姆斯将视角定义为："讲述故事的方式——作者通过建立一种（或多种）模式向读者展示构成虚构作品叙事部分的人物、对白、行为、背景和事件。"[1] 文学作品的视角可能直接通过叙事人称体现，也可以根据行文时信息披露程度的差异，区分出全知视角／零聚焦视角（叙述者无所不知）、内聚焦视角（叙述者透露某个／某几个人物感知的信息）、外聚焦视角（叙述者不透露任何人物心理活动，不解释人物动机与思想）三种视角模式。

到了影视剧领域，视听媒介材质传播信息的方式要比文学媒介复杂得多，这时就需要区分情节层面的叙述视角和视听语言层面的影像视角。在面对刚进入校门开始学习影视专业的学生时，我会先让大家意识到这两类视角的差异。比如《人生大事》这部电影是从殡葬师和小女孩两人的视角

---

[1] 艾布拉姆斯，哈珀姆. 文学术语词典（中英对照）[M]. 吴松江，等编译. 北京：北京大学出版社，2014：603.

讲述故事，殡葬师和小女孩都不在场时，其他角色如男主人公的父亲、小女孩的母亲等人在做什么，影片基本不太展示；又如《雄狮少年》，影片主要从阿娟视角讲述故事。这些分析的都是叙述视角（故事线）。

视听语言层面的影像视角，意味着字面意义上观众从谁的角度去"看"，分析影像视角意味着要格外留意人物主观镜头，寻找"某角色面部特写 + 主观镜头"的镜头切换时刻，给予某个人物这样的镜头切换，意味着赋予这个角色观看的权利、观看的角度及视线投射的方向，被看的对象往往不会反向回看这个被给予"观看权"的人物。缺乏"看的权利"的角色会被视为欠缺主动性的，甚至是被"宰割"的形象。这不完全是剧情层面的人物主动权问题，而是视听层面的权力关系。

叙述视角和影像视角这两种视角之间是有错层的，有可能叙述时通过某人的视角去讲述故事（观众了解大部分事件都是通过该人物的在场来感知），但拍摄时候却未强调这个人物的主观观看角度，不刻意赋予其"看"的权利。

上述的区分讲解作为常识介绍给大家，编剧专业的同学一般不需要在完成剧本的时候对影像视角多做设计，除非自编自导。下面，我将从叙述视角对浪漫爱情进行分析。

在谈论浪漫爱情叙事的视角之前，先引入一个"爱情三角"的概念。"爱情三角理论"由美国心理学家罗伯特·斯滕伯格提出，该理论认为稳固的爱情需要三个角——激情、承诺和亲密（见图3-1）。记得有一次，有同学和我谈起"磕 CP"现象，她说："老师，判断 CP 感的通行标准是真不真、甜不甜、有没有性张力。"我闻言忽然发现这套 CP 大法和"爱情三角理论"不谋而合，"真不真"对应着是否承认真爱，是否有责任感官宣并坚持下去，即承诺；"甜不甜"对应着亲密感，是否有温馨、默契的相处模式，包括共同的爱好等；"有没有性张力"则不言而喻对应着激情，两人之间是否存在强烈的性吸引力，是否足够迷恋对方，在荷尔蒙和多巴胺的作用下怦然心动。

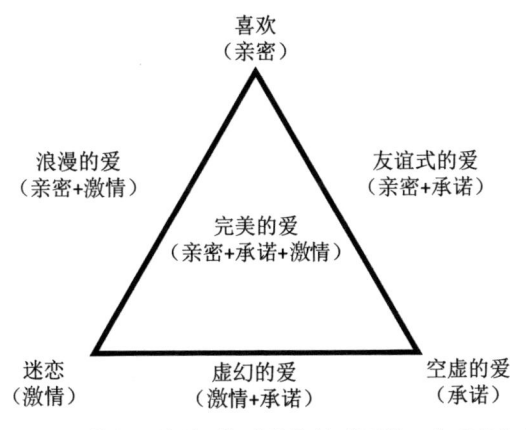

```
                    喜欢
                   （亲密）

        浪漫的爱              友谊式的爱
       （亲密+激情）            （亲密+承诺）

              完美的爱
            （亲密+承诺+激情）

    迷恋         虚幻的爱         空虚的爱
   （激情）      （激情+承诺）       （承诺）
```

图3-1 心理学家罗伯特·斯滕伯格的"爱情三角理论"图示

之所以在讨论视角之前先提"爱情三角"，是因为无论从哪个人物的视角出发，浪漫爱情叙事都要完成"爱情三角"的补全，在故事开启时主人公之间的恋情处于"八字没一撇"的状态，但很快可能因性生爱（从激情发展出其他两角），如《风月俏佳人》；也可能因亲密生爱（从亲密感发展出其他两角），如《喜欢你》，其中最难以完成的部分通常是承诺一角。承诺包含多层次的承认与确认，首先人物要对自己承认，确定自己爱慕对方；其次，人物要对恋爱对象承认，表白说出自己的爱慕；再次，人物要对周围所有人坦诚自己与恋爱对象的关系，即"官宣"；最后，人物要做出长期的许诺，以婚姻或其他的形式。大部分的浪漫爱情叙事都是艰难奔向承诺的过程，主人公也许有述情障碍，甚至是个情障（智障的对应），需要经过重重波折才能坦然说出"我爱你"，而主人公以拥吻的姿态向观众承诺他们会永远幸福的那一刻，就是叙事的高潮和终点。

虽然浪漫爱情类型的情路历程大多如此，但主人公性别差异与目标观众需求的差异，决定了两性不同视角讲述的故事，在补足爱情三角的侧重点上有所区别。下面我会结合具体的视角来分析，当然，这部分仍然以电影为主要案例，因为电影受篇幅所限，视角较长篇作品更为集中和清晰。

"情感向"电影（浪漫爱情类型为主）最常见的视角模式有三类——女

主人公单视角、男主人公单视角和男女主人公双视角对比，而这三种视角模式的主题和侧重点各有不同。

（一）女主人公单视角——"女性寻找自我"

有同学可能会问，为什么从女主人公视角出发的故事就多是关于女性寻找自我？难道男性角色不需要寻找自我吗？难道女性角色没有问题需要矫正治疗？

注意，我们现在谈论的情况主要限于浪漫爱情类型之中，浪漫爱情类型是生活中两性关系模式、权力地位的寓言式浓缩，你们会发现男性寻找自我通常不需要经由爱情这一媒介，无数"大男主"建功立业的故事，女性都仅作为花瓶陪衬存在。如《庆余年》，林婉儿虽然是女主人公，但戏份并没有比范闲的生父庆帝、上司陈萍萍、弟弟范思辙多多少，甚至不会比保镖王启年多很多。又如剧集《说英雄谁是英雄》改编自温瑞安同名小说，女主角温柔的饰演者是粉丝众多的艺人杨超越，剧集播出之后，杨超越粉丝十分不满，质疑温柔作为女主人公，戏份似乎还不如男二号白愁飞多，如果从还原原著的角度来看，杨超越的粉丝大概冤枉了编剧和导演，不是特意削弱女主人公戏份，而是在温侠这部主要讲述江湖血雨腥风、兄弟背叛反目的小说中，原本也没有给男女主人公的儿女情长留多少空间。还有《繁花》中的宝总，与三个女性的暧昧终究不了了之，但这并没有给他带来多大的影响或创伤。

为何女性总是需要经由爱情的洗礼方能找到自我，从而获得进化呢？（至少故事中如此）当然在浪漫爱情类型之外，也存在一些女性创业进取、相对淡化恋爱情节线的故事形态，比如剧集《都挺好》《风吹半夏》等，这类剧集往往会打上都市情感剧、都市生活剧的标签，与偶像剧这种标准的浪漫爱情类型相区分。但如果我们仅观察浪漫爱情类型/偶像剧这个类别内部的情况，此类故事致力于打破女性被情感关系过度束缚的局面，这种束缚感对应着女性在现实生活中面临的情感焦虑、婚恋烦恼，女性在社会和家庭中处于结构性的受压抑地位，相对男性更容易被情感关系影响。而通俗故事作为内容产品，就是要为受众客户提供解压和情绪满足，自20世纪80年代全球浪漫爱情叙事黄金期以来，浪漫爱情电影和言情偶像剧即便被诟病为"玛丽苏"，在基本姿态上也会以鼓励女性追求自我实现为前提，故事女主人公是"灰姑娘"也好，是"公主"也罢，最终都能够在个人自由和伴侣关系和谐两方面双丰收。当然，从女性主义的角度看，"双丰收"这件事本身就意味着与父权制的妥协，这暴露了浪漫爱情叙事的保守性，故事中理想的女性角色终究不能彻底无视爱情需求或在不经历任何情感动荡的情况下完成自我实现。又或者说，大量女性受众预期看到的就是女性经由爱情获得成长的历程，以此历程对应普通女性的生活体验。

至于女性主人公有没有严重的情感缺陷需要矫正治疗，大量作品用既成事实证明了，在浪漫爱情类型叙事中，"好女远比好男多"。一方面，女主人公要获得核心受众（女性受众）的认同，需要成为理想化的存在，可以有性格上的小毛病，但感情观方面不该有大过失。如果去看豆瓣评分较低的浪漫爱情类型作品，会看到女主人公人设糟糕（如过于冷酷、不坦诚、道德瑕疵……）是观众打低分的最重要原因之一。而男主人公即便出场时感情观缺陷颇多（如傲慢、幼稚、不负责任……），只要在女主人公的影响下及时改进和扭转，观众就会对这一"治疗过程"表示满意，且热衷围观男主人公"打脸""追妻火葬场"。另一方面，既然女主人公在感情观成熟度等方面优于男性角色，那么当遇到不适合的情感关系时，她需要的不是矫正自己，而是摆脱对方，也许永久摆脱糟糕的恋人，也许等对方改正缺点之后再重新谅解和接受。

例如我们此前提到的"工作 VS. 生活"二元对立，故事中因沉迷工作而忽略情感的一方多是男性，需要被改造；故事对女性角色的态度正相反，会鼓励女性停止对伴侣的迁就，勇敢活出自我——如追求个人事业的成功，当女性实现自我价值时，叙事会提供更优质的对象或经历反省后变得更好的男性伴侣，作为对女主人公的奖励。在当下的网络舆论语境中，"恋爱脑"是个贬义词,但仔细去看通俗流行叙事产品中的情节走向,再看看弹幕和读者留言等,会发现创作者和主力观众绝不会彻底"反恋爱",他们不约而同地在督促女主人公摆脱"恋爱脑",与此同时催促男主人公学会珍惜爱情、珍惜女主人公——长出"恋爱脑"。这是一套根据生活中的性别差异体验而"缺什么补什么"的逻辑,毕竟"大男子主义"在父权制社会普遍存在甚至根深蒂固,而"大女子主义"不成气候甚至并不存在。

那么,"女性寻找自我"具体指的是什么呢?首先要回答一个问题:女性究竟需要什么?再具体一点,女主人公最需要的是什么?

更好的物质生活?

独立带来的自由?

事业带来的成就感?

甜蜜的爱情?温暖的陪伴?

家庭带来的安全感?

社会的认可?

在以上答案中,每个故事的女主人公都要靠自己寻得答案,而寻找自我的女主人公总是会面对社会标准与自我理想之间的偏差,很多人物在故事的起始时刻并不能认清内心真实所需,其主观意识想要之物,并非其生命中真正需要之物。认清所需—勇敢追求—获得成功,就是故事的主线历程。

在电影领域,典型的女主人公单视角浪漫爱情电影,多半会被贴上"小妞电影"的标签,有些以女性个人成长为主线的亲情友情故事(爱情作为副线亦会涉及)也属于小妞电影的范畴。典型如欧美电影《BJ单身日记》《律政俏佳人》《公主日记》《穿普拉达的女王》,中国电影《杜拉拉升职记》《非常完美》《北京遇上西雅图》等。

我们以之前提到的美国电影《穿普拉达的女王》为例,简要说明小妞电影的情节特征。另两个例子是《我最好朋友的婚礼》与男性单视角浪漫爱情电影《和莎莫的 500 天》，这两部作品正好构成对比，能充分说明女性单视角叙事与男性单视角叙事在浪漫爱情类型中的差异。

《穿普拉达的女王》的主线并非爱情，而是名牌大学新闻专业毕业生安吉丽雅的职场菜鸟升职记，核心人物关系是安吉丽雅与其上司、时尚杂志女主编米兰达的"师徒关系"（见表 3-3）。师徒关系在职场故事、才艺故事、运动类型中都很常见，而且常常表现为"相爱相杀"，即师徒二人之间存在着伯乐对千里马的知遇之恩、感恩图报，也存在着隐形的控制与操纵。在这一点上，职场题材电影《穿普拉达的女王》《在云端》《华尔街》以及 2023 年大火的港剧《新闻女王》、内地口碑剧《装腔启示录》等是有共性的，热衷于职场上司与下属的师徒关系上大做文章。

表 3-3 《穿普拉达的女王》的人物设定对比

安吉丽雅	米兰达
名校新闻专业毕业生，职场菜鸟	知名时尚杂志《天桥》的主编，地位极高
怀着做社会新闻的理想	专心经营顶尖时尚事业
生活简朴，穿着朴素，对时尚无感	生活奢侈，穿着高雅华丽，时尚女王
踏实，勤恳努力，学习能力强	工作狂，对下属要求苛刻
对工作有责任心	对自身和他人工作要求极高
有同样刚从大学毕业的男友，感情稳定	多次婚姻，与丈夫情感疏离，濒临离异

根据这组设定，即使没看电影，我们大体也能知晓影片的二元对立框架：

（米兰达）上司老板　VS.　下属职员（安吉丽雅）

资深人士　VS.　职场菜鸟

工作　VS.　生活

功利　VS.　情感

时尚杂志事业　VS.　严肃新闻理想

虚荣 VS. 朴实

....

在以上的价值观/立场对立格局中，女主人公安吉丽雅经历了：毕业第一份工作，求职时尚杂志—与米兰达所代表的时尚圈格格不入—逐渐适应并被米兰达影响，变得时尚又精致—得到米兰达赏识和提拔，但以牺牲私人时间和个人生活为代价—反思后毅然放弃米兰达提供的机会重返严肃新闻事业。最终，两人虽然分道扬镳，但米兰达也肯定了安吉丽雅的工作能力，在影片结尾为其写下充满肯定与褒扬的推荐信就是"情感聚合"的标志，即使道不同，但至少彼此尊重。本片双女主之间的分歧就在于是做追求名利、情感冷漠的工作狂，还是放下虚荣心，做更具社会公益性的工作，且适当享受生活、珍惜身边的家人与恋人。面对"女性究竟需要什么？"这个疑问，影片通过安吉丽雅的选择给出了答案。

下面，我们看一下美国电影《我最好朋友的婚礼》与《和莎莫的500天》的人物设定对比及"十三阶段结构"对比（见表3-4、表3-5）。

表3-4 《我最好朋友的婚礼》与《和莎莫的500天》的人物设定对比

	《我最好朋友的婚礼》	《和莎莫的500天》
女主人公	知名美食作家，工作狂，恐婚 美丽成熟的独立女性 热爱自由，不喜欢被束缚 感情上高度自尊，更换伴侣频繁，不够真诚，述情障碍	贺卡公司职员 美丽潇洒的独立女性 热爱自由，不喜欢被束缚 感情观念比较开放，坦白直接，没遇到合适的人之前可以短暂交往，但不会做出承诺
男主人公	普通体育记者，热爱工作，也向往婚恋 比较英俊，有些大男子主义 感情上坦诚，喜欢直白表达的相处方式	贺卡公司撰稿人，工作上求稳妥，渴望稳定恋情 平凡内敛，表面温和，但实际大男子主义 感情不坦诚，口是心非，且过于一厢情愿，总是主观臆测女性的想法

表3-5 《我最好朋友的婚礼》与《和莎莫的500天》的"十三阶段结构"对比

	《我最好朋友的婚礼》	《和莎莫的500天》
1. 日常	女主人公茱莉安作为知名美食作家，在高级餐厅被主厨们精心款待。茱莉安与好友兼合作编辑乔治聊天，提到她不安分的感情状态和多年的蓝颜知己迈克尔。迈克尔曾经和茱莉安约定若28岁都未成家就在一起组成家庭，想到自己28岁将至，茱莉安忽然开始恐慌。	在贺卡公司从事文案撰稿工作的汤姆，对新来到公司的美丽女文员莎莫一见钟情。汤姆性格内向且害羞，莎莫活泼开朗，莎莫在电梯中主动与汤姆搭话，谈论汤姆在听的音乐。
2. 事件	茱莉安在巡回售书的酒店接到了迈克尔的电话，意外得知迈克尔本周末将与他人成婚，茱莉安一反不那么在乎迈克尔的常态，坚持要赶去迈克尔的婚礼阻止其结婚。	公司聚餐时，汤姆鼓起勇气走过去与莎莫聊天，莎莫告诉汤姆自己喜欢尝试有挑战、刺激的事。汤姆确定自己喜欢莎莫，且告知好友，认为莎莫对自己也有意思。
3. 决心	茱莉安前往迈克尔生活的城市芝加哥，见到了迈克尔口中的未婚妻金佰莉，金佰莉21岁，大学三年级，美丽优雅，家境优渥，作为妻子条件满分。但茱莉安坚信凭借自己与迈克尔多年的情谊能够打败金佰莉，开始出招。	公司同事们在酒吧聚会，莎莫大方上台唱歌，汤姆拉着同事找莎莫聊天，莎莫表示不适应作为他人女友的身份，喜爱独立自主的生活方式。离开酒吧道别时，莎莫主动询问汤姆是否对自己有意，汤姆没有大方承认，称当莎莫是好朋友，莎莫不以为意，称做朋友很好。两人遂成为"好友"。
4. 困境	茱莉安利用金佰莉五音不全的弱点，设计让她在KTV当众出丑。没想到金佰莉克服恐惧，大方唱歌，博得迈克尔的欢心和众人的鼓励。	莎莫在打印室偷偷吻汤姆，汤姆内心欢喜。莎莫与汤姆以暧昧朋友的方式交往，未确定关系，一起逛家居商场，举止亲密。莎莫始终强调两人并非确定的情侣关系，不是认真的感情，只是暂时暧昧而已。汤姆表面同意，实际仍努力追求莎莫，希望确定关系。
5. 救助	茱莉安利用金佰莉和迈克尔的家境差异，离间两人关系，设计让金佰莉劝说迈克尔辞去记者工作，在金佰莉父亲的公司任职，过更稳定的生活。热爱体育记者事业的迈克尔勃然大怒，金佰莉真诚道歉求情，立刻获得迈克尔的原谅。	莎莫同意与汤姆发生更亲密的关系，她来到汤姆家，汤姆紧张又开心。两人从此像情侣一样相处，彼此更加了解，汤姆告知莎莫自己的理想和特长。汤姆很会画画，曾经想做建筑师。

续表

	《我最好朋友的婚礼》	《和莎莫的500天》
6. 成长·下功夫	茱莉安求助编辑好友乔治,让乔治飞来芝加哥助阵,谎称乔治是自己未婚夫,想要激起迈克尔的醋意,乔治只好配合演戏,演得"太过"以致笑话百出。	汤姆渴望确定关系,向莎莫寻求承诺。莎莫认为不必定义两人关系,开心就好,汤姆只好迁就。在酒吧,汤姆和莎莫就女性的穿着打扮问题话不投机,有陌生男人搭讪莎莫,汤姆醋意大发与对方大打出手。
7. 达成	迈克尔看到茱莉安有了结婚对象,略显失落,与茱莉安单独出游度过一个下午,一起回忆多年来的友情。茱莉安告知迈克尔,乔治并非爱人,但仍然没能说出表白。	莎莫为汤姆在酒吧不冷静的表现感到尴尬,回家后两人大吵一架。莎莫强调两人只是朋友,汤姆恼火莎莫一直和自己调情却不确定关系。两人不欢而散。深夜,莎莫冒雨来找汤姆道歉,两人又和好。
8. 磨炼	茱莉安下决心破坏迈克尔婚礼,潜入金佰莉父亲的办公室,用金佰莉父亲的电脑给迈克尔所在体育杂志的主编发了邮件,告知主编迈克尔将辞去记者工作,进入其公司就职。迈克尔从主编处得知金佰莉一家的"阴谋",十分气愤,与金佰莉争吵,宣布要退婚。茱莉安备受良心谴责。	汤姆继续和莎莫在不确定关系的情况下互相陪伴。汤姆坚持要听莎莫讲述情史,结果发现莎莫感情经历丰富。在继续尝试了一段时间之后,莎莫还是离开了汤姆。汤姆为此痛苦不已,抱怨莎莫伤害自己,与其他女性约会时也不停谈论莎莫。工作状态也受到了影响。
9. 破灭	第二天婚礼当日,迈克尔还是赶去了婚礼筹备现场想和金佰莉当面说清楚,茱莉安也赶去婚礼想去阻挠两人和好。但面对互诉衷肠的两人,茱莉安无法再继续破坏。茱莉安终于拉着迈克尔到僻静处表白,亲吻迈克尔,迈克尔十分惊讶,此场景被金佰莉目睹。金佰莉愤怒开车离开。	汤姆偶遇莎莫时又感到心动,当莎莫提出邀请汤姆去自己的周末派对时,汤姆满怀希望去赴约,却发现莎莫只把自己当普通朋友,举止客气。当看到莎莫向他人展示无名指上的戒指时,汤姆意识到两人毫无可能了。
10. 契机	迈克尔在全城可能找到金佰莉的地方寻找她,茱莉安追来,为自己的阴谋道歉,与迈克尔说清情况,得到原谅。	汤姆情绪低落,在公司开会时说出一大堆负能量的话,对爱情冷嘲热讽,很煞风景。

续表

	《我最好朋友的婚礼》	《和莎莫的500天》
11. 对决	茱莉安在金佰莉与迈克尔相识的体育场找到了金佰莉，她承受金佰莉被背叛的怒火，真诚向金佰莉道歉，得到了金佰莉的原谅。	在忘年小友的启发下，汤姆回忆起了和莎莫分手前的时光，两人在欣赏艺术品位等方面观点不一，如汤姆没有莎莫那么敏锐和感性，体会不到莎莫的内心，当莎莫想看电影并为之感动时，汤姆只想回家过二人世界。汤姆在回忆中想通，认清了莎莫和自己性格不合，一切只是自己一厢情愿。他开始重拾建筑师的梦想。
12. 排除	在迈克尔与金佰莉的婚礼上，茱莉安动情致辞，表达祝福，掩藏感伤。迈克尔在与金佰莉离场出发度蜜月之前，挤过众人，向茱莉安郑重道别。	在昔日与莎莫一起散步的公园里，汤姆再次遇到莎莫，莎莫此时已经结婚，坦诚两人交往时自己无法确定汤姆是对的人，但遇到志同道合的现任丈夫时，立刻就确定了。汤姆能够以平常心面对莎莫，两人温暖道别。
13. 满足	茱莉安心境复杂独坐婚礼现场时，好友乔治赶来陪伴，茱莉安因友情的温暖感到满足，一切回归电影开头，她其实一直拥有自己需要的一切，也终于认清迈克尔的性格和她并不合适，这次的"抢亲"经历让她学会了要真诚面对感情，成为更好的自己。	汤姆应聘建筑师新工作，在面试前邂逅一位言语投机的女性。汤姆变得比以前更加勇敢和自信，主动邀约，似乎人生又有了新的可能。

两部影片分别从女主人公（茱莉安）和男主人公（汤姆）的角度讲述故事，且两部影片中的女主人公性格有相似之处，茱莉安和莎莫的感情观都向往自由独立，对稳定的感情关系持怀疑态度。不同的是，茱莉安口是心非，而莎莫情感表达很直接，茱莉安更喜欢男主人公，莎莫没有很喜欢男主人公。而两部影片的男主人公都是温和的暖男，但在绅士的表象之下，都有大男子主义的倾向，尤其汤姆，尽管莎莫对汤姆表达过多次不是爱的感觉，只是暂时的交往和陪伴，但汤姆表面尊重，实际置若罔闻，一厢情愿扭曲莎莫的意思，梦想莎莫能接受自己，一旦受挫就心生怨怼。而他对莎莫的爱其实是较

为肤浅的，只停留在激情层面，对于莎莫内心世界、爱好和趣味并不那么了解，没有将志同道合看得很重要，因此完全无视自己与莎莫之间的性格差异。

我们会发现在一厢情愿这一点上，《我最好朋友的婚礼》的女主人公茱莉安与《和莎莫的500天》的男主人公汤姆是相似的，两人都被自己的爱情执念迷住双眼，没意识到建设真正健康的恋爱关系应当选择感情观一致，情感需求、性情爱好相匹配的伴侣。且两位主人公在追求感情时都不够主动、勇敢、真诚，总是隐藏真实的想法，并受此所累。故事的整个发展过程，就是男女主人公认清自己的盲目，学会舍弃和放下的历程，态度从执意追求变成体面祝福。

尽管有这些相似之处，但是我们仍然能够看到男女单视角叙事的差异，都是"强扭的瓜不甜"。女主人公单视角的《我最好朋友的婚礼》，是让茱莉安不断尝试改变自己，以迎合麦克尔的需求，茱莉安试图竭力证明自己也可以小鸟依人，她意图破坏他人感情，有道德瑕疵，但她仍然是可爱的，故事不曾过于贬损茱莉安的"心机"，对其作为独立女性的人生态度始终加以肯定。而《和莎莫的500天》中，汤姆自己没有尝试改变，反而总是以男性立场评判莎莫，尝试改变莎莫，一方面过于自信（坚信精诚所至，莎莫会爱上自己），另一方面又过于自卑（自认普男，在美丽性感的莎莫面前自惭形秽）。《我最好朋友的婚礼》中，女主人公是"自苦"，并未给男主人公带来太多困扰。《和莎莫的500天》中，我们则能够看出男主人公带给莎莫的压迫感和束缚感，影片对于莎莫的性开放和随性未作指责，因为莎莫一直很坦诚，有言在先不谈恋爱不确定关系。

《我最好朋友的婚礼》讲的是女主人公认清自己真正需要什么，《和莎莫的500天》是大男子主义心态的自我矫正。两相对比，能够看出小妞电影对女性的"一贯偏袒"，尤其不轻易评判女性对自由、独立的坚持（这里的自由独立包括性爱层面和精神层面），更不会对自我、率性的女性形象进行贬损。相反，浪漫爱情类型对于男性角色的态度更加严厉一些，经常将其塑造为导致爱情进展不顺利的过错方，批评男性过度自我中心的倾向。

《我最好朋友的婚礼》在塑造女主人公形象时，特意选择了年龄节点——28岁。女主人公虽然对自己的事业、生活都很满意，也很自信，但面对21岁的情敌时，仍然感受到了压力。从这个细节出发思考，大家可以留意各色浪漫爱情类型叙事作品中的女性年龄与人生阶段，会发现一些剧情设定规律，而年龄与男性角色设定之间的关系，相比之下没有女性角色这样明确和细分。一个能够恰当说明此问题的例子是日剧《东京女子图鉴》，该剧后来还在中国被借鉴，衍生出了《北京女子图鉴》《上海女子图鉴》等作品。在这一系列"女子图鉴"之中，《东京女子图鉴》最为短小精悍，以漫画化的方式勾勒出了女性人生的几个典型阶段，在重要的节点安排典型剧情，并且与东京的城市地理学有机结合，是一部设计工整的作品。

《东京女子图鉴》浓缩了女主人公人生的几个阶段，20—40岁如同"游戏通关"：

20岁出头，刚工作，对都市生活好奇，纯真恋爱（第1—2集）。

24岁左右，工作稳定，享受玩乐，等待和挑选条件好的对象（第3—4集）。

28岁左右，工作上升期，提升消费档次和品位，宁缺毋滥（第5—6集）。

30岁出头，未婚者为婚姻而焦虑，频繁相亲，事业追求降低（第7集）。

34岁左右，结婚，为婚后沟通问题、生育问题焦虑（第8集）。

38岁左右，结束失败的婚姻，重获自由，从年轻对象处寻求安慰（第9集）。

40岁左右，感到彷徨，重新寻找伴侣困难（第10集）。

40岁之后，重整旗鼓，生活总要继续下去（第11集）。

《东京女子图鉴》中的东京城市地理学也很有特色,从空间上对应主人公的不同人生阶段:

女主人公故乡秋田,产业凋敝的不景气城镇。
女主人公工作地东京,繁华的大都市。
(居住在东京期间,主人公生活的区域不断变化。)
三轩茶屋(简称"三茶"),较偏的生活区,小食店遍布,生活物美价廉(第1—2集)。
惠比寿,中档商业区,较繁华地段,年轻人潮流之地(第3—4集)。
银座,高档商业区,城市中心地段,类似曼哈顿(第5—6集)。
丰洲,中产生活区,城市周边(第7—8集)。
代代木上原,城市新区,富有文艺感的地段(第9—11集)。
港区,贵族化的富人区(第9集)。

有兴趣的同学可以观看此剧,自行梳理和揣摩,剧中的女性人生节点具有一定的代表性,在各国现代都市生活中都能找到共鸣,剧中对城市地理元素的运用,亦适用于以北上广深等以大都市为背景的中国故事。女主人公从青年到中年的城市打拼过程,就是不断奋斗提升生活品质和做出情感关系抉择的过程,是其寻找自我之旅,生活地点的变化作为人生阶段变迁的佐证。中国的类似风格作品还有《装腔启示录》等。

(二)男主人公单视角——"直男癌"矫正治疗

在全球浪漫爱情叙事产品中,从男主人公单视角讲述的故事相对较少,除了特殊的亚文化文本及同类型动漫、偶像剧,女性主人公的视角对于女性受众而言几乎是必需的。浪漫爱情叙事一般要么是男女双视角并行,要么是女性视角为主，不过在浪漫爱情电影领域，倒是有一批以男性视角为主的作品，多为讽刺传统男性气质的喜剧。早在经典好莱坞时期，导演比利·怀尔德的《七年之痒》《热情似火》就是走这一路线，20 世纪 80 年代到 21 世纪初的浪漫爱情电影热潮中又涌现出《窈窕淑男》《偷听女人心》《土拨鼠之日》《大话王》《拜见岳父大人》《冒牌上帝》《红衣女郎》《疯狂愚蠢的爱》等代表作。除了浪漫爱情电影，男性友情的伙伴电影（Buddy Film）有时也遵循类似的思路，如《落难见真情》《人再囧途之泰囧》，通过不同男性气质的对比，嘲讽过于自我、忽略他人感受的男性角色，督促其在情感方面成长。

既然是讽刺所谓"直男癌""男性沙文主义"的类型产品，男主人公单视角言情叙事必然要拿两性思维差异"说事儿"，那么通常印象中的两性差异（尤其是感情观方面）有哪些呢？

爱情叙事中常见的矛盾与二元对立模式

性别冲突作为爱情故事中最核心的矛盾，呈现了两性在各方面的博弈关系

（两性在思维方式、处事习惯、对爱情和责任的态度等方面多有差异，有时这些差异并非与性别相关，可能与个体性格相关。）

男性	VS.	女性
大男子主义	VS.	尊重女性
理性	VS.	感性
自由	VS.	责任
工作	VS.	生活
利益至上的现实主义者	VS.	爱情至上的浪漫主义者
工作狂	VS.	慢生活

我们此前详细讨论过"工作 VS. 生活"这对二元关系，现在我们把重

点放到性别冲突上。此类故事中的男性角色作为男性自我中心的代表,浓缩了女性印象中普遍存在的男性缺点(见表3-6)。

表3-6 类型叙事对传统男女性别气质差异的塑造对比

传统男性气质的缺点	传统的女性气质特点与女性境遇
粗暴甚至野蛮,不尊重女性,以自我为中心	温柔、礼貌,照顾男性,讨好型人格
理性、功利、冷漠	感性、重情、浪漫
不擅长沟通和表达感情	期待更多沟通,擅长表达情感
追求女性的初衷源于性吸引,视之为性对象,并不真正关心女性的内心需求	期待得到男性的理解与尊重,希望遇到能够关心自己内心需求并给予支持的伴侣
不擅长家务劳动和照顾他人,与孩子情感疏远	被要求擅长家务劳动和照料老幼,与孩子情感亲密
不介意短期交往数量众多的异性,质量相对次要,在责任和承诺方面不积极	宁缺毋滥,希望找到专一的高质量伴侣,获得确定的承诺和长期稳定的关系
性观念开放,相对女性更加随意,追求性自由会被同性鼓励	性观念相对保守,追求性自由会被同性和异性指责
对自己的性能力过于高估,自以为是,不关心女性的感受	对伴侣的性表现宽容容忍,可能伪装愉悦
不能倾听女性表达,掌握话语权,热衷"男性说教"(Mansplain)	擅长倾听他人,渴望表达但总是被压抑,被剥夺话语权,忍受男性高高在上的说教
感情方面幼稚且自我感觉良好,希望伴侣像母亲一样纵容关爱自己	感情方面成熟,尽量替伴侣、家人着想,像母亲一样宽容男性的幼稚任性
……	……

再次强调,生活中的个体千差万别,当然存在冷漠自私的母亲、妻子,也存在慈爱、热衷家务劳动的好丈夫、好父亲,例如在2023年获得戛纳国际电影节金棕榈奖的艺术电影《坠落的审判》就讲述了强势的"第二性"与缺乏才华的弱势"第一性"之间的相爱相杀。但类型叙事的二元思维决定了必须将矛盾极化,利用极致化的刻板印象来制造戏剧冲突。

上面表格中关于传统女性形象在今天的浪漫爱情类型中已经有了很多改观,出现了更丰富多样的新时代女性形象,但是在男性形象方面,除了

"无冲突、只发糖"的纯爱甜宠剧（此类作品评分一般不高）热衷反向塑造与左侧表格截然不同的完美男性形象，男性角色在言情类型叙事历史上的进化与改观远不如女性形象的变迁明显。只看类型叙事呈现出的两性面貌，甚至会产生一种女性一直在成长，男性则本性难移的印象。大概也正因为如此，男主人公单视角叙事才不甚发达且讽喻色彩突出。

下面，我们举具体的电影案例来对比来看一下 20 世纪 80 至 90 年代出品的两部男主人公单视角爱情故事《偷听女人心》和《窈窕淑男》的人物设定对比及"十三阶段结构"对比（见表 3-7，表 3-8）。

表 3-7 《偷听女人心》与《窈窕淑男》男女主人公的人物设定对比

	《偷听女人心》	《窈窕淑男》
男主人公	广告公司中层，事业有成，大男子主义，不尊重女性，对小时工、女职员、女秘书、日常邂逅的女性等都习惯以居高临下的轻佻态度对待。 工作上靠小聪明得过且过，广告创意倾向于讨好男性受众，消费女性身体，观念老旧。 离异，前妻再婚对其吐槽颇多，青春期女儿与其关系疏远。 性观念开放，女伴不断，四处调情，始乱终弃，不负责任。 以自我为中心，听不到女性说话，偶然获得超能力能听到周围女性的内心想法，逐渐生出超越性别的同理心。 依靠超能力挤走竞争对手。	在纽约戏剧界打拼的无名男演员。 热爱表演事业，钻研表演技巧，但由于外形和性格很难得到表演机会，为谋生在餐馆打工，业余教授表演课程。 感情方面不够认真，为了现实利益，欺骗女性好友的感情，不负责任。 偶然扮成女性去某医疗题材肥皂剧剧组应聘，获得通过，从此以女性形象出入剧组，隐瞒真实性别。 以女性身份成为剧组女主人公"闺中密友"，在扮作女性生活的过程中学会倾听，逐渐生出超越性别的同理心。
女主人公	广告公司高层，事业有成，能力出众。 工作认真勤勉。广告创意从女性真实需求出发，符合女性思维和审美。观念新颖有创意。 离异，前夫本是同事，因女主人公事业过于成功心生怨念，婚姻破裂。 擅长倾听，体谅他人，对下属无私提携。	医疗剧剧组女主人公，颇有名气。 表演能力不俗。 单身妈妈，与花心的剧组导演恋爱，因为得不到承诺而痛苦。 需要有人倾听和陪伴，渴望平等的情感关系。

表3-8 《偷听女人心》与《窈窕淑男》的"十三阶段结构"对比

	《偷听女人心》	《窈窕淑男》
1. 日常	尼克周围一群女性吐槽尼克的大男子主义问题。 尼克清晨醒来，对女性小时工颐指气使，屋里零乱的陈设和残留的女性内衣说明昨晚又发生了一夜情。 尼克上班途中与女性咖啡师调情遭拒，对公司女职员态度粗鲁很不尊重，公司男职员追捧尼克。	麦克在舞台试镜、表演培训和餐馆后厨之间奔波。他作为表演培训的教员颇受学员们爱戴，但作为演员试镜屡屡失败，暂时靠在餐馆打工赚外快。 表演培训班的女学员珊迪和麦克关系很好，培训班派对之后，珊迪向麦克倾诉自己应征某电视剧角色不顺的郁闷。麦克指点珊迪表演，通过两性关系问题启发珊迪。
2. 事件	尼克志得意满，认为老板马上就要宣布提升他为公司副总的消息，没想到老板称现在女性消费兴起，要空降一位女性广告人做副总。 尼克升职愿望落空，面对新来的女性上司达西，满心怨怼。达西要求包括尼克在内的所有创意负责人回家尝试使用女性用品，思考创意。	麦克陪伴珊迪去医疗剧剧组试镜，珊迪被拒绝。 麦克在剧组意外听说自己原本想要的戏剧舞台角色被剧组演员抢走，为此大闹经纪人办公室，反被经纪人嘲讽性格太差，纽约的戏剧界没有人愿意与他合作。
3. 决心	尼克打起精神应对达西，寻机上位。 尼克体验女性用品时态度敷衍，不小心跌入浴缸触电。第二天醒来发现能够听见周围女性的内心想法。 尼克发现自己具备了读心超能力之后十分恐惧，他听到生活中熟悉的女性都在内心抱怨他。	麦克恼火之下，为了证明自己的能力，扮成女装，化名"桃乐丝"去应征珊迪试镜失败的医疗剧角色——某医院中年女主管艾米丽。 麦克在剧组见到了导演和制片人，起初被拒，导演声称想要强势的女性角色，麦克立刻展现泼辣一面，得到女制片人的认可。 麦克试镜，与该医疗剧女主人公朱莉有对手戏，麦克一眼便被朱莉迷住。麦克表现出色，演出了强势又有魅力的女性风采，得到该医疗剧的出演合约。

续表

	《偷听女人心》	《窈窕淑男》
4.困境	尼克尝试运用读心能力,应付达西的广告创意策划会,以为听到女性内心想法就能以此为依据写出合适的广告词,但因为处理不当,不够尊重女性,实际效果适得其反,被女性同事们指责。	麦克走出剧组,立刻以女装扮相去见经纪人,恶作剧捉弄对方,对方竟一时没认出他来。麦克向经纪人借钱置办女装行头。 麦克因为抢了珊迪的角色而愧疚,主动去珊迪家约珊迪吃饭,麦克趁珊迪洗澡时偷试珊迪的衣服,被发现后,他为了遮掩自己的行为,谎称自己被珊迪吸引,两人发生一夜情。 珊迪总是被男性伤害,不想被人当作短暂发泄排遣寂寞的对象,麦克表达了继续交往的意愿。 麦克在剧组遇到形形色色的人,包括喜欢借对手戏占女演员便宜、惯于性骚扰的男演员约翰。麦克目睹了导演对女主人公朱莉动手动脚,专门设计一些消费女性身体的戏码。
5.救助	尼克求助心理医生,得到女性心理医生的鼓励,医生认为掌握女性的想法利大于弊。	在拍戏现场,约翰记错台词,桃乐丝不仅机智救场,还即兴演出,回击约翰的性骚扰,强势而幽默的演出风格得到演职人员们的好评,只有导演不满桃乐丝不经其许可改词,对其予以警告。 拍摄结束后,桃乐丝还是遭遇约翰强吻,他感到十分恶心。又目睹导演带着朱莉开车离去,桃乐丝看到朱莉这样优秀的女子被导演肆意摆布,非常不满。 麦克忘记了与珊迪共进晚餐的约定,珊迪打来电话,麦克谎称感冒。

续表

	《偷听女人心》	《窈窕淑男》
6. 成长·下功夫	尼克调整心态，开始充分运用超能力。 因为能听到咖啡店女店员的心声，投其所好，成功约会女店员。 尼克去找达西沟通工作，因为能听到达西的心声，经常与其"不谋而合""心有灵犀"，得到达西的赏识和好感。 尼克能听到女儿心声，一反常态讨女儿欢心，女儿感到意外。	桃乐丝在剧组的演出渐入佳境，他越发沉浸在艾米莉这个角色之中，代入这位强势中年女性的心境，凭借同理心即兴说出一些代女性反击性别偏见的女性主义台词。 艾米莉的角色上线后大受欢迎，得到大量女性观众的好评，电视台门口开始有粉丝来找桃乐丝签名。 桃乐丝与朱莉更加熟悉了，他见到了来电视台探班的朱莉的父亲。 麦克全身心扑在角色塑造上，在女装配饰和服饰上下功夫。 桃乐丝在片场教训永远不背词而盯着提词器的约翰，导演因其不照台词演出恼火，女性演职员们则感到解气。
7. 达成	尼克与咖啡店性感女店员亲热，听到女店员对其性技巧表示不满，十分意外。重新调整状态之后，终于让女店员满意，收获成就感。 尼克开始享受能听到女性心声的特长。出入各种女性众多的场所，自己也开始受到女性思维的影响，变得更有同理心，开始理解女性。 得到周围女性同事的爱戴。 尼克的工作也越来越顺心，和达西合作愉快，开始被达西吸引。	桃乐丝目睹朱莉与导演在片场角落拥吻。因为素材洗印失误，朱莉告知桃乐丝他们将做一次直播演出。朱莉邀请桃乐丝去自己家对台词，应对直播。 桃乐丝来到朱莉家，像知心女友一样陪朱莉聊天，说起了导演罗恩，朱莉自嘲总是选到最糟糕的男人。 与此同时，珊迪苦等麦克无果。桃乐丝听朱莉说起前日苦等罗恩晚餐无果，才忽然想起珊迪，急忙告辞。回家换装去找珊迪，撒谎搪塞。 桃乐丝的演出渐入佳境，成为该剧的新星。

续表

	《偷听女人心》	《窃窃淑男》
8.磨炼	尼克担心青春期的女儿被男朋友欺骗感情，女儿不以为意，内心嘲讽尼克不懂感情，尼克听到后无奈。 达西约尼克晚餐，两人情愫渐生，关系更加暧昧起来，餐后依依不舍道别。尼克一反常态没有更进一步发展亲密关系，一方面是尊重达西，另一方面是良心受到谴责，他一直在借读心的能力剽窃达西的创意。 被尼克"骗色"的咖啡店女店员堵住尼克讨要说法，尼克愧疚，为了不伤对方自尊，谎称因为自己是同性恋者才无法和对方继续交往。 尼克一直能听到公司里一个"小透明"女文员的心声，这个女孩被抑郁症困扰，在自杀边缘徘徊。 尼克偷了达西心里的创意，拿下耐克运动鞋的大单，达西不知就里，还一再提携尼克。达西买了新房子，找尼克分享喜悦，尼克心有亏欠，惴惴不安。	麦克希望经纪人帮他找到合适的舞台剧角色，经纪人对此嗤笑。 经纪人带麦克去纽约演艺人员们聚会，珊迪也在，罗恩和朱莉出现，两人并未认出麦克。麦克看到罗恩暗自与其他女演员调情，麦克向朱莉求爱，被泼冷水。 剧组拍摄时，桃乐丝继续以其强势风格整顿片厂，一向顺从导演和男同事的朱莉也开始向其学习，即兴演出。 朱莉邀请桃乐丝去自己父亲在郊外的农场，称父亲是桃乐丝的粉丝。 桃乐丝和朱莉去郊外度周末，面对朱莉父亲的示爱非常尴尬，夜间与朱莉同榻聊天，更加了解朱莉的内心世界。 医疗剧女制片人找桃乐丝谈话，称观众对"她"诠释的角色反响热烈，提出续约一年。 麦克十分发愁，去试演女性角色只是权宜之计，他并不希望余生都扮演女角。向经纪人求助遭拒。 朱莉情绪崩溃，决定与罗恩分手，请桃乐丝到家里给她打气。朱莉对桃乐丝表示感激，认为桃乐丝的诚实勇敢给了她勇气，桃乐丝为隐瞒身份而愧疚。 罗恩来接朱莉吃晚餐，对桃乐丝讲了一大堆男性中心的歪理，朱莉随罗恩离开，请桃乐丝在她家帮助照顾婴儿。桃乐丝感觉到了母亲的不易。

续表

	《偷听女人心》	《窈窕淑男》
9. 破灭	广告公司老板认为尼克最近表现抢眼,新来的高层达西却表现一般,一山没有必要养二虎,决定与达西解约,提拔尼克。尼克得偿所愿,但他的愿望已经改变,爱上达西的尼克追悔莫及,要求老板收回成命,重新找回达西。	朱莉分手后情绪低落,回家后向桃乐丝倾诉,桃乐丝心疼朱莉,冲动欲吻。误认桃乐丝是女同性恋者,朱莉惊慌失措拒绝。 朱莉的父亲此时来电邀约桃乐丝,朱莉恳求桃乐丝不要那么快伤害她父亲,先敷衍一下再告知"真相"。桃乐丝与朱莉父亲约会,努力周旋敷衍对方,好不容易在楼下道别。 对手戏演员约翰忽然出现在桃乐丝楼下,唱歌表白,桃乐丝不得已让约翰上楼说话,约翰居然意图性侵。麦克的合租好友正好赶回,终止了这场闹剧。 珊迪冲到麦克家说理,麦克继续扯谎敷衍珊迪,珊迪恼怒中怀疑麦克是同性恋者。麦克否认,但承认自己爱上他人,珊迪崩溃,两人吵翻。
10. 契机	尼克发现公司"小透明"女文员没来上班,担心其轻生,冒着大雨赶到女孩家里劝慰,并提供广告语文案写作的机会,女孩感激。闪电划过,尼克的读心超能力消失了。	麦克去找经纪人求助,希望尽快脱离医疗剧剧组,恢复男性身份。经纪人表示无能为力。
11. 对决	尼克打电话想找达西解释,达西不理睬。 尼克女儿在毕业舞会上被渣男男友羞辱,心情崩溃,正在度蜜月的前妻打来电话求尼克想办法。尼克赶去毕业舞会安慰女儿,推心置腹后,与女儿和解。 尼克赶去达西新家找达西面谈。	医疗剧直播演出即将开始。 桃乐丝去化妆间向朱莉道歉,朱莉大度感谢桃乐丝的诚实,承认喜欢桃乐丝,但两人不该再见面,桃乐丝尴尬且羞愧。

续表

	《偷听女人心》	《窈窕淑男》
12. 排除	尼克终于坦白自己剽窃达西创意的事实，诚恳悔过道歉。承认自己觊觎达西的职位，阴谋赶走她。达西气愤宣布解雇尼克。尼克承认自己的脆弱，羞愧离去，被达西叫住。	桃乐丝在直播演出中勇敢公开了真实的性别身份，当场卸下女装，全场哗然。直播结束后，麦克以真实面目面对朱莉，被欺骗太久的朱莉怒打麦克。
13. 满足	达西拥吻尼克，两人和好。	麦克退出剧组，回归舞台。珊迪不计前嫌，仍然与麦克合作私人舞台剧，该剧即将在某小剧场演出。麦克去见朱莉的父亲，归还当时他赠予桃乐丝的戒指，表示喜欢朱莉，朱莉父亲原谅了麦克的谎言。麦克去电视台门口见朱莉，再次诚恳道歉，朱莉表示想念桃乐丝，两人谈论表演，重新开始。

以上两个例子，都是自我评价甚高、自我中心的男主在职场遭遇不顺，为此"不走寻常路"（靠超能力、扮女装）讨好女性，谋求个人利益，但男主人公们本性并不坏，在代入女性思维的过程中，他们逐渐学会尊重女性，完成了情感方面的自我成长，真心为自己过去的虚伪、自大、自私而道歉，最终收获真诚的感情。类似的情节路线和主题表达不仅出现在男女情感向故事中，男性伙伴故事也可以遵循此公式。

不过中国类型电影的思路和电影史同时期欧美的浪漫爱情叙事略有不同，对于传统男性气质持更宽容的态度，又或者塑造一些"耙耳朵"的"妻管严"男性，对其表示同情，这大概与新中国成立以来"妇女能顶半边天"的政策宣传和夫妇双职工家庭模式有关。如《情圣》在翻拍美国电影《红衣女郎》[①]时，调整了原片中的男主人公妻子形象，让男主人公的精神出轨显得更加合理。《前任3：再见前任》《前任4：英年早婚》及"非诚勿

---

① 美国原版算是对比利·怀尔德《七年之痒》的致敬之作。

扰"系列等影片则站在男性主人公立场上，讲述男性不被女性理解的烦恼，片中的女性显得过于敏感、挑剔，不够宽容。这样的作品在女性主导的浪漫爱情叙事评价体系中评分都不高，但客观上的高票房说明了此类作品的通俗娱乐性和兼容两性观众入场的特质。在剧集领域，单方面满足传统男性情感幻想的作品如《东八区的先生们》《打开生活的正确方式》《爱我就别想太多》等无一不遭遇女观众的吐槽和口碑低谷。

也许这正从另一个角度，再次确认了关于男女思维差异的刻板印象有深远的现实根源，其实男性受众在对于"暴力向/冒险调"类型叙事格外偏爱的同时，对于"情感向/生活调"叙事并非全无需求。2023年的网络文学行业调查显示"男性向言情"不仅从无到有，还正处于上升期，是类型叙事的新兴增长点。例如网文平台的"赘婿文"读者众多，其衍生的赘婿题材微短剧在短剧制作热潮中异军突起，是最受欢迎的微短剧类型之一；互动影像产品（兼具游戏与剧集属性）《完蛋！我被美女们包围了》登顶游戏下载量榜单，仅靠类似二次元文字游戏的剧情和玩法，就收割了大批男性玩家，不次于《恋与制作人》等乙女恋爱游戏[①]对女玩家的吸引力。在浪漫爱情叙事的视角和话语权争夺上，两性观众大概率会为各自心目中的理想爱情想象一直角力下去。

说到两性角力，在分别梳理了女主人公单视角和男主人公单视角之后，当两种视角碰撞时会产生怎样的化学反应？

（三）男女主人公双视角对比——"情感关系强弱推手"

前述"传统男女性别气质差异的塑造"列表中对比的各项，在男女主人公双视角对比的叙事模式中格外明显，在此提醒大家，在构思故事时需

---

① "乙女游戏"出自日本游戏界，"乙女"即未婚年轻女子、少女之意，在中国互联网常简称"乙游"。"乙女恋爱游戏"是以女性玩家（青年女性为主）为目标用户的女性向恋爱游戏。玩家代入游戏叙事中的女主人公视角，攻略男性角色，是一种养成类游戏。

要考虑一下是否要加入阶层对比的二元关系，如果加入，是想要"霸总+灰姑娘"的模式还是"公主+灰小子"的模式，加入阶层对比的好处是便于增加戏剧性冲突和展示消费奇观，如之前我们举的《风月俏佳人》《喜欢你》等作品是典型"霸总+灰姑娘"的模式，而电影《诺丁山》、网文（及改编剧）《你是我的荣耀》等作品是"公主+灰小子"的模式。大家可能会发现，故事中的公主角色即使拥有了物质的富足、傲人的美貌，却仍然很难在感情关系中占据与"霸总"相若的上风，反而常常因条件好于男主人公导致情路更加坎坷，被男主人公拒绝。这种"女性无论是富是贫都更容易在感情中受到挫折"的浪漫爱情叙事倾向，恰恰对应着现实中的某些普遍性感受。

借男女爱情的完美来完成阶层调和的"聚合仪式"确实是被诟病的窠臼，在承认这种贫富相爱公式的娱乐性和客观有效性的同时，本部分主要讨论不涉及阶层问题、以纯粹的男女思维差异作为二元对立主干的故事模式。

我们以经典浪漫爱情电影《当哈利遇到莎莉》为例（见表3-9）。

表3-9 《当哈利遇到莎莉》男女主人公的人物设定对比

男主人公（哈利）	女主人公（莎莉）
政策顾问	新闻行业撰稿人
名校芝加哥大学毕业	名校芝加哥大学毕业
离异，前妻另寻新欢	与前任分手，原因是对方不肯结婚
较为不修边幅，性格随意马虎，较感性	凡事细致，理性且认真，对食物要求极高
自称悲观主义，故作深沉，愤世嫉俗	积极乐观，努力保持身心良好状态
活泼，有幽默感	优雅严肃
性观念开放，不够认真，短期满足	对性和爱都很认真，追求长期灵魂侣
视莎莉为唯一的知心异性朋友，满足于莎莉的陪伴，但不愿更进一步，畏惧责任，逃避两人名为好友实际渐生情愫的事实	视哈利为好友，但逐渐对哈利有更多期待，陪伴哈利，内心希望更进一步，希望哈利对感情负责

在这部90分钟的爱情作品里，短小精悍的篇幅既没有容纳阶级矛盾，也没有加入"工作VS.生活"二元关系，更没有奇幻等强设定加入，单纯讲述男女主人公基于性别视角的思维差异和作为个体的性格差异。而情感

关系中的"推手"体现在你追我逃、你进我退的意趣上。男女主人公相识之后渐渐成为好友，以朋友的身份相互陪伴，但到了某个节点上，暧昧的情愫潜滋暗长，此时是故作视而不见，以朋友相称，逃避可能伴随恋情而来的责任与磨合，还是勇敢捅破这层窗纸，彼此表白，共同面对未来的挑战？很多"友达以上，爱情未满"的关系都会面临这种困境，也是浪漫爱情叙事中常见的人物关系模式，很多故事在男女主人公未真正确定恋情前基本都是这个状态。这时"推手"表象背后的心态强弱、主动被动上下风关系、男女思维差异等问题便浮现出来，类似的典型作品还有电影《一天》《志明与春娇》，剧集《装腔启示录》《普通人》《欲望都市》等。

如果用斯滕伯格的"爱情三角理论"来解释，"友达以上，爱情未满"故事讲述的是以平等关系培养出亲密感的二人——这种关系其实是积极和健康的，无论在生活中还是在故事里，女性厌倦了在与周围男性的关系中要么被视为性对象，要么被批评无魅力的两极状态，希望被欣赏又不愿意被物化，且希望对方理解和欣赏自己的内心世界，而非仅停留在表面的性吸引层次。那么先完成"亲密"这一角的爱情关系，客观来看有比较好的情感基础，双方能沟通、对话、有共同的爱好和默契，如果在相处中渐渐产生激情，确定关系完成承诺，那么"爱情三角"就补全了，结局也就圆满了。

但是这样的过程往往并不顺利，在许多故事里，男女主人公和女二号/男二号之间经常是类似友人的关系，观众只能眼睁睁看二号角色爱而不得，主人公与二号人物之间偏偏就是没有激情的火花，最终二号人物就像《我最好朋友的婚礼》《和莎莫的500天》中的主人公一样，以默默送上祝福告终。如果是男女主人公之间以友情开头，那么剧情一定会安排他们迸发激情的火花，这时候要不要表白，谁先表白，表白之后要不要确定稳定关系，就成了"推手"的重点。要注意，在感情关系中，更渴望得到回应和承诺的人，在拒绝给予回应的人面前，容易显得弱势和落于下风，如果不能坚持自我，陷入对对方的迷恋且调节不好情绪，就会愈发被动，受制于对方。这种不利局面并非绝对，"你若盛开，清风自来"，如果人物高度自信、自洽、自主、内心强大，那么无论其钟爱的对象是否接受其感情，都不会让人物显得卑微。

下面，让我们来看一下《当哈利遇到莎莉》中的"推手"过程（见表3-10）。

表3-10 《当哈利遇到莎莉》的"十三阶段结构"及人物关系分析

	《当哈利遇到莎莉》剧情阶段	情感关系强弱和男女主人公差异
1. 日常	两人年龄：22岁左右 哈利与莎莉从芝加哥大学毕业，两人初次相识，哈利的现任女友阿曼达是莎莉的朋友。 莎莉有车，毕业后要去纽约求职，哈利亦然，于是哈利搭上莎莉的车去纽约。 哈利上车前和女友卿卿我我，莎莉不耐烦，鸣喇叭。 莎莉精细计算两人换开车的时间节点和公里数，哈利漫不经心且乱吐葡萄皮。 莎莉对未来在纽约的生活充满希冀，哈利泼冷水，声称自己是非常悲观的人。	莎莉　　　　　哈利 理性认真 VS. 大条随性 严肃保守 VS. 开放滥情 乐观积极 VS. 愤世嫉俗
2. 事件	哈利与莎莉开到休息地点，进入餐厅用餐。两人就《卡萨布兰卡》中女主人公该选择开酒吧的男主人公，还是选择身为欧洲反纳粹组织领导人而争论。 哈利认为应该选酒吧老板，因为性经历有激情；莎莉认为应该选政治家的丈夫，因为能够成为第一夫人，称女人很现实。 哈利认为莎莉缺乏性经验才这么说，莎莉不服，两人在餐厅大谈成人话题，引来众人侧目。 哈里发现莎莉饮食极为挑别，莎莉认真计算"AA"付款的零头。 哈利突然称赞莎莉美貌，莎莉恼火，指责哈利轻浮，明明是莎莉女友阿曼达的男友，现在却和莎莉调情。	莎莉　　　　　哈利 严肃保守 VS. 开放滥情 渴望平等 VS. 物化女性 理性务实 VS. 感性随意

续表

	《当哈利遇到莎莉》剧情阶段	情感关系强弱和男女主人公差异
3.决心	莎莉严词拒绝哈利的调情，称两人可以做朋友。哈利称男女没法做朋友，一旦男性发现这个女性有魅力，就会打她的主意，不可能有纯友情。莎莉对哈利的观点嗤之以鼻。 莎莉和哈利终于开到了纽约，握手道别，莎莉毫不掩饰自己对哈利的反感。	男主人公表现出主动的调情和性邀约，女主因为对男主人公无意而严词拒绝，此阶段因双方并未产生感情，因此在感情上的强弱势、上下风方面旗鼓相当。
4.困境	两人年龄：26岁 哈利与莎莉在机场相遇，莎莉与男友乔热恋中，热情拥吻。哈利与乔打招呼，貌似没认出莎莉。莎莉在哈利离开后告知男友，曾经和哈利一起开车到纽约，男友追问两人关系，莎莉称毫无关系且讨厌哈利。莎莉不满哈利关于男女无法拥有纯友谊的论调，问男友是否有纯友谊的女性朋友，男友否认。 哈利与莎莉在飞机上正好坐前后排，莎莉向空姐点餐很挑剔，哈利由此认出莎莉，坐到莎莉身边攀谈。莎莉惊讶地发现哈利即将结婚，哈利论调依然悲观，称厌倦了谈恋爱时劳心劳力讨好女性伴侣，不如干脆结婚"一劳永逸"。莎莉对哈利的态度嗤之以鼻，哈利表示愿意同莎莉做朋友，因为彼此已经有伴侣，不会想歪，莎莉拒绝。	莎莉　　　哈利 举止更开放 VS. 为婚姻负责 积极乐观　VS. 愤世嫉俗 此阶段因双方各有对象，并未产生感情，旗鼓相当。
5.救助	两人年龄：31岁 莎莉与两个闺密吃下午茶聊天，宣布自己已经和乔分手，莎莉态度坦然，表示既然感情不和不如寻找更好的。女友玛丽正深陷与有妇之夫的不伦之恋，羡慕莎莉心态好。 哈利与好友、作家杰斯在体育场看比赛，说起妻子突然离家宣布要离婚，哈利被抛弃，心情低落。 莎莉与玛丽逛书店意外邂逅哈利。哈利前来与莎莉打招呼，玛丽找借口告辞。哈利看起来更加成熟稳重了，两人寒暄询问近况，哈利称自己已经离婚。哈利看起来颇为忧郁，与莎莉共进午餐，倾听莎莉诉说与乔分手的原因并表示同情，为过去不够尊重莎莉而道歉。莎莉感觉到哈利的变化，产生一些好感，约哈利晚餐（交往暗示），但没想到哈利宣布两人从此要做朋友。	莎莉　　　哈利 理性分手 VS. 被人抛弃 渴望婚姻 VS. 怀念婚姻 有同理心 VS. 有同理心 略有好感 VS. 无意谈情 此阶段哈利变得更有同理心，更尊重女性，为以往反省，珍惜与莎莉的友情。这是他进步的一面。 但是莎莉邀请晚饭（西方文化中是约会的暗示），哈利却划清友情这条界限。莎莉对哈利的好感其实遭遇了挫折。

续表

	《当哈利遇到莎莉》剧情阶段	情感关系强弱和男女主人公差异
6. 成长·下功夫	哈利和莎莉相互陪伴，度过彼此失恋后的日子。 莎莉每天元气满满，把生活安排得井井有条。 哈利则十分沮丧，了无生趣，夜间失眠，要靠莎莉陪聊天才能入睡。两人一起看《卡萨布兰卡》也不再为女主人公的选择而争论，达成共识。 哈利经常发挥幽默感，逗莎莉开心。 莎莉有了新的相亲对象，告知哈利时有些心虚和歉疚，没想到哈利大力支持。 两人尝试交往新的对象，并互诉与相亲对象的交流过程，莎莉宁缺毋滥，十分谨慎。哈利思念前妻，但并不介意与新对象发生亲密关系。 哈利告知好友杰斯，自己有莎莉这样一位纯友谊关系的女性朋友感到很满足，和莎莉在一起很放松，让他能够从另一个性别的视角看问题，给他启发。	莎莉　　　　　哈利 保守谨慎　VS.　随意滥情 情绪稳定　VS.　陷入负能量 理性客观　VS.　自大自我 两人就《卡萨布兰卡》中的爱情达成共识，可见对爱情的理解都比以前更深刻了，不再只从性方面和实际利益方面考虑问题。 莎莉要和新对象约会，对哈利表现出歉意时，哈利完全不以为意还表示支持。这种"纯友谊"的表态，让莎莉略感意外和失望。莎莉潜意识里大概希望哈利有一点失落甚至吃醋。莎莉对哈利的好感遭遇了挫折。
7. 达成	新年之夜，哈利与莎莉在热闹的派对上共舞，温情脉脉。在钟声敲响、众人纷纷拥吻的时刻，两人忽然感觉到了暧昧在滋长，为了打破尴尬，哈利岔开话题。两人约好，明年如果没有新的恋爱对象，还要一起过新年。	在新年众人拥吻的暧昧时刻，莎莉和哈利彼此凝视，是哈利先顾左右而言他，而莎莉的眼神似有期待。莎莉对哈利的好感又遭遇了挫折。 "爱情三角"的"亲密"达成。
8. 磨炼	莎莉和哈利分别拉上好友玛丽和杰斯，要给对方牵红线，并认为如果对方和自己的好朋友交往，四个人就能一起保持现在的快乐状态。 在餐桌上，玛丽和哈利话不投机，和杰斯却一拍即合，一见钟情。 玛丽和杰斯感情进展迅速，很快订婚。在给朋友挑选结婚礼物的时候，哈利和莎莉在电器商店邂逅了哈利的前妻海伦，海伦已经有了新欢，面对海伦，哈利还是难掩失落。哈利面对杰斯、玛丽夫妇发泄负能量，不看好婚姻，莎莉责怪哈利，又温柔安慰，哈利反省道歉，感慨莎莉情绪稳定。 哈利和莎莉又分别交了新的男女朋友，四人在杰斯、玛丽夫妇家聚会。哈利和莎莉向好友吐槽对方的新对象，认为新对象不如自己了解对方。	莎莉　　　　　哈利 情绪稳定　VS.　陷入负能量 走出旧爱　VS.　旧情难忘 莎莉对交往男友礼貌评价 VS. 哈利对交往女友刻薄评价 两人分别有了新的交往对象，莎莉看起来情绪稳定，未对哈利有更多期待。哈利看到前妻仍无法掩饰失落，甚至忘记介绍身边的莎莉（没把莎莉当作女伴）。 两人暂时关系平衡。

续表

	《当哈利遇到莎莉》剧情阶段	情感关系强弱和男女主人公差异
9. 破灭	一天夜里,莎莉听闻前男友乔结婚的消息,崩溃大哭,哈利赶来安慰,亲吻莎莉,两人发生了一夜情。激情过后,莎莉表情幸福而满足,哈利惴惴不安,像对待其他一夜情对象一样,清晨便找借口离去。 当晚哈利约莎莉吃饭,表示希望继续做回朋友,潜台词是不想确定恋爱关系。莎莉失望。	莎莉　　　　　哈利 情绪失控　VS.　一时冲动 确定感情　VS.　逃避感情 莎莉希望更进一步 VS. 哈利希望保持友情 莎莉情绪崩溃,当初与男友分手是因为男友声称不想结婚,然而转眼男友便与其他人结了婚。莎莉心态失衡(与其说是眷恋前男友,更多是自信心、自尊心受到打击)。 哈利安慰时轻吻莎莉,莎莉主动热情回应,内心对哈利的感情不再压抑,但哈利事后却是逃避态度,像对待其他对象一样。以继续做朋友为借口拒绝和莎莉发展确定的恋爱关系。 莎莉希望得到回应,但落空,在两人关系中陷入被动和下风,对哈利的感情遭到严重挫折。 "爱情三角"的"激情"达成。
10. 契机	哈利和莎莉很久没有见面,莎莉陪玛丽试婚纱,询问哈利的感情近况,得知又交往了新对象。哈利向杰斯抱怨,称和莎莉彼此太了解,没办法像对待其他短期交往对象一样与莎莉相处。	莎莉　　　　　哈利 惦记哈利　VS.　另寻新欢 思考感情　VS.　放纵逃避 莎莉无心与他人交往,哈利却有了新女友。 莎莉对哈利的感情遭到严重挫折。

续表

	《当哈利遇到莎莉》剧情阶段	情感关系强弱和男女主人公差异
11. 对决	在玛丽的结婚典礼上,哈利向莎莉求和,希望做回朋友,声称莎莉反应过度。莎莉十分愤怒,打了哈利一巴掌,两人断交。 转眼又到年尾,两人独自筹备圣诞。哈利反复给莎莉打电话道歉,莎莉不肯接,接了仍是严词拒绝和哈利恢复朋友关系。哈利失望。 新年之夜,哈利独自走在街头,十分寂寞。莎莉在新年派对上独自一人百无聊赖。 哈利走到当年和莎莉初到纽约,下车分手处,想起与莎莉在一起的种种,忽然醒悟,跑向新年派对现场。	莎莉　　VS.　　哈利 斩断羁绊　VS.　维系暧昧 哈利想要恢复过去亲密的"纯友谊"关系,想要继续享受莎莉的陪伴和她提供的情绪价值,但已然动心且伤心的莎莉不能接受。 莎莉拒绝哈利,内心也很难过。哈利也陷入了难过,反思之后意识到自己非常需要莎莉。 婚礼争吵时,哈利不知反省,莎莉对哈利的感情遭到挫折。 哈利向莎莉求和遭拒,哈利的感情开始遭到严重挫折,且因为莎莉的坚决绝交,哈利愈发后悔失去莎莉。 两人的关系开始走向平衡。
12. 排除	哈利在派对上找到莎莉,并表白。莎莉生气拒绝,认为哈利就算说了"我爱你"也只是说说,没有任何意义。哈利说出莎莉的各种喜好,表示余生想要与莎莉一起度过。莎莉终于原谅哈利。	莎莉　　　　哈利 质疑　VS.　表白 接受　VS.　承诺 哈利主动表白并道歉,表达承诺,满足了莎莉的期待。 双方都有强烈需要,也都得到了满足,达成了感情上的平衡。 "爱情三角"的"承诺"达成。
13. 满足	哈利和莎莉拥吻。 哈利和莎莉婚后,回忆两人相爱经过,面露幸福。	彼此相知、相爱并许下承诺的两人,实现了"爱情三角"的圆满。

通过上述对剧情的梳理,我们能够看到很多在此前案例中出现过的设定与桥段,例如男主人公总是拖延承诺的那一方,要在女主人公心灰意懒

断交之后才幡然悔悟，重新追爱。男性角色倾向对自己的能力和魅力做高估，而女性角色倾向低估自己，即使原本很自信也会因男性对象的寡情不负责任而变得自卑起来。男性角色对女性角色的兴趣常常始于性的吸引，而女性希望被倾听，希望对方了解自己内心，而男性角色中很多并无此类需求。于是，故事总是以女性角色在感情方面更加需要对方却得不到满足作为戏剧张力来源，女性在情感推手过程中的"弱势""下风"位置并不因其坦诚或不坦诚，主动追求或被动等待而有本质区别，当然在一些故事中男性和女性位置也可能对调，对此存疑的同学不妨自行检视更多的案例，验证两性"推手"故事在上下风设定方面的不同情况和出现概率。

男女主人公双视角对比的情感推手或者说角力，基本是对于此前女性主人公单视角和男性主人公单视角叙事模式的平移，通过平行展现两个角色各自的状态，能够将两性思维差异和基于两性差异基础上的个人差异更突出地呈现出来。让观众看到直观的对比，清楚看到每一个错位的关节，从而矫正和调试，直到达成圆满。哪怕是一拍两散的结局，也会"散得明白"，不会让角色糊里糊涂分手。通过二元对立，最终影片会给出感情观方面的倾向和态度——"做到×××，才能收获爱"。如果没有任何态度或解释，要么是糟糕的爱情片，要么大概是部艺术电影吧。言情小说和剧集因为篇幅较长，结构感也许没有电影这么清晰，但作为类型叙事，该有的仪式环节——相识后建立亲密感、试探、索取承诺无果、分手、追悔表白等情节功能项基本不可或缺。

要提醒大家的是，我们现在是从类型叙事的角度，较为理性甚至机械地评估剧情中男女主人公的情感变化曲线以及权力关系模式，在实际生活中，无论爱情还是亲情、友情，真诚仍是有利于保持人际沟通顺畅的积极因素，不该过多地计较所谓的"上下风""谁求着谁""谁低姿态"这类问题，太多角色的爱情不顺来自"死要面子活受罪"，看多了"为虐而虐"的琼瑶式误会故事，当下的观众总是在弹幕中要求角色"长嘴"。另外，有魅力的角色通常是能够在保持自我独立性的同时照顾他人感受的人，哪怕主人公最初做不到，过于讨好型人格或过于自我，经过故事中的重重考验，也会变得更擅长平衡各种二元关系，这便是"聚合的仪式"意义所在。

三、反差人设，火花四射

（一）《爱乐之城》测试：主人公为何遗憾错过？

每个学年度当讲到"情感向"类型时，我都会在班上做个"《爱乐之城》测试"。测试内容很简单，就是回答一个问题："《爱乐之城》的男女主人公为何没有终成眷属？"

> 同学A：因为爱情和梦想之间的冲突。
> 同学B：因为缘分不够，阴差阳错错过了。
> 同学C：两个人之间是不是有误会，如果解开误会就好了。

以上三种回答是关于这个问题的典型答案。

第一个答案，同学提出的"爱情和梦想之间的冲突"，看似没错，但实际很含混很抽象，难道"爱情"和"梦想"是二元对立的两极吗？像鱼与熊掌一样不能兼得？如果真的这样认为，对生活的认知未免太悲观了些。这个回答不够确切。

第二个答案，同学把分离归因为"缘分"和巧合，的确有些故事是这样处理的，所谓"命运的悲剧"，生活中的确充满了偶然和不确定，但真正精密编织的故事总是"偶然之中有必然"，需要给观众提供更清晰的因果。类似的看法在分析另一个经典案例《东京爱情故事》时也经常出现，很多观众扼腕于丸治的迟来一步，看起来是命运让他与可爱的莉香失之交臂。

然而，真的是这样吗？

第三个答案，也是不少故事采用的情节路径，以早年的琼瑶剧为代表，主人公因误会而分开，至于为何误会，总有人打死也不说清楚，又或者有人捂住耳朵打死也不听。现在的观众多少有些厌倦了"为虐而虐"的剧情和"两个人凑一起长不出一张嘴"的角色，即使角色之间发生误会，也不能是无脑降智的误会，得合情合理。当然，也有靠误会宣泄情绪价值并获得票房成功的个例，如《前任3：再见前任》，该电影主要在情感关系推手"上下风"上做文章，但凡男女主人公谁先放下身段求和，就大概率能够挽回，却因为都端着架子，且误会对方不再爱自己，遂黯然神伤，一拍两散。又如《当悲伤逆流成河》，女主人公遭受校园霸凌，原本唯一的安慰就是青梅竹马的邻家男主人公，可两人产生误会之后，偏不"对线"，不肯推心置腹谈一下，如果说女主人公是因为自卑而说不出，男主人公则纯粹是因为吃醋，也是端着架子，导致了女主人公的悲剧。误会情节在戏剧性和情绪调动方面有其作用，莎士比亚笔下奥赛罗的悲剧也是因谗言和误会而起，但《爱乐之城》中真的有误会吗？

在得出答案之前，让我们一起来分析一下影片中的细节（回忆一下"节奏鼓点"的概念）：《爱乐之城》属于男女主人公双视角对比模式，影片开头，按照惯例是"日常"阶段，交替介绍男女主人公的性格、基本情况、生活状态和情感观。在男女主人公初次邂逅的情境中，男主人公塞巴斯蒂安开一辆罕见的老爷车，堵车时淡定地钻研车载音乐并练琴，不急不躁，也没有耽误驾驶。老爷车的音响设备是老式磁带系统，对于故事发生的时间21世纪10年代而言，已然是古董。也许男主人公正是因为需要听老式磁带，才特意开了这样一款车。

女主人公米娅开普通车型，堵车时她在背台词钻研表演，但她比较焦躁，因看剧本走神，耽误了开车，挡住了塞巴斯蒂安，被鸣笛抗议之后不检讨自己，反而对对方竖中指。用两个字分别形容二人性格的话，男主人公是"静",女主人公则是"躁"。

"工作 VS. 生活"是情感向故事中的常见二元对立,浪漫爱情叙事通常会很快介绍人物的工作态度和感情状况。我们来看两人工作方面的情况。

女主人公米娅平常是在电影制片厂的咖啡店打工,当某个身穿细高跟鞋和优雅服饰的美女走入咖啡店,根据周围人的注目礼和咖啡店外等候的电瓶车,可以确定这是一位女明星。米娅看到女明星时的反应是重点,对比咖啡店的店长——这位中年女店长没有过度惊讶,以"这杯本店赠送"来表达荣幸之意。米娅则一直盯着女明星,忘记了询问点单,与淡定的店长相比,显得没见过世面。而米娅的目光一直艳羡地追随着女星,直到她走出咖啡店,坐上电瓶车离开。

图3-2 《爱乐之城》剧照

同学们分析米娅人物性格的时候,都认为她热爱表演事业,勇于追求梦想,这点没有错。但换个角度思考的话,如果要表现一个人热爱表演艺术,表现她坐在影院或剧场望着银幕或舞台流下热泪是不是更能说明问题?又或者像我们之前举的例子《窈窕淑男》中的麦克那样,不停地谈论表演,无论在舞台、训练班还是后厨。而米娅,这一场戏她流露出的艳羡态度,与其说是她热爱表演艺术的佐证,更说明她除了表演本身,也渴望着随表演事业而来的明星身份与光鲜体面，渴望世俗意义上的成功。

米娅还是个不太靠谱、神经大条的人，她正沉浸在见到女明星的艳羡情绪中，忽然发现手机日程里还有试镜，于是匆匆忙忙告别店长下班，惹来后者不满，还在匆忙中撞上了一位顾客，洒了一身咖啡。米娅给人的感觉是不大有规划、随性、焦躁，和她堵车时的状态一致。

相比之下，塞巴斯蒂安习惯于慢生活，他的日常是坐在某个变成了西班牙小吃店的原爵士乐俱乐部门外，一边喝咖啡一边放空，恋恋不舍又愤愤不平地望着店面。那里曾是爵士乐圣地，也是塞巴斯蒂安的理想。他回到家中，面对一堆没有拆的打包箱和姐姐的催促，一直拖延。从他和姐姐的谈话中能够得知，塞巴斯蒂安被朋友欺骗，失去了原本打算用来开爵士乐俱乐部的积蓄，暂停事业，账单未付，但他丝毫不着急，能拖则拖，对于收藏的各种爵士乐周边如数家珍，重视精神世界和无价之物，胜过实际利益。就连"被人骗"这个字眼儿都要换成生僻的俚语，用更文艺的说法说出来。和姐姐经常来往表明他大概是洛杉矶土著，有亲人在此。除了放空，塞巴斯蒂安主要的活动就是一个人在家安静地练琴，和他在堵车时的状态一致，与米娅凡事着急匆忙相反，塞巴斯蒂安是具有拖延症的慢性子，但他显然真心热爱爵士乐这门艺术，哪怕毫无名利回报可言。

图3-3 《爱乐之城》剧照

在感情方面，通过姐姐催促塞巴斯蒂安找女朋友的细节，能看出塞巴斯蒂安不轻易陷入感情，宁缺毋滥，希望找到志同道合的爱人，选择女朋友的标准是"她喜欢爵士乐吗"。

说起"谁先看上谁的""谁主动，谁被动"这些浪漫爱情叙事通常要清晰交代的信息，米娅和塞巴斯蒂安在"爱情习惯"上也很不一样。我们看一下"事件阶段"，即男女主人公真正产生交集的阶段。

米娅作为洛杉矶诸多追梦女孩中的一个，和大家一样需要梳妆打扮，出席各种业内交际场合，拓展人脉，寻找机会，但这也使她十分疲倦。新年之夜，当她离开喧闹的派对，在街头无目的闲逛时，偶然听到路边某个餐厅响起动人的钢琴旋律，米娅被吸引走进了餐厅，看到了正在弹琴的塞巴斯蒂安。镜头在米娅面露惊喜的特写与聚光灯下的塞巴斯蒂安之间切换，很明显，米娅先看到塞巴斯蒂安，心生好感。

而塞巴斯蒂安的新年之夜很糟糕，他迫于生计去餐厅弹琴打工，显然老板不是第一次与其合作，深知其"乱弹琴"的习性，威胁塞巴斯蒂安必须弹符合气氛的普通音乐。塞巴斯蒂安弹着《铃儿响叮当》，看着面前玻璃缸里零星的小费，一脸生无可恋。他趁众人不注意，还是弹起了自己喜爱的旋律，曲调不规则的爵士风，和新年气氛毫不相符。毫无意外地，塞巴斯蒂安被餐厅老板开除，争辩无果。当他沮丧地走出餐厅时，米娅试图与他打招呼，但塞巴斯蒂安视而不见，与她擦身而过，留下米娅在原地尴尬。

这段铺垫了"女追男"的情节，显然塞巴斯蒂安不为美色所动，满心都是自己的爵士乐事业，是感情中的被动者。而米娅先对塞巴斯蒂安产生好感，她直来直去，主动出击，符合此前急性子的设定。

两人的下一次见面是在某个泳池派对上，米娅照例花枝招展地与各路编剧、制作人应酬，她一眼看到了现场乐队中的塞巴斯蒂安。塞巴斯蒂安又是为生计所迫，勉强弹奏滥俗的流行音乐，状态敷衍。米娅有意捉弄塞巴斯蒂安，前去点歌，点了最俗气的神曲，夸张地摇摆，塞巴斯蒂安一脸尴尬，但不得不继续演奏。一曲终了，塞巴斯蒂安找到米娅，质问女孩为何刁难他这位艺术家。两人就艺术家和女演员的身份相互调侃斗嘴，也让观众看到了两人的共同之处，都是在洛杉矶这座美梦之城为了遥不可及的梦想而努力的年轻人，都为怀才不遇而烦恼。这段又是米娅主动出击，塞巴斯蒂安处于"被撩"的略尴尬状态。

图3-4 《爱乐之城》剧照

派对结束时，塞巴斯蒂安本欲默默离去，米娅打断身边某制片人的滔滔不绝，主动喊住塞巴斯蒂安，要塞巴斯蒂安替她拿车钥匙。塞巴斯蒂安被美女指使，面露无奈，但还是去了车钥匙存放处，他发现米娅的车型是满大街都开的普锐斯，混在一堆同款钥匙中难以辨别。这时米娅强调说，是系着绿色丝带的。这个细节颇有隐喻色彩，在电影中，角色的汽车与驾驶风格常常和角色的性格息息相关。男主人公塞巴斯蒂安出场开古董老爷车，女主人公米娅开最普通的车型，对应着男主人公是"one of a kind"（独一无二的）骨灰级文艺青年，有趣的灵魂万里挑一；女主人公是洛杉矶千万追梦女孩中的一个，美丽但泯然众人，不能免俗，不过就像她强调的"绿色丝带"那样，在她和爱她的人眼中，她也是特别的。两人都追求艺术，男主人公坚守极为小众的艺术品类，女主人公则谋求大众通俗艺术领域的成功。

图3-5 《爱乐之城》剧照

接下来是重场戏，塞巴斯蒂安和米娅一起离开派对，并肩同行时，塞巴斯蒂安询问米娅穿高跟鞋累不累，米娅称没问题。但很快她便坐在长椅上换下了高跟鞋，穿上了和塞巴斯蒂安同款的平底鞋，两人互相调侃、谈论梦想、共舞，气氛渐渐暧昧。鞋子在此处带有肖像学意义，高跟鞋华丽而不舒适，米娅换鞋给人一种脱去浮华，回归朴素的感觉，这个细节在《穿普拉达的女王》《装腔启示录》等讽刺职场虚荣习气的作品中也多有出现。

图3-6 《爱乐之城》剧照

就在两人共舞之后互相凝望的暧昧时刻，米娅的手机忽然响了，米娅接电话的表情和肢体语言略显得尴尬，不是很大方从容，并且说出一个男性名字——格雷格。对于观众来说，米娅不是第一次时间安排混乱了，此前在咖啡店突然想起来该去试镜时，也是如此。她貌似忘记了和他人的约会，于是匆忙结束与塞巴斯蒂安的调情，去找自己的车。这里再次坐实这个女孩随性、不靠谱的印象，甚至还有些花心、三心二意。而塞巴斯蒂安很暖心地未多追问，替米娅提着高跟鞋，将她送到车边帮她开车门。塞巴斯蒂安看起来是个既绅士又体贴的人，甚至还有点害羞。

有趣的是，行至米娅车旁，她忽然开口邀请塞巴斯蒂安上车，问要不要捎他去他的停车处，塞巴斯蒂安指了指上坡相反的方向，称不顺路。米娅此举显然不是简单的体贴，两人刚才调情被打断，她大概有点扫兴和遗憾，于是邀请塞巴斯蒂安上车，这是个暧昧的提议——一男一女调情共舞之后在狭窄封闭的车内共处。

见塞巴斯蒂安谢绝，米娅开车下坡离去。塞巴斯蒂安假意向上坡处走去，等到米娅开远，他又独自走下坡道，来到自己车旁。刚才他其实可以上米娅的车，并非不顺路，面对美女暧昧的邀约，他没有顺水推舟。给人的感觉是，男主人公在感情方面很慎重，呼应此前和姐姐的对话，曾表示不轻易约会；在餐厅见到米娅打招呼也避开，一心搞事业不拈花惹草。不过此时比起毫不动心的状态，塞巴斯蒂安也对米娅产生了好感，倘若没有那通电话和男性名字格雷格的出现，两人很可能继续发展下去。

我们从"爱情习惯"方面分析，基本确认：女主人公快热、冲动、直率，不是特别专一；男主人公慢热、慎重、含蓄，不轻易踏入感情。

在后续的"决心"阶段，按照爱情"推手"的规律，也不能总让女主人公"剃头挑子一头热"，塞巴斯蒂安前往米娅所在的咖啡厅，以朋友的姿态出现，与米娅交谈，相互更加了解。注意，在这个阶段，是塞巴斯蒂安主动问出:"你的鲍嘉叫什么?格雷格吗?"此时,米娅正在谈论电影《卡萨布兰卡》中的巨星英格丽·褒曼与亨弗莱·鲍嘉,塞巴斯蒂安的伺机提问让米娅有些措手不及,她神色有些心虚,但马上也大方承认,跳过了这个话题。这不禁让人失笑,如果不是塞巴斯蒂安主动发问,米娅什么时候会主动坦白自己有交往对象呢?不过,我们不能简单地就此给米娅打上"渣女"的标签,她有她的性格特点,就是这样一个冲动又随性的女子,不太靠谱,但不失直率可爱。从这个阶段开始,米娅和塞巴斯蒂安走得更近,以"朋友"为名组成一对。

图3-7 《爱乐之城》剧照

在"困境""救助"阶段,米娅越发感觉到与商务风格的现任男朋友话不投机,她离开男友,奔向塞巴斯蒂安身边,两人在影院里十指相扣,确定了爱情关系。这对恋人畅游洛杉矶地标,享受甜蜜,同时在事业上谋求机会(至此完成了"成长·下功夫"和"达成"环节)。米娅在试镜屡屡失败之后打算自编自导自演独角戏,塞巴斯蒂安则为了解决两人生活问题,选择暂时放下爵士梦,进入糅合了爵士与流行风格的通俗乐队,开始巡回演出。

大家也许会质疑,塞巴斯蒂安不是骨灰级文艺青年吗?不是很长情地爱着爵士乐吗？为什么这么快就改弦易辙，为五斗米折腰，开始做通俗音乐了？表面上是很大的改变，但如果放到"工作 VS. 生活"的二元关系中，考虑到塞巴斯蒂安凡事不那么着急、能够延迟满足，甚至有点拖延的性格，作为一个重感情生活、重视伴侣的人，他孑然一身的时候可以任性，一旦谈了恋爱，不介意为了女朋友追求更稳定的生活。他也没有完全放弃爵士，只是权宜之计，大家毕业求职时候也都懂得这种"骑驴找马""曲线救国"之道。

　　塞巴斯蒂安的选择和米娅的态度将本片推向了"磨炼"阶段。米娅忙于在洛杉矶筹备自己的独角戏，塞巴斯蒂安在各地巡回演出，两人聚少离多，形同异地恋。某天，米娅带着一身疲倦回到家中，看到塞巴斯蒂安提前回家，烹制了美味大餐，给她一个惊喜。塞巴斯蒂安一直是暖男设定，烹饪在浪漫爱情叙事中是男性角色加分项。米娅在短暂的开心之后，与塞巴斯蒂安发生了争吵，她质疑塞巴斯蒂安还要巡回多久？还要在他本来不喜欢的通俗音乐里浪费时间吗？为什么不回到爵士乐的道路上来？简言之，是在责备塞巴斯蒂安"胸无大志""放弃了梦想"。而塞巴斯蒂安则很委屈，首先，从事通俗音乐是因为米娅的母亲打来电话，担心两人生计，为了米娅，塞巴斯蒂安才去赚钱；其次，塞巴斯蒂安认为自己没有放弃开爵士俱乐部梦的梦想，只是暂时从事其他工作而已，未来某个时候还是要开的。最后，面对米娅提出的聚少离多困境，塞巴斯蒂安提出的方案是，既然自己的演出合同不能更改，米娅可以陪他去巡演，也不耽误米娅筹备戏剧，但米娅坚决不同意，称自己离开本市无法专心工作。在这段争吵中，两人都为了"工作 VS. 生活"难以平衡而苦恼，都不肯妥协，不过要注意，米娅的工作主要是为了自我成就，而塞巴斯蒂安则背负着两个人的生计难题，没办法像米娅那样率性做自己。

　　在反驳米娅的时候，塞巴斯蒂安说出了很伤人的话。米娅质疑塞巴斯蒂安以前从事小众艺术，从来不考虑有多少人喜欢，塞巴斯蒂安反唇相讥："你是个女演员，你跟我说不用讨好大众？"言下之意：你嘲笑我俗气？女演员这个行业难道不俗吗？这段对话体现了本片中"小众艺术 VS. 大众艺术"的二元矛盾。本片既是爱情片也是歌舞片，在歌舞片这个电影类型中，艺术风格雅俗差异经常与人物性格挂钩，从而让剧中矛盾层次更加丰富，例如让高雅的纽约芭蕾舞名角与通俗的好莱坞歌舞明星组成一对欢喜冤家——《爱乐之城》中的很多歌舞场景致敬了经典好莱坞歌舞片《篷车队》，该片就是这样的人物身份设定。

图 3-8 《篷车队》剧照

塞巴斯蒂安的言语刺伤了米娅，两人不欢而散，渐行渐远。在"破灭"阶段，米娅不仅与塞巴斯蒂安分手，还遭遇了戏剧演出的滑铁卢，一度放弃，返回偏远的故乡小城——对应塞巴斯蒂安的洛杉矶土著设定。在"契机"阶段,塞巴斯蒂安听说某艺术电影选角机会,虽然已经分开,但他还是赶去米娅故乡,鼓励米娅重新尝试。从这段情节能够看出,米娅虽然一直尝试表演,但她性子急躁,不够有长性,在反复尝试美剧、电影、自创戏剧都无果的情况下,会任性地一走了之,与塞巴斯蒂安能够延时满足的性格相反,米娅需要即时满足。

图3-9 《爱乐之城》剧照

本片的"聚合的仪式"体现在两人的互相影响上,塞巴斯蒂安相对"内核稳定",受米娅影响不是特别明显,最大的改变就是转行流行乐队,与其说是受米娅性格影响,不如说是他重视感情和生活,没有遇到合适的爱人,不会将就,一旦动心就能够做出牺牲,暂时牺牲工作上的理想。而米娅受塞巴斯蒂安影响更大,在塞巴斯蒂安的鼓励下追求梦想,留意片中两人对对方的态度,米娅相对容易沮丧和负能量,会质疑自己也会质疑塞巴斯蒂安,于是有了上述的争吵。而塞巴斯蒂安更加乐观和正能量,一直鼓励米娅,但有时候效果适得其反,当米娅为自己的戏剧而担心时,塞巴斯蒂安"盲目"的鼓励反倒让她觉得敷衍,认为塞巴斯蒂安的鼓励没有依据,只是随便说说,更加心烦意乱。在这些问题上,谈不上谁对谁错,两人的性格就是存在巨大差异。

在影片高潮部分的"对决"阶段,米娅去塞巴斯蒂安提到的剧组试镜,完美发挥（可以说是超水平发挥），拿到了去欧洲演艺术电影的机会。两人从此天各一方，未来太多未知，感情也很难维系，就此挥泪道别。如果故事演到这里，可能真的是缘分使然导致的分手，又或者是开放式结局。但作为一部高度精密编码的奥斯卡级类型片，《爱乐之城》没有随意收束，对人物有更清晰的解释。

在影片的结尾段落，我们看到了多年后功成名就的米娅，她踩着细高跟鞋，袅袅婷婷走入窗明几净的豪宅，做派就像当年她在咖啡店里艳羡的女明星一样，和细高跟鞋一样具有肖像学意义的，还有其丈夫的形象——米娅已经成家，有了可爱的孩子，丈夫看起来很爱她，西装革履商务形象，是当年被甩男友的进阶版。此场景中，如果丈夫穿着随意休闲，给观众的观感会不同，尤其在洛杉矶，气候以及民风都跟纽约商务风不同，日常西装革履的人并不普遍，但此刻米娅的丈夫身穿衬衫西裤，商务精英感让人觉得她兜兜转转还是回到了这个类型，文艺青年塞巴斯蒂安反倒像个例外。从米娅的台词也能看出，她常住城市大概是纽约，偶尔才来到洛杉矶，这符合其前往欧洲拍艺术电影的成名之旅，纽约相对洛杉矶，是美国独立艺术电影大本营，米娅当年在好莱坞苦苦打拼未果，最后靠"墙里开花墙外香"打开了局面，很符合一些艺术电影明星的成功之路。

影片平行展现了塞巴斯蒂安的生活，多年后，塞巴斯蒂安也回到了原来的轨道，他独自居住，像过去一样过着极简的生活，桌上摆放的姐姐一家三口的照片，给人一种感觉（姐姐出场时也是单身，塞巴斯蒂安还说给她介绍爵士乐手），那就是每个人的生活都发生了变化，只有塞巴斯蒂安岿然不动。塞巴斯蒂安的事业有了起色，他终于开起了自己的爵士乐俱乐部，爱好者们络绎不绝。这段剧情看不出塞巴斯蒂安有新的情感关系，本片中塞巴斯蒂安只有过米娅一个女友，而米娅是有过三个伴侣，和她在事业上、生活中的姿态一样，屡次尝试，停不下来。

在"排除"阶段,米娅偶然走进了塞巴斯蒂安的爵士乐俱乐部,脸上最先流露的情绪不是伤感、祝福、激动,而是难掩震惊和不可思议,似乎要脱口而出那句疑问:"他真的成功了!"当然,我们也可以理解为她想不到自己会这么巧走入塞巴斯蒂安的爵士俱乐部,就像《卡萨布兰卡》的经典台词:"世界上有那么多酒吧,她偏偏走进了我这一间。"不过,如果创作者想要强调米娅的深情和隐藏在内心的爱慕,也许会选择表达其他情绪的表情,而不是让她长久地处于目瞪口呆的惊讶状态。与她的惊讶相比,当塞巴斯蒂安在观众席上发现了米娅,他略有瞬间的惊讶,随即便恢复了神色,静静坐下弹奏他们当年的定情曲,面对米娅的成功,塞巴斯蒂安的态度很淡定,似乎早就知道会如此——他每天都经过街边画着米娅头像的巨大海报。在昔日的乐曲中,我们才从米娅脸上看到泪水和深情,关于两人的甜蜜想象呈现在观众面前,实现了"满足"。

图3-10 《爱乐之城》剧照

我们来看一下最初的问题,男女主人公为何遗憾错过?经过上述细节分析,可以看到男女主人公在性格、价值观上的不同:男女主人公遗憾分离是因为两人的性格、生活观、事业观、情感观乃至价值观都反差巨大,米娅与塞巴斯蒂安有激情,也曾因共同的艺术梦想有过亲密感,但最终其他差距难以调和。

男主人公是理想主义者，女主人公是现实主义者；男主人公是个积极的、有建设性的人，一直鼓励女主人公，女主人公则容易焦虑，会发泄负能量；男主人公慢热，女主人公快热；男主人公能够静待成功和机会，延时满足，而女主人公迫切需要成功，需要马上满足（女演员职业使然，青春短暂）；男主人公在事业上固守理想，女主人公则不断尝试新的可能；男主人公的情感状态是宁可单身也不随意选择，而女主人公在片中更换了多次伴侣。

在最后的结尾段落，如果米娅没有丈夫陪伴，看起来也孑然一身，穿着休闲随意步入塞巴斯蒂安的爵士俱乐部，即便不明示，也能让人相信两人还有可能，所谓"顶峰相见"——很多爽剧便是这样处理的。但在本片中，米娅达到了她最初就看重的名利巅峰，各种细节都强调着这一点，她野心勃勃，不会为塞巴斯蒂安而停留或等待，她曾爱过塞巴斯蒂安的理想主义，受到感染，但她最终仍是个现实主义者。这是《爱乐之城》既甜蜜又残酷的风格特色，人各有志，影片营造了浪漫的外壳，也保留了生活的复杂性。追求世俗意义上的成功与光环，与安心过平淡而自我的生活，这两条路并不能轻言对错，两位主人公没有为了爱情而盲目妥协，最终各得其所，恰是一种健康积极的人生态度。

《爱乐之城》的每一个环节都对仗工整，是一部精密编码的类型叙事作品。"反差！反差！反差！"重要的事说三遍！二元对立是类型片的灵魂，人物的反差属性决定了类型叙事的工整度和精细度。

（二）反差人设：你需要一张人设表格

《爱乐之城》的人物反差感极为鲜明，在"反差人设"上设计到位，我们先来说一说"人设"的概念。

"人设"一词的语用，最早仅是"人物设定"的简称，来自日本动漫领域。"人物"作为叙事作品创作的三要素之一（另两个要素是情节和环境），"人设"从"人物"概念衍生而来。但大家大概也能够意识到，人设在当下语境中变成了一个有特指的、更微妙的甚至带有贬义的词汇，强调某种刻意营造感，无论是用在偶像艺人身上，还是谈及虚构作品中的角色时，人设往往意味着扁平化的人物形象，与传统意义上文学艺术中的人物有所区别。

在动漫领域，"人设本身并不是静态的人物描述，而是规定了角色面对不同情境、事件时将会做出何种反应的指令合集，因而人设最终将在故事中显现自身、完成自身，或者简单来说，一个人设就是一套叙事"[①]。网络文学学者王玉玊对人设的概括，不仅仅适用于动漫，在好莱坞类型片故事工业体系中，类型人物也具备类似特征，也许是日本动漫人设思维的源头之一。动漫亚文化研究者宇野常宽、后现代批评家东浩纪等日本学者都曾指出，日本御宅系文化（动漫）是在战败后海量吸纳美国通俗影像文化基础上，又独自发展，终于成为一种独特文化。因此，"人设"一词在中文世界的流行虽然只是近几年的现象，但人设作为一种思维模式和人物创作模式，在类型叙事的历史上由来已久。

为了方便读者理解，我把"人设"与"人物"的概念做了更清晰的区分，"人设"更接近东浩纪在《游戏性写实主义的诞生：动物化的后现代2》中所谈的"角色"概念，东浩纪运用"角色"一词特指"一种游戏性且后设叙事性的存在"[②]，即角色不再来自生活现实的摹写，而是一种文本的游戏。东浩纪认为在宏大叙事解体的后现代语境下，人们对"故事消费"的兴趣下降，转向了"角色消费"，这一点在ACG动漫领域尤为突出，而

---

① 王玉玊. "盗猎者"与"虔信者"：在粉丝文化的"两副面孔"之间[J]. 中国图书评论，2021（10）：25-38.
② 东浩纪. 游戏性写实主义的诞生：动物化的后现代2[M]. 黄锦容，译. 台北：唐山出版社，2015：121.

二次元的强势存在已经将影响力扩散到了文学、真人影视剧等多个内容创作领域。当下 AIGC 人工智能创作方兴未艾，很可能将二次元数据库思维指导下的内容创作推向新的阶段。

"这种后设叙事性的想象力之扩散，似乎也十分接近作家们的实际感受""近代文学的角色＝具有选择某种行为并下决断之内在与人格特质的人物""游戏性的世界观中的角色＝（在任意状况下的）行为模式与固定台词之集合体"。① 东浩纪提到的"近代文学"即现实主义文学出现之后的文学模式，与古代神话与传奇相区别，现实主义文学开启了以写实笔触描写角色外在与内心的形式，塑造"现实中的人"，追求立体；而所谓"游戏性的世界观"，即深受 ACG（动画/漫画/游戏）影响的"泛二次元"创作模式，角色与傲娇等属性相关联，依赖属性数据库（database）中的行为与台词集合，拼凑出漫画式的扁平形象，形象越平面越鲜明，越容易被受众记住并衍生"二创"（二次创作）。

角色/人设的出现是全球通俗娱乐内容产业发展到极致繁荣后的产物，也许是类型叙事的终极阶段，如果说传统类型小说、类型电影中的人物还带有几分来自现实的气息，那么被 ACGN 数据库模式推向极致的当代类型叙事，倾向于全然的"后设"（meta-，此前缀也译为"元"），脱离现实，角色/人设来自文本拟像世界，越发远离现实。但这并不会造成受众的困扰或不解，自 20 世纪 80 年代之后，无论是日本的御宅族群体、美国以剧迷为代表的"媒体文本粉丝"（亨利·詹金斯语），还是中国的"80后""90后"，以及 Z 世代互联网原住民（"95后""00后"），当下活跃在各国社会中的主流中青年人群自幼就在电视、电子游戏、互联网培养的拟像环境中成长，已经非常熟悉类型文本和数据库思维模式，在娱乐时调用来自文本的经验毫不费力。东浩纪将读解萌元素、萌属性的能力称为"萌

---

① 东浩纪. 游戏性写实主义的诞生：动物化的后现代 2［M］. 黄锦容，译. 台北：唐山出版社，2015：123.

的识字率",如果将他这一说法从二次元领域扩展到更广泛的通俗类型叙事领域,我们也可以说有一种"类型叙事识字率"存在于当代受众脑海中,当面对类型化的内容产品时,受众能够立刻分辨人设,命名标签,接受并进行传播。

高尔基谈小说时表示,"情节是人物性格的发展史",这是典型的传统现实主义创作理念,人物内心世界丰富的层次与成长变化的过程,通过情节徐徐呈现。而当代后现代叙事语境下的数据库写作则是高度类型化的,抽离了历史,情节成为角色/人设的展示框架,当我们看到动画《电锯人》《赛博朋克:边缘行者》,韩剧《黑暗荣耀》,中国网文《诡秘之主》等作品时,创作者和受众都无意探索主人公内心为何如此,有怎样的心灵史,主人公出场即被设定为"丧""逆袭的被霸凌者""穿越后的心机玩家"等概念化的存在,此后便按照这一设定去执行一项又一项任务,如同玩游戏一般。人设倾向于固定不变,而非成长变化。

这类"高概念"的角色创作思路,本书中用"人设"称之,并非贬义,上述列举的几部作品都有其优点和成功之处,可供参考。从高度概念化的"扁平人设"到高度写实的"圆形人物"是一个光谱,并非二选一的非此即彼,大部分类型叙事的人物塑造居于两极之间某个位置。英国作家爱德华·摩根·福斯特在其文论著作《小说面面观》中写道:"扁形人物在十七世纪被称作'体液性人物',现在他们有时被称作'类型性人物',有时又被称作'漫画式人物'。这个类型里的那些性质最最纯粹的人物,是作者围绕着一个单独的概念或者素质创造出来的。如果他们的言行表现出一个以上的概念或者素质的话,他们就会让人发现,其形象正处在朝圆形发展的那条曲线的起点。"[①] 角色/人设的概念

---

① 福斯特.小说面面观[M].朱乃长,译.北京:中国对外翻译出版公司,2002:175.

和福斯特谈论的"扁形人物"非常接近,即使创作的出发点是非常概念化的,只要愿意去丰满其形象,人设也能向写实的人物转化。许多成功的高水平类型叙事作品就是这样做的,以此平衡商业与艺术、数据库与现实。

福斯特也说:"真正的扁形人物可以用一句话来概括,例如'我永远不会抛弃米考伯先生',这就是米考伯太太。……这句话把她一生的事迹全部概括出来了"[①]"(普鲁斯特笔下的帕尔玛公主)的那句话是'我一定要特别当心地待人和善。'她一味小心翼翼,待人和善,此外无所作为"[②]。这就是人设概念的较极致状态,例如2023年底的跨年电影《一闪一闪亮星星》,是同名剧集IP的衍生电影,该剧中的男主人公张万森被剧迷们称作"暗恋天花板",就是和米考伯太太一样的扁平人物,"永远默默爱着林北星、拯救林北星"就是该角色一生的概括。该剧在网络平台播放时十分成功,尽管电影情节不够连贯,受到不少诟病,却奇迹般收获了接近7亿元的票房,成为内地元旦假日历史票房冠军。当饱读诗书的学者和影评人为此感到不解时,这个例子从侧面说明了"人设消费"(借用东浩纪"角色消费"说法)有广大的受众基础,观众不多计较情节的合理性,只想在大屏幕上看到"暗恋天花板"张万森,看他用各种方式拯救女主人公。

"扁形人物的一大优点是:不管他们在小说里的什么地方出现,都能让读者一眼就认出来。"[③]"把这些扁形人物创造出来的那本小说,纵或会在读者的头脑中变得印象淡泊,这个特征却仍然会使那些人物本身的形象栩栩

[①] 福斯特.小说面面观[M].朱乃长,译.北京:中国对外翻译出版公司,2002:175.

[②] 福斯特.小说面面观[M].朱乃长,译.北京:中国对外翻译出版公司,2002:179.

[③] 福斯特.小说面面观[M].朱乃长,译.北京:中国对外翻译出版公司,2002:177.

如生地留在读者的心里。"[1] 福斯特对扁形人物的论述可谓是对"人设消费"时代的未卜先知。这也提醒创作者，当面对有"人设消费"诉求的受众时，不要轻易挑战他们对特定人设的固有印象，OOC（out of character，人设崩坏）是IP改编或衍生创作时的大忌。

福斯特本人颇为推崇的是简·奥斯汀式的人物，乍一看似乎是标签化的，贴着"傲慢""偏见""理智""情感"，然而"那个扁扁的圆盘突然膨胀起来，成为一个小小的球体"[2]。简·奥斯汀可谓当代浪漫爱情文学的鼻祖式存在，《傲慢与偏见》像是"霸总+灰姑娘"类型模式的演绎，但实际人物形象又丰满得多。这恰是类型叙事较为理想化的形态，所谓高水平的类型叙事，总要比纯粹的"数据库写作"更有深度、更贴近生活一些。又不会像福斯特举的《战争与和平》《追忆似水年华》中的主人公们那么深沉复杂，在快餐式娱乐的年代，"圆形人物"难免曲高和寡，是艺术电影和严肃文学创作追求的目标。

回到我们的浪漫爱情类型叙事分析，为了方便大家高效率地分析类型叙事作品，包括检验自己创作的人物是否足够类型化、足够鲜明，我总结了一份反差属性的人物设定归类，主要包括以下几个方面。

* 性别
* 职业
* 年龄感　　　　　（外表成熟程度）
* 气质　　　　　　沉稳/淘气
* 性格温度　　　　高冷/热情/温和

---

[1] 福斯特. 小说面面观[M]. 朱乃长, 译. 北京：中国对外翻译出版公司, 2002：179.

[2] 福斯特. 小说面面观[M]. 朱乃长, 译. 北京：中国对外翻译出版公司, 2002：197.

* 意志　　　　　　　　（事业方面）坚强 / 软弱
* 勇气　　　　　　　　勇敢 / 胆小
* 颜值水平　　　　　　出众 / 平凡
* 男性气质　　　　　　传统硬朗 / 非传统秀气
* 女性气质　　　　　　美丽 / 可爱
* 语言风格　　　　　　话多 / 寡言
* 待人态度　　　　　　体贴 / 刻薄
* 智商与学习能力　　　聪慧 / 愚钝
* 表面调情能力　　　　浪荡 / 害羞
* 实际性观念　　　　　开放 / 保守
* 财力
* 武力　　　　　　　　（体能）
* 文化品位
* 居家照顾能力
* 感情坦诚度　　　　　（是否真诚承认恋情）
* 健康情况
* …………

关于人物设定的分类，有几个要点要说明一下。

此归类要求填写"初始状态"，先不考虑人物的弧线变化。人物可能在叙事过程中发生了转变，从胆小变得勇敢，从软弱变得坚定，那是后续叙事进程中要考虑的，这个表格主要用于故事开头，给人物树立鲜明的第一印象。

此归类要求填写"表面状态"，有的人物表面装作胆小，实际勇敢，我们暂时不考虑"叙事的诡计"，假设人物表里如一，先按照外在第一印象来设定。如果存在更复杂的层次，可以之后再填一个描述实际情况的表格。

此归类在性别气质上有所区分，男性气质的典型和女性气质的典型分类有所不同，目前男性气质（传统硬朗/非传统秀气）、女性气质（美丽/可爱）作为非常粗线条的描述，主要来自常规类型叙事作品中常见的人设划分。

此归类在意志方面的坚强/软弱划分主要指的是事业（工作、学习）方面，不是感情方面。另有用于描述感情态度的设定项，如"感情坦诚度"（是否真诚承认恋情）、"表面调情能力"（面对爱情对象时主动还是被动）、"实际性观念"（开放还是保守），等等。

感情态度方面的"调情能力"和"实际性观念"分别代表表面和实际态度，比如有些角色"调情能力"减分，是个害羞的人，不擅长撩拨他人。但实际未必毫无经验，也许看似被动，实际有很丰富的性经历或很擅长此道。例如电影《单身日记》的女主人公布里奇特·琼斯，她印象中的律师马克·达西（致敬《傲慢与偏见》）是个古板的男子，一直对布里奇特夸张的举止很不适应，两人相爱之后，布里奇特与马克拥吻，惊讶地说出"好男孩不会这么吻的"。马克破天荒地使用了粗俗的字眼说："我×××当然会。"不少浪漫爱情类型作品，通过人物在私密习惯上的表里不一制造"反差萌"效果。

健康情况对于很多故事而言可能不重要，人物都是正常的健康状态。但有些故事，比如武侠小说中某个人物身负重伤或身中剧毒，处于"战损"状态，人物因此增加了特色和魅力，如《莲花楼》中的李莲花、《天涯客》中的周子舒、《四大名捕》中的无情，等等。又如有些浪漫爱情故事喜欢借绝症、残疾来制造虐心情节，韩剧尤其盛产《蓝色生死恋》《那年冬天风在吹》这类拿人物健康状况制造戏剧性的作品；中国导演韩延连续拍出《我爱你》《我们一起摇太阳》，将疾病叙事做成了作者特色；网络小说也有这种类型标签叫作"慕残文"。

还有些选项在特定作品中未必涉及，比如有些故事中没有暴力冲突、体育运动相关情节，就谈不上"武力值"的问题。此种情况空白略过。

最后，大家要注意不同的人设属性，有些是中性的（如某些性格、习惯的差异），有些则与人物气场、感情关系中的强势与弱势、主动与被动等权力关系相关。当我们把上述设定项做成表格形式，就能够清楚看到男女主人公或其他各种配对人物之间的反差对比（也可称为反差人设表），谁 A 谁 O[①]，强弱关系一目了然（见表 3-11、表 3-12）。

表 3-11 男性人物角色设定特质表

角色名	性别	职业	年龄感（外表成熟程度）	气质沉稳/淘气	性格温度高冷/热情/温和	意志坚强/软弱（事业方面）	勇气勇敢/胆小	男性气质类型硬朗/秀气	颜值水平出众/平凡	语言风格话多/寡言	待人态度体贴/刻薄	智商与学习能力聪慧/愚钝	表面调情能力浪荡/害羞	实际性观念开放/保守	财力	武力（体能）	文化品位	居家照顾能力	感情坦诚度	健康情况

---

① ABO 设定最早源自欧美同人写作圈，ABO 是 Alpha/Beta/Omega 的缩写。这一同人写作设定假设人类除了男女性别区分，还有副性别区分强弱，就像在狼群中的等级关系一样。Alpha 位于权力金字塔顶端，非常强势，侵略性极强。Omega 位于权力底层，性感而软弱，会周期性发情并释放性激素"信息素"，吸引 Alpha。Beta 是中庸的一群，无论在性格、能力还是欲望方面都很平凡，位于权力金字塔腰部，人数最多，如工蜂一般处于勤勉而按部就班的状态。这一亚文化幻想设定，后来在中国互联网上普及，成为讨论剧情中 CP 关系的常用语，如一些强化传统男女性别气质的故事被称作"男 A 女 O"；"双 A"，即男女"双强"模式。

表3-12　女性人物角色设定特质表

角色名	性别	职业	年龄感（外表成熟程度）	气质沉稳/淘气	性格温度高冷/热情/温和	意志坚强/软弱（事业方面）	勇气勇敢/胆小	女性气质类型美丽/可爱	颜值水平出众/平凡	语言风格话多/寡言	待人态度体贴/刻薄	智商与学习能力聪慧/愚钝	表面调情能力浪荡/害羞	实际性观念开放/保守	财力	武力（体能）	文化品位	居家照顾能力	感情坦诚度	健康情况

在此基础上还可以附加更多必要的信息，比如主人公的故乡是南方还是北方、大城市还是小镇等。

下面我们填写一下《爱乐之城》的男女主人公人物设定特质表（见表3-13）。

表3-13　《爱乐之城》男女主人公人设特质对比

角色名	性别	职业	年龄感	气质	性格温度	意志	勇气	男性气质/女性气质类型	颜值水平	语言风格	待人态度	智商与学习能力	表面调情能力	实际性观念	财力	武力	文化品位	居家照顾能力	感情坦诚度	健康情况
塞巴斯蒂安	男主人公	爵士乐手	年轻	沉稳	高冷	坚强	正常	硬朗	出众	寡言	体贴	未涉及	害羞	正常	低	未涉及	较高	高	坦诚	正常
米娅	女主人公	演员	年轻	淘气	热情	坚强	正常	美丽	出众	话多	刻薄	未涉及	主动	正常	低	未涉及	一般	一般	坦诚	正常

上述比较表层的基础设定，搭配我们此前分析过的深层次内心差异（理想主义/现实主义，淡然、正能量/急躁、负能量等），塑造出了塞巴斯蒂安和米娅这对一度电光火石，但注定因性格、理想不合拍而分离的恋人。

日本电影《花束般的恋爱》，由知名编剧坂元裕二撰写剧本，在中国影迷中获得了较高评价，如果填写表格，我们会发现该故事人物设定和《爱乐之城》有不少相似之处（见表3-14）。

表3-14 《花束般的恋爱》男女主人公人设特质对比

角色名	性别	职业	年龄感	气质	性格温度	意志	勇气	男性气质/女性气质类型	颜值水平	语言风格	待人态度	智商与学习能力	表面调情能力	实际性观念	财力	武力	文化品位	居家照顾能力	感情坦诚度	健康情况	出身故乡
山音麦	男主人公	大学生	年轻	从幼稚渐渐变沉稳	较热情	较软弱	正常	硬朗	较平凡	相对话多	体贴	正常	害羞较被动	谨慎	家境一般	未涉及	曾经文艺后来变世俗	高	坦诚	正常	小城市新潟
八谷绢	女主人公	大学生	年轻	文静中带点调皮	温和	较坚强	正常	可爱	相对男主人公出众	相对寡言	体贴	正常	害羞但能够主动	相对开放	家境较好	未涉及	文艺	一般	坦诚	正常	大城市东京

《花束般的恋爱》看似风格恬淡，比起载歌载舞气氛热烈的《爱乐之城》，貌似类型感不那么突出，但如果仔细拉片，梳理二元关系和细节，就能够发现其结构的工整和仪式感，也是高度类型化的作品。主人公八谷绢和山音麦的相识仿佛命中注定，发现对方和自己的兴趣、品位一致，一拍即合开始交往。但是两人之间存在潜在的差异，八谷绢作为东京上中产人家的小女儿，父母条件优渥，相对压力不大，可以更加任性地为了兴趣和爱好而生活；山音麦作为从地方城市新潟来东京上大学和打拼的青年，背负更大生存压力，与家乡从事烟花工作的父亲关系疏远，进入社会后忙于工作，渐渐放弃了对精神生活的追求，变成了无趣的"工蜂"。尽管山音麦愿意为感情负责，是个暖男，能给女友做饭，宽容八谷绢，感情谨慎，是个不错的"经济适用男"，但对于追求精神契合、理想主义的八谷绢来说，这段感情成了"鸡肋"。八谷绢表面看起来是邻家妹妹型的可爱女孩，并非性感辣妹，但她身边也经常出现搭讪或示好的男性，在已经有固定男友的情况下，还会去男女联谊场所或者和男上司走得很近。山音麦外表相对更平凡，不太有女人缘，比较怯懦和被动，当初和八谷绢的邂逅是女主人公主动开口，他很专一。最终，两人因性格和人生理想不同分道扬镳。

影片展现了两个满怀浪漫梦想的年轻人，经过社会"毒打"之后，一个仍旧能坚持自我，另一个则不能免俗地变得务实而平庸，他们的分离早在电影开始之初就埋下了种子——许多迹象显示，八谷绢心思细腻，对周围人和事持冷眼旁观态度，非常自我；山音麦相对粗线条，努力融入人群，想要获得世俗意义上的人气和关注。

我们还可以对比英剧《普通人》和国产剧《你是我的荣耀》，看一下两部作品中的反差人设（见表3-15、表3-16）。

表3-15 英剧《普通人》男女主人公人设特质对比

角色名	性别	职业	年龄感	气质	性格温度	意志	勇气	男性气质/女性气质类型	颜值水平	语言风格	待人态度	智商与学习能力	表面调情能力	实际性观念	财力	武力	文化品位	居家照顾能力	感情坦诚度	健康情况	出身故乡
康奈尔	男主人公	文学	偏成熟☆	沉稳☆	随和温和☆	软弱◎	胆小◎	硬朗	出众△	寡言☆	体贴☆	聪慧☆	害羞较被动◎	经验丰富并不保守☆	家境贫寒◎	较高	高雅☆	较好☆	不坦诚△	正常，有心理抑郁情况	小镇，后到首都学习
玛丽安	女主人公	政治学	少女感符合年龄☆	沉稳☆	孤僻高冷☆	坚强△	有叛逆的勇气△	高中时的丑小鸭后来变得美丽性感	出众◎	擅长辩论，相对话多☆	高中时另类刻薄，上大学后变得合群体贴☆	聪慧☆	大胆△	高中时谨慎，大学后开放☆	家境富裕△	较弱☆	高雅☆	较好☆	相对坦诚◎	正常，有自虐倾向	小镇，在首都学习且有房产

各个符号说明在两性情感角力中的强弱势关系，☆为平等特质，◎为弱势特质，△为强势特质，无标识即与强弱势关系无关。

表 3-16　国产剧《你是我的荣耀》男女主人公人设特质对比

角色名	于途	乔晶晶
性别	男主人公	女主人公
职业	航天工程师	女演员
年龄感	成熟青年男士△	少女感◎
气质	沉稳☆	沉稳☆
性格温度	略高冷，知性温和☆	热情☆
意志	一度动摇，后来更加坚定◎	坚强△
勇气	有所顾虑，退缩	相对勇敢△
男性气质／女性气质类型	硬朗	美艳兼有少女感
颜值水平	出众☆	出众☆
语言风格	寡言	活泼话较多☆
待人态度	为人体贴，但高中时对女主人公缺乏耐心△	从高中到成年一直体贴男主人公◎
智商与学习能力	高智商☆	学识逊于男主人公△
表面调情能力	不算害羞但较被动△	纯情不主动◎
实际性观念	交往后主动开放△	较纯情◎
财力	工薪阶层◎	高收入阶层△
武力	未涉及	未涉及
文化品位	较高☆	较高☆
居家照顾能力	较好◎	一般，很多人鞍前马后照料△
感情坦诚度	不坦诚△	相对坦诚◎
健康情况	正常	正常
出身故乡	小城市，后到上海打拼	小城市，后到上海定居

各个符号说明在两性情感角力中的强弱势关系，☆为平等特质，◎为弱势特质，△为强势特质，无标识即与强弱势关系无关。

在这两个例子里，我们用了一些符号来标注，有些设定项与人物气场强弱、情感推手上下风地位无关，但能够构成性格反差的选项标☆；相对会让人物显得弱势、落于下风的选项标◎；显得强势、占上风的选项标△；没有特别反差效果或者作品中未突出显示的设定项不标任何符号。结果，我们会看到两部作品中都呈现出错落的反差，且男女主人公各有强势的特质，也各有弱项。两部作品的女主人公在经济条件上都远优于男主人公，玛丽安是富家女，乔晶晶是女明星。在女性角色智力水平塑造上，乔晶晶较明显弱于男主人公，也因此在高中一直仰望男主人公，她学习不如学霸男神于途，即使很美丽也无法和女学霸情敌竞争，如果以学习成绩衡量，人家才是"金童玉女""门当户对"。在性观念方面，乔晶晶也显得较为淑女和谨慎，不同于玛丽安大胆追求性刺激的人设，符合中国国情和观众常规审美，但也因此导致《你是我的荣耀》作为典型的浪漫偶像剧，缺少《普通人》中对人物内心丰富性的幽微体察。

而关于两部剧中男女主人公关系的"上风"与"下风"对比（见表3-17），我们可以看到关于"感情坦诚度"的情况。

表3-17 《普通人》和《你是我的荣耀》男女主人公在感情关系中的"上风"与"下风"对比

作品名	角色名	感情坦诚度
《普通人》	康奈尔	不坦诚
	玛丽安	相对坦诚
《你是我的荣耀》	于途	不坦诚
	乔晶晶	相对坦诚

注意"感情坦诚度"这一项意味着是否抗拒恋情。且分为三个层面：

第一个层面是人物对自己是否坦诚（如人物自我否认喜爱对方，当局者迷）；

第二个层面是人物对对方是否坦诚（如人物扪心自问承认喜爱对方，只是不肯表白）；

第三个层面是人物对整个社群是否坦诚，能否"官宣"，意味着责任感。

同学们可能会问，为什么对感情不坦诚的人反而显得在情感关系中占据"强势""上风"地位？我们看到这项特质被标上了三角号。

这是因为这种不坦诚会导致对方的焦虑，不坦诚的一方看似不想承担责任，不渴望确立稳定的情感关系（述情障碍）。

此项设定关乎爱情中的"面子"和"里子"，"面子"即是否能够坦诚面对彼此，面对周遭环境"官宣"身为恋人的身份和确定的关系；而"里子"则是实际对待对方如何。有些故事的人物明明对爱人关怀备至，付出很多，但仍然不能给予对方承诺和名分，这其实是缺乏责任感的表现。

两剧都是世俗意义上女高男低的人设配对，两部作品中的男主人公都拘泥于阶层差距（男性气质与世俗成功紧密关联，而男性角色更难以免俗），对感情不坦诚，逃避或拒绝女主人公的表白，给女主人公带来了创伤。但综合来看，两部作品中的男女主人公处于较为旗鼓相当的平等地位，在此基础上展现"推手"过程。近年类势均力敌的CP较受欢迎，过于一边倒的男高女低人设常常引发观众不满。例如《三生三世十里桃花》中某"一世"，上神白浅历劫失忆，变成了凡女素素，遭遇了一系列"灰姑娘嫁入豪门"（高攀仙族）后的悲剧，我们对比一下这部剧男女主人公的反差人设（见表3-18、表3-19）。

表3-18 《三生三世十里桃花》男女主人公人设特质对比

角色名	性别	职业	年龄感	气质	性格温度	意志	勇气	男性气质/女性气质类型	颜值水平	语言风格	待人态度	智商与学习能力	表面调情能力	实际性观念	财力	武力	文化品位	居家照顾能力	感情坦诚度	健康情况	出身故乡
夜华	男主人公	天神	成熟人夫	沉稳☆	高冷☆	坚强△	面对封建的天族长辈很软弱	硬朗但儒雅	出众☆	寡言☆	体贴☆	聪慧△	害羞◎	正常，婚姻大事先斩后奏☆	高△	高△	正常△	正常☆	坦诚☆	正常△	天宫△
素素	女主人公	凡间普通女子	贤惠人妻	沉稳☆	温和☆	软弱◎	较胆小，不敢反抗权威◎	美丽	出众☆	正常☆	体贴☆	一般☆	害羞◎	正常，婚姻大事先斩后奏☆	低◎	低◎	普通◎	高☆	坦诚☆	后被反派夺走双目◎	人间◎

表3-19 《梅花烙》男女主人公人设特质对比

角色名	皓祯	白吟霜
性别	男	女
职业	王府贝勒	街头卖唱歌女
年龄感	青年，符合年龄	初始少女感，后贤妻形象
气质	大部分时候沉稳，愤怒时冲动☆	较沉稳温柔☆
性格温度	温和☆	温和☆
意志	坚强	软弱
勇气	面对封建的皇族长辈很软弱	较胆小不敢反抗权威◎
男性气质/女性气质类型	硬朗但儒雅	美丽
颜值水平	出众☆	出众☆
语言风格	正常☆	正常☆
待人态度	体贴☆	体贴☆
智商与学习能力	聪慧△	一般◎
表面调情能力	正常☆	害羞◎
实际性观念	正常，婚姻大事先斩后奏☆	正常，婚姻大事先斩后奏☆
财力	高△	低◎
武力	高△	低◎
文化品位	高☆	普通◎
居家照顾能力	正常☆	高☆
感情坦诚度	坦诚☆	坦诚☆
健康情况	正常△	后被虐待，流产◎
出身故乡	京城贵族△	京城民间◎

这种在人设反差方面的相似并不奇怪，恰恰很正常，是典型"霸总＋灰姑娘"的模式，尤其当这位"灰姑娘"性格贤惠温柔，高度符合传统社会对女性气质的要求时，其悲剧性将被大书特书，传统的女性情节剧就是这么一种糅合了"虐女"和"赞女"的叙事程式。当代的浪漫爱情叙事女性向作品对此进行改写，女主人公可以气质更中性、刁蛮淘气或高度理性、事业成功、财力雄厚、高武力值、擅长主动调情……。所谓的"女强"人设在当代通俗叙事类型中已经遍地开花，女尊、女王、女侠、女仙、女战神层出不穷，但这些改观只是外在，判断人物是否真正强大的标准，仍然是自我独立性和对人格平等的追求，否则提高女性人设的各项数值、加"技能"也不能跳出"浪漫爱情类型"天然的局限性——圆满的恋爱是女性幸福的重要因素，是女性人生追求的最重要目标。当下的"女强"故事也许不再将恋爱圆满作为唯一的叙事目标，也像男频叙事一样将天下苍生、家国大业、商海沉浮、事业成功等纳入女主人公的成长线，但爱情仍然不可或缺。这呼应着近几十年新自由主义市场经济影响下的女性思潮——将赢家通吃的"女王"作为理想榜样，回避大量普通女性仍身处结构性弱势地位的事实。

最后，我想要提醒大家，不要被表格的机械性误导，误以为类型叙事课程在教导你们勾兑"工业糖精"。的确，很多甜宠剧符合我们总结的上述人设反差规律，其中不乏艺术品质一般但网络声量热度很高、收视率很高的作品，这类作品为了迎合观众而刻意营造甜点和爽点，从类型叙事"工业"的角度上看是高效率且成功的，但类似的工作也许未来 AI 就能完成，创作者自己应该有更高的追求。应避免让主人公沦为最扁平的工具人，仅仅做到东浩纪说的"（在任意状况下的）行为模式与固定台词之集合体"还不够，而是要"在符合因果逻辑的状况下，体现典型行为模式与特色台词"，让类型人物保持与现实生活之间的有机联系，不要满足于纯粹概念化的设定。

构思鲜明而特点的人设，甚至适度参考流行趋势的人设，这只是"底线"，仅能算作从娱乐技巧层面吸引观众的尝试，人设反差最终还是要为价值观"聚合的仪式"服务。主流的情感向故事，是要通过人设反差实现人物之间深层次的沟通，让人物们在各方面取长补短，表现人与人之间相互尊重、能力互补的良性人际关系，宣传有建设性的情感观和生活观。如果对生活缺乏理解，仅凭借人设概念闭门造车，终究会陷入贪吃蛇式的自反性增殖怪圈，丧失叙事活力。

此外，人设反差表格对于男性向的"暴力向/冒险调"叙事亦适用，可以用于搭档、对手等成对人物关系的设置。

四、泛言情叙事：友情/亲情+X元素

此前的例子主要是"情感向"类型中最核心的子类"浪漫爱情叙事"，下面我们来说说"情感向/生活调"中的非爱情叙事情况，即那些可以在广义上归入"言情"（泛言情）模式的友情、亲情故事。在类型叙事的系统里，这类友情、亲情题材相对浪漫爱情题材而言，娱乐性和戏剧性张力天然弱一些，那么往往需要加入特定的强情节类型元素才能促使观众关心人物的情感故事，例如歌舞、运动、才艺竞赛、长途旅行、特定行业元素，等等。

托马斯·沙茨在确定经典好莱坞电影类型模式时，很明确地将音乐歌舞片划归"聚合的仪式"。排除其特定的视觉奇观，音乐歌舞类型的基本框架可以推而广之，将歌舞置换成运动、行业技能等元素，完全可行。主人公可以是恋人如《爱乐之城》，也可以是从事特定运动、才艺或特定行业的伙伴搭档（友情故事）。我们现在谈的友情故事，不是爱尔兰电影《伊尼舍林的报丧女妖》、法国电影《亲密》这类探究人与人关系幽微暗面的艺术电影，而是较为简单理想的"友谊颂歌"。例如美国男性伙伴电影（其中很多是公路片，如《绿皮书》）、日本动漫中的"部活"（社团活动）题材等。通俗文学领域也不乏此类作品，如日本直木奖女作家三浦紫苑的《强风吹拂》《编舟记》等，后来都被改编成了温暖治愈的热门电影。中国网络文学

中的行业类型叙事近年来也渐成规模,如医疗文。

家庭情节剧在沙茨的类型研究体系中也属于"聚合的仪式"。家庭情节剧(或简称"家庭剧")是一种较特殊的电影类型,在电视剧诞生后,被各国剧集发扬光大。国内通常使用"家庭伦理剧"一词,这些年热播的《小欢喜》《都挺好》《人世间》《情满四合院》等都可以算在内。说家庭剧特殊,因为它是一种"最不类型的类型",比浪漫爱情故事更贴近现实生活,不少家庭伦理剧改编自严肃文学如《人世间》,在文本层面以现实主义风格区别于那些致力造梦的言情类型小说。在影视剧领域,如果以沙茨的类型仪式观为判断依据,主流家庭剧主打团圆和家庭成员的价值观聚合,尤其那些加入喜剧等强情节娱乐性要素的合家欢作品,通俗类型叙事特征明显。有时候即使素材本身的娱乐性、类型感不突出,在改编成大众化电视剧集的过程中,也会相对削弱原作中的复杂性和沧桑感,放大"好人哲学"和亲情温暖主题,更强调仪式性的治愈效果。

历数一下近几年国内比较有特点的"泛言情"类型叙事案例:剧集《棋魂》(改编自日本动漫IP《棋魂》)主打热血少年之间的友情羁绊,借围棋竞赛展开主人公时光和伙伴们追求梦想的故事。剧集《鸣龙少年》(改编自日剧《龙樱》)借教育实验和高考备战讲述饱含师生情、同窗情的励志故事。剧集《非凡医者》(根据韩剧《好医生》改编)借医疗难题讲述医生伙伴之间的彼此扶持,展现医患关系和人间冷暖。电影《一点就到家》借咖啡种植事业,塑造了城乡伙伴组合,表达乡村振兴理想。电影《五个扑水的少年》(改编自日本同名电影)、《闪光少女》(衍生了同名剧版)是各自所属类型(运动、音乐歌舞)中的工整之作。电影《好像也没那么热血沸腾》《温暖的抱抱》在运动、歌舞元素基础上叠加了关怀残障人士的叙事要素。动画片《茶啊二中》在歌舞元素基础上加入了学生与老师灵魂互换的奇幻设定。电影《人生大事》借殡葬师这一特殊行业讲述了非血缘关系的父女情……能够被用于友情/亲情"聚合仪式"的特色情节元素,我们暂且戏称X元素。

每当有同学对我说想写并非浪漫爱情故事的青春校园故事或亲情治愈故事时，我都会问一下，如果想要追求通俗的类型叙事风格，那么在你们构思的故事里，X=？

千万别小瞧 X 元素的存在，有 X 元素不保证是好故事，但如果全然没有，你的人物很可能难以建立亲密感。如果说"爱情三角"除了亲密还需要营造激情和承诺，那么友情无所谓承诺，亲密感搭建是第一重要的；亲情是天然的血缘承诺，血缘却并不代表温情和理解，亲密感的养成也无比重要。人物建立亲密感往往要通过共事达成，那么 X 就是人物组合共同做的那件事。

在此类故事中，朋友、家人的"治愈历程"也是高度公式化的，我们还是以时长相对短小、结构感清晰的电影为例。2022 年第 94 届美国奥斯卡金像奖"最佳影片"为音乐歌舞类电影《健听女孩》，该片改编自法国电影《贝利叶一家》，是一部非常工整的歌舞片，但真正打动人的并非歌舞成就，而是片中的亲情聚合故事。

关于青春期少年与家人的隔阂与爱，许多青春故事都包含这条线索，但要想达到"少年和家人消除隔阂"的叙事终点有很多路径，法国原作《贝利叶一家》找到了增强戏剧性和看点的情节元素——聋哑家庭中的健全孩子、唱歌这一与聋哑残障对比鲜明的才艺。美国版《健听女孩》在法国版的基础上，又叠加了涉及底层渔民生活困境的行业元素，一方面充分利用海上捕鱼带来的视觉奇观、风景审美，另一方面利用阶层冲突进一步提升戏剧性。我们看看《健听女孩》的二元对立框架：

家庭责任　　VS.　　个人梦想

听障人士　　VS.　　健全常人

个体经营　　VS.　　资本剥削

校园小透明　　VS.　　受欢迎的校草

小镇　　VS.　　大城市

女主人公露比出身渔民家庭，父母和哥哥都是听障人士，在表面其乐融融的表象下，露比和父母、哥哥之间有一种看不见的隔阂。她不能真正融入"听不见的世界"，父母则对健全人的世界敬而远之。由于窘困的家境（"浑身鱼腥味"）和残障的亲人，露比在学校经常被同学嘲笑，露比已经习惯了，懒于理会。真正困扰露比的，是她对唱歌的擅长和热爱，但是她既没有信心尝试音乐道路，也不忍心离开依赖她的家人们，她一直对人们隐藏自己的唱歌天分，直到被音乐老师发现，老师鼓励她报考专业的音乐院校。父母对露比唱歌一事很不赞成，既担心她出外闯荡遭遇挫折，又误会她"嫌弃"家人。

常规音乐歌舞类型电影的"十三阶段结构"主要包括（见表3-20）。

表3-20　常规音乐歌舞类型电影的"十三阶段结构"

1. 日常	主人公日常生活
2. 事件	主人公偶露才艺，面临进一步展示才艺的机会
3. 决心	正式报名参加才艺活动
4. 困境	练习才艺遇困境
5. 救助	在他人帮助下克服才艺瓶颈
6. 成长·下功夫	才艺得到进一步磨炼，初见成果
7. 达成	赢得比较重要的演出比赛
8. 磨炼	才艺事业因故下沉
9. 破灭	消沉失去希望，才艺能力贬值
10. 契机	重新振作参加比赛或演出
11. 对决	在比赛中遭遇种种困难并克服，站到最后
12. 排除	靠一个关键选择赢得比赛
13. 满足	靠才艺赢得个人价值和满足感

接下来，我们梳理一下《健听女孩》的故事情节结构（见表3-21）。

表3-21 《健听女孩》的"十三阶段结构"

1. 日常	晴朗的天气，大海上有渔民在作业。露比和哥哥、父亲一起熟练地在渔船上工作，她一边劳作，一边放声歌唱，嗓音如同天籁，但父亲和哥哥没什么反应。 返航后，露比替父兄与渔港的中间商鱼贩子讨价还价，对方把价格压得很低，露比父兄不满，又无可奈何。 露比上学因疲倦打盹，被老师批评。同学嘲笑她身上有鱼腥味。
2. 事件	露比与闺密排队报名选修课，露比一直偷关注帅气的校草，校草报名合唱团。露比一时冲动也报了合唱团。 父母开卡车来学校接露比，父母作为聋哑人有一种古怪的骄傲，做派张扬直率，毫不顾忌常人礼节。将嘻哈音乐放得很大声，因为这样能让他们感觉到震动带来的节奏感。 露比带父母看医生，做手语翻译。 露比在家中餐桌上很难融入父母和哥哥的对话。
3. 决心	露比参加合唱团第一次排练，见到了新来的音乐老师。音乐老师测试同学们的音色，给大家分声部，露比紧张，唱不出来，落荒而逃。 露比发现父母为了渔船生意入不敷出而争论要不要卖掉渔船。地方新规定要求渔船必须接受监督员抽查，还要支付相关费用，父亲不满。 露比被家庭经济压力困扰，但还是来到了音乐老师的教室，讲述了自己不敢当众唱歌的原因——出身听障家庭，曾因发音不准被大家嘲笑。音乐老师鼓励露比下次上课勇敢唱出来。 露比再次来到教室，在老师的引导下，歌声美妙，让同学们吃惊。
4. 困境	音乐老师打算让露比和校草组成二重唱组合，要求两人私下合作练习。 露比看到哥哥被鱼贩子压价，指出鱼贩子奸猾，哥哥感到自尊心受伤。 露比并没有和校草练习，对方态度也很敷衍，老师检查时很生气，批评二人，要求认真练习。 音乐老师鼓励露比报考音乐名校伯克利音乐学院，露比为难但还是决定尝试，音乐老师要给露比开小灶。 露比将参加合唱团的事情告知母亲，母亲不以为意。 哥哥试图融入健全人渔民们的生活但遇到诸多不便，在酒吧和人打了一架。
5. 救助	闺密在酒吧打工，安慰露比哥哥，两人关系升温，热吻。 露比带校草来自己家里练习音乐，两人渐渐找到感觉。排练氛围正好，忽然听到父母亲热的声音，露比十分尴尬。

续表

6. 成长·下功夫	第二天到了学校，同学们嘲笑露比，露比气愤校草在背后讲她的闲话。两人吵翻。 音乐老师悉心教导露比演唱。 渔业协会开会协调鱼贩子中间商和渔民的关系，露比父亲抗议，露比翻译。露比和父兄决定靠自己销售渔获。母亲对此满怀疑虑。 露比和家人尝试直接卖鱼。露比协调租下了仓库，四处奔走。与此同时还尽量兼顾唱歌练习。 露比因为忙不过来，爽约音乐课，被音乐老师严厉批评，警告她再犯错就停止教她。
7. 达成	校草主动来找露比道歉，把露比家父母的生活细节告诉朋友的本意并非想要嘲笑露比，而是很羡慕她家里父母恩爱、阖家幽默的氛围。 渔获生意初见起色，有电视台来采访露比父母，要报道渔民自销的情况。 露比正要去上音乐课，但被母亲拦住，让露比给家人当翻译。
8. 磨炼	露比在当手语翻译的过程中心不在焉，被父母嗔怪，赶去音乐老师家，老师因为她再次爽约而生气，拒绝接待她。 露比去老师办公室道歉，老师批评并提点了露比，不该未失败先退缩。 露比鼓起勇气告知家人，自己计划报考位于波士顿的伯克利音乐学院，已经在准备面试。父母表示反对，担心大城市太乱，未来生活没有保障等。 父母私下讨论露比的未来，母亲对女儿保护过度，父亲有不同看法。 露比生家人的气，第二天没有随船出海，和校草一起去野外湖泊游泳散心。 父兄这日偏偏赶上渔业监督员来抽查，他们因为听不到无线电广播而引来海警，渔业监督员判定露比家违规操作。
9. 破灭	露比陪同家人出席渔业听证判罚，担任翻译。露比父兄被判定不能在没有健全海员的情况下出海，露比决定不去考大学，留下来帮助家人。
10. 契机	母亲感谢露比的付出，对露比倾诉心里话，母亲担心因为露比是健全人，自己是聋哑人，导致母女无法亲近。母亲自小是家里唯一的聋人，和外婆关系疏远。母亲知道露比要参加合唱团演出，帮她准备好了礼服。 哥哥对露比牺牲自身前途感到不满，心疼妹妹，两人争执。

续表

11. 对决	露比参加学校合唱团演出，与校草配合默契，迎来满场喝彩。 父母也来观看露比演出，但他们听不到任何声音，坐在健全人的中间无奈又茫然。 演出结束后，父母与音乐老师寒暄，老师一再建议露比报考专业院校，露比不愿意把老师的原话翻译给父母。 回到家中，父亲满怀心事，与露比在庭院里聊天，让露比唱歌给他"听"。 父亲用手感受露比声带的振动，父女拥抱。 父亲清晨叫醒露比，全家赶去伯克利面试现场。露比迟到了，勉强赶上。 考生们衣着庄重，其中卧虎藏龙，只有露比准备不足。露比遇到也来报考伯克利的校草，男孩怯场，考试失败。 家长不允许进入考场，露比独自进入考场后非常紧张，且没有带乐谱，老师们对其印象一般。 此时音乐老师及时赶到，为露比伴奏。露比状态不好，老师找借口重新弹奏，鼓励露比。
12. 排除	露比父母和哥哥悄悄溜进考场后排的座位。 露比看到父母，克服紧张，动情歌唱，唱到高潮段落使用手语。父母"听"到了露比的歌声，露比用歌唱向家人表白心情，全家万分感动。 一曲终了，露比用富有感情的演唱打动了评委们，得到赞扬。父母和哥哥在座席中拥抱。
13. 满足	露比家雇到了新的水手，闺密和哥哥恋爱，也能来帮忙。 父母和哥哥都渐渐融入了周围健全人渔民的世界。 露比全家激动地等待考试结果，顺利录取，阖家庆祝。 露比与校草道别。 露比启程去上大学，上车后开出不远又跑回来，和父母哥哥再次深情拥抱。

按照歌舞才艺故事的常规模式，人物情感的聚合（如恋爱关系的确定）是通过音乐歌舞演出奇观达成的，在《健听女孩》中也是如此，作为涉及残障人士的亲情故事，比一般男女恋爱题材歌舞片更有特色。女主人公露比与家人的隔阂来自健全人与听障人士之间的固有矛盾，于是在最重要的高潮处——"排除"阶段，她的特长（唱歌）与她和家人之间的纽带（手语）紧密结合在了一起。音乐歌舞类型的基本结构由几场才艺表演构成重要节点，一场比一场重要，一场比一场卓越，这段手语唱歌是本片的点睛之笔，达到了"排除"阶段应有的"千钧一发+一锤定音"的效果。相对

"对决"阶段的合唱团演出段落，那一段女主人公唱得虽好，但影片核心矛盾——与家人的隔阂并未解决，父母和哥哥听不到女主人公的演唱，影片用视听还原了听障人士的感受，周围人都在鼓掌，女孩在舞台上表演，电影却是无限寂静，让观众直接体会听障人士的尴尬与无奈。全片用声音在女主人公和家人之间筑起看不见的高墙，这道高墙在"排除"阶段轰然倒塌。对于"聚合的仪式"而言，"排除"阶段是仪式的最高潮，需要有弥合全片主要二元冲突的仪式性动作，这动作既要具体，又要承载寓意。

音乐天才与听障家人的碰撞，这一情节不久后又被韩国创作者借去，拍出了剧集《闪烁的西瓜》，剧中少年男主人公也是类似的设定，韩国影视剧一向擅长多种类型元素杂糅，该剧的 X 元素不止有音乐和听障要素，在此基础上他们还叠加了男主人公穿越、天生聋哑的富家女母亲与父亲跨阶层恋爱、父亲因意外失聪等强情节要素。该剧不仅没有因设定复杂而陷入凌乱，还获得了不错的口碑。此类故事只要主线突出，牢记以主人公成长和情感聚合为叙事旨归，其他元素围绕这个目标服务，就能够做到"劲儿往一处使"。

再举个以行业创业元素为 X 项的友情/亲情故事——中国电影《一点就到家》。片中主要有三位男性角色，他们之间构成了伙伴关系，我们看一下三位男性角色的对比（见表 3-22）。

表 3-22 《一点就到家》的三位男性角色对比

	魏晋北	彭秀兵	李绍群
人物性格对比	城市白领创业者 创业失败，失业，无所事事 性格高冷，孤僻，悲观 无家庭关系 头脑聪慧，擅长经营 现实主义，较为功利 生活品位较高	进城打工的快递员，后返乡 返乡创业，打算做物流 性格热情，合群，乐观 与父老乡亲感情亲近 为人憨厚，踏实肯干 渴望成功，但有原则 生活品位较差	出身山区的咖啡种植者 已经返乡，种植咖啡 性格谨慎，倔强 与村长父亲关系紧张，断交 技术人才，擅长钻研 理想主义，宁折不弯 生活品位较高

《一点就到家》讲述了城市青年魏晋北创业失败之后，陷入抑郁，生无可恋，在自杀的边缘被淳朴的快递员彭秀兵意外挽救。彭秀兵来自云南山区，在京城打工之后，见识了现代生活的繁华，努力工作攒下一些钱打算回乡创业，将城市的物流模式搬到乡村。魏晋北无处可去，抱着百无聊赖的心态随彭秀兵返乡，原本只是想休养一下，却意外发现乡村电商和物流方面的商机，两人合作创业，又邂逅了当地咖啡种植专家李绍群，三人一拍即合，带领乡亲们将咖啡生意越做越红火。本片的英文名叫作 *Coffee or Tea*，用两种饮品意象非常形象地构建了"城市 VS. 乡村""全球化 VS. 本土化""现代 VS. 传统"等一系列彼此相关的二元关系。

接下来，我们梳理一下《一点就到家》的故事情节结构（见表3-23）。

表3-23 《一点就到家》的"十三阶段结构"

1. 日常	魏晋北创业失败，长期失眠，心理医生建议他去云南、海南之类的地方休养。 魏晋北生无可恋，登上高楼，企图自杀。忽然被来送包裹的快递员彭秀兵拦住，彭秀兵憨厚朴实，自来熟，自认为算是魏晋北的朋友。听说魏晋北想去云南，热情邀请他随自己返回云南老家。
2. 事件	魏晋北随彭秀兵一路奔波到达景颇山中的寨子，全寨正在举行年度祭典，魏晋北非常不适应这里的衣食住行，闹出很多乌龙。 寨子卖茶叶收入不好，村长和村民发愁。
3. 决心	彭秀兵决定在家乡寨子开设快递站，做物流创业，邀请魏晋北当合伙人。 魏晋北摔下山坡受了伤，只好滞留在寨子里。他不看好彭秀兵的设想。
4. 困境	彭秀兵招募了快递员，但乡村百姓并无物流需求，都去集市赶集购物。
5. 救助	魏晋北和彭秀兵开动脑筋，想出帮乡亲们做网络代购的主意。 魏晋北和彭秀兵意外遇到被村长父亲赶出家门的同乡青年李绍群，李绍群出身乡村，但是个颇讲究生活品质的文艺青年，见过更广阔的世界，擅长种植咖啡。他将咖啡种满了自己居住的山头，为此和村长父亲闹翻了，不相往来。彭秀兵不懂欣赏咖啡，魏晋北和李绍群就咖啡话题颇谈得来，李绍群如遇知音。

续表

6. 成长·下功夫	电商代购的业务好景不长，乡亲们退货率太高，彭秀兵为人厚道，将退款垫付给乡亲们，没盈利不说，反而亏损，被魏晋北挖苦。 正愁没有生意之际，李绍群拜托魏晋北和彭秀兵二人将自己种的普洱咖啡邮往海外参加比赛。普洱咖啡得了国际大奖，三人兴奋，决定合伙发展咖啡种植业，此前尝试的电商、物流业务都能派上用场。 魏晋北利用自己创业从商的经验设计了发展路线。 彭秀兵不顾村长反对，用乡村广播鼓励乡亲们克服对未知事物——咖啡的疑虑，不再种植销量不好的普洱茶，改种咖啡。
7. 达成	普洱咖啡种植工作如火如荼，收成很好。三人感情融洽，谈论理想。 李绍群感慨自己跟随父亲种普洱茶的时候不理解父亲，直到自己种咖啡，才有一点儿体会到父亲当时的心境。
8. 磨炼	国际大型咖啡企业星雀派了代表来找三人谈判，想要收购寨子的全部咖啡，从此买断。这位女代表趾高气扬，态度傲慢，开出了600万元的高价，但条件是从此寨子只种植星雀提供的品种。作为垄断企业，星雀的目标不是真的发展普洱咖啡，而是希望小众的优质咖啡品种从市场上消失。 李绍群为了普洱咖啡的培育费尽心血，坚决不同意接受星雀的条件。魏晋北则坚持想要赚到这笔钱，他屡次创业，这次终于离成功就差一步。彭秀兵也坚决反对，为了家乡的长远发展，拒绝让乡亲们沦为星雀的低价劳动力。
9. 破灭	星雀女代表出言不逊，对当地村寨态度不屑。魏晋北与两位同伴吵翻，彭秀兵怒称魏晋北是外人，不能真正为寨子乡亲考虑。三人友情崩坏，魏晋北感谢那天在天台彭秀兵救了自己一命，从此两不相欠，心灰意懒返回城市。
10. 契机	魏晋北回城之后心情沉郁，经常想起在云南和伙伴种咖啡的生活。在咖啡店和人谈生意时，看到他人对中国云南咖啡不以为然，感到难过遗憾。最终，他在心理医生的鼓励下，重返云南。
11. 对决	三人组重新集结，开始利用新兴的直播带货形式推销咖啡，大获成功。 三人获得了国内咖啡界的年度大奖，出席颁奖礼再次见到星雀代表，女代表表示佩服。
12. 排除	李绍群在与父亲断绝联络很久之后，终于来到父亲面前，给父亲做了一杯普洱咖啡，父亲理解了年青一代另辟蹊径振兴家乡的理想，父子和解。
13. 满足	三人接受采访，表示要继续做好普洱咖啡的事业，并把它做大做强。

这是一部较为典型的借助行业创业元素实现不同价值观情感聚合的故事，此前在我们分析的案例中，多有资本垄断者与小型良心企业之间的对决，如《喜欢你》中的酒店集团与老牌酒店，《风月俏佳人》中的投资集团与造船厂，《健听女孩》中的渔业中间商和普通渔民，都是类似的关系。在《一点就到家》中，咖啡集团星雀被塑造成了反派，而本来精明趋利的魏晋北，在两位理想主义乡村青年的感召下，克服了自己寡情功利的弱点，成为更好的人，也获得了事业的成功。影片中，魏晋北代表的城市与彭秀兵代表的乡村构成对立，城乡价值观不断冲突。而李绍群则希望借种植咖啡平衡城乡、现代与传统价、全球化与本土等二元关系，为此尝试国际化新作物，与父亲代表的传统规矩发生碰撞，在片尾父子共饮普洱咖啡那一刻，影片更宏大的乡村振兴主旨通过私人情感聚合得到了实现。"聚合的仪式"的特点在于，无论讲述多么抽象和博大的主题，民族也好，地域也好，既然是"情感向/生活调"的类型叙事，不能空喊口号，叙事终归要落到个体情感上，借友情、亲情的聚合讲述宏观的价值融合，友情、亲情故事作为包裹更大主题的寓言而存在。从这个角度看，"情感向/生活调"的类型几乎是天然的"主旋律"，主张"美美与共""求同存异""和而不同"。

可能有同学会问，这个 X 元素除了各种有助于增进人物情感、促成人物成长的事业、才艺等设定，可不可以是犯罪或暴力元素呢？这个问题很好，须知暴力、犯罪等冒险类元素，在调性上与主打温馨甜美、预期美满结局的情感向/生活调叙事差异很大，并非绝对不可，但需要在调性选择上有明确的主次区分。例如日本动漫《夏目友人帐》，借主人公深入妖怪灵异世界的冒险，讲述温情脉脉的情感故事，夏目的目标并非消灭妖怪而是最终归还妖怪的名字，还其自由，每一次与不同妖怪交涉都会牵引出动人的小故事。这和《西游记》式的除妖冒险肯定不同，虽然《西游记》里表现了师徒情谊，但情感聚合并非其主线情节，经历劫难、取得真经才是主线和终极目标。中国台湾电视剧《不良执念清除师》也是借主人公与幽灵的交涉，讲述一个又一个人间故事，该剧以破获悬案、执行正义为主线，但就像《聊斋志异》一样，鬼怪也许并不可怕，可怕的是人心险恶，幽灵不是主人公的敌人，而是他破案的助力。剧情在讲述破案和历险的同时，也塑造了温暖的伙伴关系、感人的人鬼情谊，属于"暴力向/冒险调"和"情感向/生活调"平衡得较好的作品。想达到调性杂糅相得益彰很不容易，冒险元素是一味"猛料"，即使很少篇幅，也容易干扰"情感向/生活调"主线故事的气氛与节奏，须慎用。相反，适量的情感叙事模块对于"暴力向/冒险调"叙事有锦上添花的效果。

附录：近年都市言情小说 IP 改编剧的人物职业设定（见表 3-24）

表3-24 近年都市言情小说IP改编剧的人物职业设定

剧集名称	小说名称	男主人公职业	女主人公职业
《三分野》	《三分野》	北斗导航工程师	企业管理者
《向风而行》	《云过天空你过心》	民航飞行部副部长	民航飞行员
《他从火光中走来》	《他从火光中走来》	消防员	舞蹈演员
《骄阳伴我》	《骄阳似我》	设计师	广告导演
《装腔启示录》	《装腔启示录》	投行业金融家	律师
《很想很想你》	《很想很想你》	配音演员	古风小众歌手
《照亮你》	《时光如约》	消防员	新闻记者
《我要逆风去》	《我要逆风去》	投行业金融家	服装企业管理者
《听说你喜欢我》	《听说你喜欢我》	外科医生	外科医生
《南风知我意》	《南风知我意》	药物研发员	外科医生
《一路朝阳》	《大城小室》	企业家	律师
《我的人间烟火》	《一座城，在等你》	消防员	医生
《治愈系恋人》	《治愈者》	外科医生	商人
《暮色心约》	《只因暮色难寻》	编剧	心理师

续表

剧集名称	小说名称	男主人公职业	女主人公职业
《在暴雪时分》	《在暴雪时分》	台球选手	台球选手
《春色寄情人》	《情人》	入殓师	医疗器械销售
《你也有今天》	《你也有今天》	律师	律师
《承欢记》	《承欢记》	商人	酒店销售
《余生，请多指教》	《余生，请多指教》	医生	大提琴手
《点燃我，温暖你》	《打火机与公主裙》	计算机工程师	计算机工程师

第四章

"暴力向"类型——"你的故事里有枪吗？"

大家应该还记得前面提到的编剧MFA同学应聘武侠项目失利的例子，也许对于一些创作者而言，上一章所谈的很多"情感向/生活调"作品统统算是文艺片，只有带有强烈感官刺激元素的电影才算是"类型片"（业内有种说法叫"极致类型片"）。除了喜剧片这种让人发笑的主打感官刺激的产品（喜剧相对容易与"情感向/生活调"兼容），其他感官刺激多来自动作奇观，其中与暴力相关的动作奇观最普遍，无论是个体的拳打脚踢、刀光剑影，还是自然或人为灾难造成的山呼海啸、房倒屋塌，都算广义的暴力。"暴力向/冒险调"叙事的前提很简单——"你的故事里有枪吗？"这里的"枪"只是个代称，可以是枪、刀、拳脚、奥本海默设计的原子弹及那颗红按钮、《三体》里汪淼的纳米技术和外星人的二向箔、《万神殿》和《黑客帝国》等赛博朋克世界的电子幽灵……总之是构成生死威胁的事物，以及相伴而来的正邪对决，托马斯·沙茨称之为"秩序的仪式"——以暴力方式为特定叙事空间奠定秩序，也是网络文学、网剧领域"男频""男性向"内容的主体部分。

一、暴力英雄人物的典型特征

> 主人公起到了加强社会秩序与无政府势力之间的基本矛盾的作用，而这个西部人的双重性格本身就体现了这种矛盾。西部片主人公的典型性格——一个夹在当中的人，他是文明与野蛮势力的中介，他是一个无家可归的，或没有明显的生活手段的高尚的人。他是一个行动的人，暴力的人。[①]
>
> ——托马斯·沙茨

> 任侠之士不同于设计世界图景的政治家，他追求的是公正平等适性自然的生活方式，而不是某一种政治制度。在一个人类被自己创造的重重规矩限定了束缚了因而难得自由想象自由活动的文明世界里，能有几个高傲怪诞不把一切规则放在眼里的"任侠使气"之士，实在昭示着人类对于自由的向往与追求。[②]
>
> ——陈平原

"冒险调"的主人公绝大多数拥有在险境中生存下来并谋取利益的一技之长，这种专长往往与暴力和/或犯罪有关。本书统称这样的人物为"暴力英雄人物"，那么"最常规的暴力英雄主人公是怎样的人"？

每当我问同学们这个问题，答案形形色色，有人说很勇敢，有人说很正直，有人说很自我……都有道理，而我的回答大概过于简单直白："很能打。"

[①] 沙兹.旧好莱坞/新好莱坞：仪式、艺术与工业[M].周传基，周欢，译.北京：中国广播电视出版社，1993：111-112.

[②] 陈平原.千古文人侠客梦：武侠小说类型研究[M].北京：新世界出版社，2002：189.

对，就这么简单，能打。美国的牛仔，欧洲的骑士，日本的武士，中国的侠客，世界各国的警察/军人……都同理。的确也有一些作品会设计不擅长攻击的"侠客"，不会武功的名捕等"不能打"的人作为主人公，但这样的故事之所以成立且让人耳目一新，恰恰因为它们站在常规的反面，"反类型"总是在大量类型叙事和类型人物已成规模的基础之上，因对比才产生另类意趣。

同学们回答的勇敢、正直可能是"能打"这个外在表象特征的连带品质，且主人公也许能打但并不勇敢，比如动漫《鬼灭之刃》中的我妻善逸，清醒时胆小鬼，睡梦中才变成快剑客；正直也分各种不同表现，有些英雄出场就是侠之大者，为国为民，也有大量暴力英雄主人公外表唯利是图、冷漠自私，内心潜藏正直的种子，渐渐被改变或浮现出来。

英雄身上的暴力属性不只因通俗娱乐叙事需要的感官刺激而存在，这里的暴力是相对脱离日常生活经验和文明社会常规价值判断的，其真正重要的意义在于，暴力英雄的故事是一则关于自由的寓言，隐喻着在古老礼俗社会和现代机械化社会中不同程度被抑制的个人主义理想，没什么比武力值更简单直接地体现个体的本能与才能，暴力能力拥有者能够做到对其他个体施加不同程度的身体控制，以此宣告自己的自由，以肉身行动支持心中奉行的价值观。"把人世间的矛盾纷争简化为武功较量，以为靠提高自身打斗能力就能平不平，报恩仇。"[1]

学者陈平原在《千古文人侠客梦：武侠小说类型研究》中指出："武侠小说本质上带有浓厚的个人英雄主义色彩。"[2] 不止中国武侠，近代以来全球有代表性的"暴力向/冒险调"通俗类型叙事模型都以个人英雄主义为底色，即使大家印象中相当强调集体性的日本，其大众文化内容产品（武

---

[1] 陈平原. 千古文人侠客梦：武侠小说类型研究[M]. 北京：新世界出版社，2002：126.

[2] 陈平原. 千古文人侠客梦：武侠小说类型研究[M]. 北京：新世界出版社，2002：127.

士片、剑戟小说、热血漫画）也是这个倾向。个人主义在美国文化中极度突出，但这并不意味着个人主义神话只属于美国，个人主义的抬头是伴随着人类现代化进程而来的思潮动向，与传统社会的集体同质化倾向、封建时代的身份固化规则相悖离。现代性和资本主义带来的阶级流动、城市化进程，向广大个体许诺了"靠个人奋斗实现生活品质提升"的梦想，却又在大企业垄断和经济危机的现实阴影下，宣告了个人主义的脆弱。我们此前指出，类型叙事是主流商业叙事，以处于社会结构腰部位置的人群为主要受众，为他们打造批量的、模式化的"白日梦"。因此，每一个暴力英雄不是个体户就是小职员，也有些一路打拼成了老板，他们在所属社会和组织中的位置对应着白领职员普通人，但他们在不普通的极端情境下，能够以最直接的方式——在肉体层面重创或消灭敌人，达成以自己的价值准则奠定某环境范围内部秩序的目的，而这种理想是作为"螺丝钉""工蜂"的绝大部分普通人无法实现又心向往之的。"游侠精神，是作为那种'无个性无特性带点世故与诈气的庸碌人生观'的对立面而出现的。"[1]"在分工越来越细等级越来越严规则越来越多的现代工业社会里，无拘无束自由自在的生命形态无疑十分令人羡慕。"[2]

暴力英雄人物的个人主义倾向使他们多少沾染上了无政府主义色彩，此类故事中"最根本的对立势力是社会势力和无政府势力"[3]，而暴力英雄人物个体"往往是去调解在他所处的环境内部的对立势力。在一个极力想建立社会秩序的成规化的舞台上，那个个人的类型英雄人物要生存下去就不

---

[1] 陈平原.千古文人侠客梦：武侠小说类型研究[M].北京：新世界出版社，2002：211."无个性无特性带点世故与诈气的庸碌人生观"语出沈从文《沈从文散文选》。

[2] 陈平原.千古文人侠客梦：武侠小说类型研究[M].北京：新世界出版社，2002：189.

[3] 沙兹.旧好莱坞/新好莱坞：仪式、艺术与工业[M].周传基，周欢，译.北京：中国广播电视出版社，1993：75.

得不具有无政府势力的才干和属性。……（而他的）的独立生存就使他和社团相异"①。如果这位暴力英雄正好是一名体制内的警察或者军人，英雄有用武之地，且合理合法，即暴力在制度的管辖下，能够与现行制度和社群管理机构合作，这大体是主旋律叙事，如电影《战狼》《湄公河行动》《红海行动》，剧集《破冰行动》等；如果暴力英雄没有合法使用武力的身份，与法制和社会规范龃龉颇多，其行为仅代表他自己，这要么是纯浪漫的无政府主义想象，要么是带有社会批判色彩的黑色故事。

在前面介绍类型叙事的基本要素时，我们提到其中一条是"极致人物"，想要做到极致，要么奉行天才原则，要么强调特色人设，或者兼而有之。想做到暴力英雄主人公的极致化，最常规的处理就是将其设定为超乎寻常的武力人才，天赋异禀和后天磨砺均可。虽说后天亦可，但这类故事的传奇特性没给无任何天赋者留下太多余地，天赋可能长期隐藏，如丑小鸭到白天鹅，《射雕英雄传》中的郭靖看似憨头憨脑，然而其至纯心智与经脉条件恰适合精研内功武学至高境界。若说某人学技能全凭机缘巧合，没有任何个人能力基础，受众怕也不满意。

在特色人设方面，传统型的暴力英雄人物大多脾气不佳，性格或孤僻或暴躁，人际关系不够和谐；有些就算脾气还好，往往过于单纯耿直，不够圆滑世故。武力值与情商皆高的多边形战士，以往不多见，在当代网络男频小说、热血动漫里多了起来，受经济上升期新自由主义影响，赢家通吃的爽文盛行，但既然追求"爽感"，就不得不牺牲深层的人物内在矛盾，于是要靠长篇幅堆积大量外部情节，淘汰赛式的升级打怪无休无止。

我们先把重点放在传统型的暴力英雄身上，虽然现在有了爽文，但传统暴力英雄形象仍然很经典，依旧在发挥作用。为什么一定要设定不能充分适应社会和集体环境的英雄，以致反反复复形成了传统？概因个人主义、

---

① 沙兹.旧好莱坞/新好莱坞：仪式、艺术与工业[M].周传基，周欢，译.北京：中国广播电视出版社，1993：138.

个人能力的凸显，要靠环境衬托，环境的不合理和众人的平庸是"暴力向/冒险调"叙事的培养皿，英雄总会被放置在"木秀于林，风必摧之"的尴尬境地，他必须被孤立起来，即便他不犯人，也总有麻烦找上他。"侠以武犯禁"，因为暴力英雄具备反抗能力，这让他们更难以忍受不义的压迫，会忍不住一怒拔剑或揭竿而起。2024 年 8 月，国产 3A 大作《黑神话：悟空》火遍海内外，游戏中的悟空形象便是如此，英雄的悲情境遇比古典名著《西游记》更直白，也更符合当代类型叙事潮流。

为说明暴力英雄人物形象，我常用的例子是《爱，死亡和机器人》第一季中的短片《变形者》，短片只有 15 分钟左右，包含了暴力英雄故事的几大常规设定。我们来逐段拉片分析。

《爱，死亡和机器人》作为动画短片集，每个短片的开头黑屏都颇有设计，用符号标记了短片的对立框架，这系列大部分短片都采用了某个历史悠久的传统电影类型作为基础，在此基础上融入"爱、死亡、机器人"等特色要素。

图 4-1 《爱，死亡和机器人》第 1 季第 10 集的开头黑屏

左侧是美国军队通用的军人身份牌简笔画，俗称"狗牌"（Military Dog Tag），中间打叉是"死亡"标识，右侧则是一弯新月，这个开头让人

联想到美国与阿富汗、伊拉克等国家的战争。

（1）影片开头，大远景，我们先看到一个<u>荒野中的小镇</u>，有坦克和士兵走在开赴小镇的路上。故事发生在乡村田园还是发生在城市中？——空间环境对于类型有很强的界定作用，对于"暴力向/冒险调"的故事来说尤其重要，和暴力英雄主人公的人设气质有较强的对应关系，这点我们在暴力空间的设定部分会具体展开。

显然，《变形者》的故事发生在荒僻的乡村环境中，某个沙漠地带的小镇，这很像美国西部片的开头，暴力英雄主人公来到某个混乱、荒蛮、法律和秩序皆无的无主之地。

图4-2 《变形者》剧照

（2）就像西部片、武侠片中常见的蛮荒小镇一样，这个沙漠中的阿拉伯小镇只有一条主要道路，男主人公是一位青年男子，他身穿迷彩服，<u>赤脚走在尘土飞扬的乡村道路上</u>，<u>在他身后跟着坦克和荷枪实弹的美军</u>。一对<u>身穿阿拉伯传统服饰的父子</u>从美军巡逻队伍旁走过。

男主人公一边走路一边与同伴通过对讲机讲些无厘头的笑话，和他对话的同伴<u>走在坦克之后</u>，在看起来危机四伏的环境里，这两人若无其事，同伴尤其松弛，显得比男主人公更活泼开朗。

我们看到这个场景的重要信息（Beat）包括男主人公赤脚，未佩枪，走在坦克前方，这样的行军阵型很奇怪，男主人公简直就是肉盾靶子，而他的同伴也一样。两人一个开路，一个殿后，其他美军乃至坦克貌似都处于这两位的保护之下。旁边经过的阿拉伯老人与少年明确地昭示这是美军在中东地区的军事行动，点题影片开头的"军牌 VS. 月亮"。

给军队充当先锋和肉盾的男主人公果然天赋异禀，他走到某处，面对前方零星的土坯民房，男主人公忽然叫停队伍，他闭上眼睛深呼吸，<u>镜头特写拍摄他的面孔、耳朵和眼睛</u>，以这种方式强调他的五感，他感知到了什么。忽然，一颗子弹射中了他的腿部，男主人公应声倒地，美军侦察小队和躲在民房里的狙击手激烈交火。

男主人公趴在地上继续观察，<u>眼睛瞳孔变为橙色</u>，主观镜头里他的视觉感受犹如扫描仪，准确报出狙击手位置，美军击毙对方，全员有惊无险。当男主人公站起身来，大腿血迹犹在，但他跟没事人一样<u>行动无碍</u>，和殿后的伙伴继续打趣聊天。

图 4-3 《变形者》剧照

看到这里，同学们基本可以猜出，男主人公和《金刚狼》的主人公罗根类似，是个狼人（Werewolf）。我们此时可以判定，此人作为狼人具有极强的武力值/暴力能力，他的暴力能力在职业军人身份的背书下，算是合法使用。这段执行任务的段落是"日常"阶段和"救猫咪"环节，符合"天才原则"——主人公天赋异禀，具有极高的武力值和暴力技能。且本片中的武力值不凭借任何外在工具，仅靠主人公肉身即可达成，用神奇的身体能力超越现代武器，带有更强烈的个人主义色彩。

（3）军队营房食堂场景，男主人公与此前殿后的伙伴同坐，两人与其他美国军人保持一定距离，其他人成帮结伙，显得男主人公与伙伴二人组较孤单。军人A挑衅男主人公，驱赶他和同伴，不许他们坐在同一张桌子，出言不逊，称他们受伤失血之后还能正常行动，根本不是正常人类，是怪物。男主人公同伴不满，回怼说，今天刚救了你们的命。男主人公则讥讽身为人类的美军们既不是飞毛腿也不是夜视眼，和男主人公的能力相比，人类才是"不正常"。气氛一时剑拔弩张，军人A起身欲动手，男主人公的同伴亮出了獠牙，力量震得桌子嗡嗡颤动，一只杯子落地碎裂，军人A等人不敢硬碰硬，悻悻退开。

这个段落展现了男主人公和同伴作为狼人美军士兵的人际关系情况，虽然暴力能力超群，却被身边的人类美军士兵忌惮和忌妒，除了彼此，在群体中感觉不到归属感和友情。这里引出了一项非常重要的暴力英雄人物设定：暴力英雄主人公为某个集体社群效力，尽职尽责，但这个集体中的人们不信任他。

这种不信任是暴力英雄困境和悲剧的来源，不信任的原因一方面是暴力能力本身，主人公因为强大的暴力能力，进行生杀予夺的自由程度凌驾于常人之上，让人恐惧；另一方面是和种族、国籍、党派之争等身份归属有关，英雄面临身份认同问题，需要做出选择，确定谁是自己人。沙茨的类型理论指出暴力英雄人物往往是不同身份和价值观之间的中介者，例如在暴力倾向方面与一个阵营接近，在维护和平的理想方面与另一个阵营接近，总是作为"以战止战"的执行者存在。暴力英雄多是"身在曹营心在汉"的混血儿，字面意义上或比喻意义上的"混血儿"，如《海王》中的男主人公作为陆地人类与海洋神族的混血，负责调节人类与海族、陆地与海洋的纠纷；《天龙八部》中的乔峰拥有辽人的血统，由汉人抚养长大，一生背负着"非我族类，其心必异"的枷锁；《倚天屠龙记》中的张无忌，父亲是名门正派，母亲是魔教妖女，成为魔教掌门之后，试图与名门正派维持和平局面。用通俗的话说，"暴力向"故事中经常包含"谁是自己人？"这个大问题。

《变形者》中的男主人公作为狼人，同时兼有美军士兵的身份，此前的表现证明他是个尽职尽责的好士兵，但他和狼人同伴不被周围的人类美军信任，显然在这些人类眼中，狼人血统就是绝对异类，哪怕都身穿美军军装，挂着军牌。这是一种典型的种族主义态度，认为种族决定某种本质，此时"军牌 VS. 月亮"又有了新一重含义——"美军 VS. 狼人"，在狼人的奇幻设定中，月亮与狼人的超能力、变身密切相关。可见，本片中有两组核心二元对立关系："美国 VS. 伊斯兰教"是外部矛盾，"人类 VS. 狼人"关乎主人公内心的身份认同，是做一名尽职尽责的军人，无所谓种族，效力祖国？还是确定和这些人类道不同，干脆一走了之？

图4-4 《变形者》剧照

（4）结束了食堂不愉快的"交流",男主人公和狼人伙伴索比尔斯基在操场角落聊天,男主人公不理解这场针对阿富汗的战争到底有何意义,索比尔斯基是个更积极主动的爱国者,像老大哥一样开导男主人公。索比尔斯基的身份认同很清晰,他承认并不是所有美国人都讨人喜欢,但他热爱自己的祖国,并愿意为之战斗。索比尔斯基既认同自己为美国人,也认同自己的狼人身份,不觉得有什么违和。男主人公则表示如果不是为了陪索比尔斯基,自己对这场战争毫无兴趣,他把狼人身份视为最重要的认同。此时,上级军官忽然出现,提醒两人军人要以服从为天职,狼人士兵被上司称作"狗兵","你们俩之所以在这儿,是因为猎犬必须捕猎"。上级的用词倒谈不上种族主义的侮辱,用粗俗贬低的字眼训斥军队一向是军国主义规训的一部分,典型案例如库布里克名作《全金属外壳》中的军训场景。

图 4-5 《变形者》剧照

在这个段落里,我们看到了暴力英雄故事中的又一组二元关系——"集体 VS. 个体",暴力英雄从事暴力职业,也面临和普通职员类似的矛盾,除非他是单干的个体户,如职业杀手、私家侦探,否则只要处于集体之中,就要处理和制度性机构之间的龃龉,无论作为基层员工还是作为高层,都可能身不由己。

"集体 VS. 个体"的二元对立背后往往是更深层的主题——"工具理性 VS. 价值理性",现代性背景下的集体组织,总有一种将个体工具化的倾向,否定个体的主体性和独立性,组织个体独立思考,只要求其完成分工内部的具体指令。

(5)长官命令索比尔斯基去山顶据点执行任务,负责那里的夜间守卫,索比尔斯基一如既往地不以为意,对于他们狼人来说,夜间高度警觉,人类即使有各种武器加持,也不是对手。男主人公与索比尔斯基在军营门口道别。

男主人公与索比尔斯基在身份认同和性格上的差异通过两人营房中的布置也能看出来,索比尔斯基一侧的床铺和墙面是典型的美国军人趣味,<u>美女、旗帜,生活物品零乱,较有生活气息</u>,而男主人公床铺周围<u>空无一物</u>,生活得像个苦行僧,缺少"人"味儿,极其简单。

(6)在一天夜里,山上据点忽然出现枪声和火光,发生了激战,男主人公立刻醒来,他十分担心索比尔斯基。于是跑出营房,听人说山上遭遇突袭,男主人公提出自己的速度比大部队更快,要求独自先上山营救,此前挑衅的军人 A 说风凉话:"狗兵担心自己的同类了。"男主人公愤怒回答:"山上的都是生命,不分种族。"长官准许男主独自先行上山一探究竟。

这段强调了"人类 VS. 狼人"二元关系,人类军人视男主人公为异类,男主人公虽然内心对人类极少认同,但他出于责任感对"美国军人"身份保持忠诚,恪尽职守,他有心超越种族藩篱拯救众人,却被人类美军以小人之心揣测和贬低。在暴力英雄人物周围,总有一些"不知好歹"的庸人,被英雄以德报怨还不自知,"暴力向/冒险调"类型叙事惯于以此衬托主人公的高大形象。

(7)男主人公一路<u>赤足</u>狂奔上山,速度惊人。他抵达山顶据点,看到血肉横飞,一片狼藉,现场看起来不像是枪炮造成的结果,美军士兵们被撕碎，血肉模糊。男主人公找到了索比尔斯基的遗体，他的半张脸都被利爪类的东西撕去了。男主人公十分悲伤。

图4-6 《变形者》剧照

（8）第二天，长官愤怒地向男主人公抱怨：对方居然也有狼人战士，他们是怎么躲过索比尔斯基的？男主人公指出，当时这些狼人就是冲着索比尔斯基去的，他们率先杀死了同为狼人的索比尔斯基。长官要求活捉对方的狼人。

无从得知索比尔斯基为什么没有及时发现狼人，以他的敏锐嗅觉未必不能提前发现，这不得不令人猜想是不是他一时对同种族手下留情，没有马上发动攻击，结果反被屠杀。而"狼人杀狼人"一事触及了男主人公的底线。在此前的铺垫中，他把"狼人认同"看得极重，唯一留在美国军队保持"美国军人"认同的理由，就是有狼人同伴在此。如今，男主人公与美国人这个身份之间的唯一纽带也失去了。而他更不能理解的是，对方狼人丝毫不顾及同为狼人的种族身份，以国籍划分敌我，对同类痛下杀手。

在这个段落里，索比尔斯基床边的各种装饰都被收起，男主人公对面是空荡荡的床铺，他周围已经不再有任何来自同伴的"美国味道"。

图4-7 《变形者》剧照

（9）男主人公随部队在小镇巡逻，经过一对阿拉伯父子身边，他似有所察觉，然而面对长官的问话，他否认有所发现。

男主人公为什么不当场趁着人多势众攻击敌人？须知暴力英雄凭着超凡的暴力能力，总有些清高和傲气在身上，有个人主义的情结，这不仅仅为了逞能耍帅，而是出于种种道义或尊严方面的理由，想要独立解决问题，作为个人，而不是庞大集体性机器的零件。

在本片的情境中，男主人公搜寻敌对方狼人最大的动机来自为狼人伙伴报私仇，而非为美国而战，此前男主人公说得很清楚，他与人类美军士兵相处不睦，对美国发动的阿富汗战争也不感兴趣，更何况按照上司的命令，出于工具性的目的，上司要留敌对方狼人性命为他用，如果作为美军士兵遵循上司命令行事，男主人公不可能手刃仇人，以血还血。因此，男主人公选择不告知其他美军，将敌人留给自己。

"报私仇"，这是"暴力向/冒险调"故事中最重要的情节选项之一。人物执着于亲自手刃仇敌，不假他人之手，如此方觉痛快；且不按社群集体规定的正常程序行事，倾向为事实正义牺牲程序正义。之所以强调私人恩怨、个人脱离集体孤胆复仇，从深层次上都是为了强调个体的独立性，影射日常生活中各类社会性规约制度的局限性，以个体的自由率性、以事实正义超克文明社会程序正义之局限。"'快意恩仇'的一个基本条件是根据自己的愿望、依靠自己的力量手刃仇敌，以求得到复仇的快感。"[1] 生活中此行不可取，而类型叙事提供了满足人们幻想和冲动的想象性解决方式。

图4-8 《变形者》剧照

（10）深夜，男主人公未穿美军军装，浑身赤裸奔跑上山，与同样赤身裸体的敌对方狼人老者对峙。

未穿美军军装是明显的肖像学提示，他此时作为纯粹的狼人去找另一个同类复仇。紧接着出现了另一处具有肖像学意味的细节，老者在男主人公面前丢下了索比尔斯基的军牌。这一刻两人好像在进行无声的对话："虽然你我都是狼人，但你们是美国军人。"

---

[1] 陈平原.千古文人侠客梦：武侠小说类型研究［M］.北京：新世界出版社，2002：126.

图4-9 《变形者》剧照

话已至此，无须多言。男主人公与老者各自化作狼的身体，展开激战。老者变身更迅速，比男主人公更快，男主人公初时落于下风，老者的儿子也加入了战局，男主人公诈败倒地。年轻狼人立刻冲过来欲结果男主人公，老者更加谨慎，试图阻拦却差了一步，年轻狼人被伪装昏死的男主人公反杀，老者与男主人公拼命，最终被男主人公杀死，男主人公复仇成功。

这场打斗贯彻了男主人公的"狼人之道"，排除一切人类的因素（国家、宗教……），以狼人的身份复仇。

（11）第二天清晨，<u>美国国旗照例在营地升起</u>，军人 A 正在升旗，忽然看到男主人公<u>赤身裸体伤痕累累</u>走入军营大门。其他人类美军对其侧目而视，神情惊疑不定。

男主人公换回常规军装，依旧<u>光着脚</u>，走到营地操场上摆放的美军遗体裹尸袋跟前，找到了<u>索比尔斯基的遗体</u>，以狼人的习惯和礼仪抚摸对方面颊，嗅闻气息，作为告慰和告别。正当他沉浸在狼人的特殊时刻时，<u>长官的责骂打断了他的缅怀，长官质问男主人公为何不遵守命令抓活口，称其报私仇的行为是畜生所为</u>。

男主人公扯下脖子上的美军军牌掷于地上，向长官宣告："我也许就是畜生，但我厌倦了做你豢养的畜生。"长官气结，但不敢阻拦。

男主人公抱起索比尔斯基的遗体，走向军营大门，军人A等人神情复杂，不同于最初的轻蔑和挑衅，此刻混合着畏惧和尊敬，男主人公给了军人A一个眼神，军人A示意其他人打开军营铁门，男主人公走出军营，向远方地平线山谷走去。在大远景中，美国国旗在近处飘扬，男主人公的身影渐行渐远。

图4-10 《变形者》剧照

在这个段落里，大量的细节提示着本片的各项二元对立主题，男主人公杀敌对方狼人，一方面是为好友索比尔斯基复仇，另一方面也完成了索比尔斯基的心愿——索比尔斯基是爱国者，忠实于美国军人身份，男主人公的复仇行为，主观层面出于个人私仇，但客观上也为集体/美军扫除了敌对方狼人的威胁，为国效忠符合索比尔斯基的心愿。于私于公，男主人公都问心无愧。至于长官的工具理性命令（留活口），他选择拒绝，杀死敌人，为朋友复仇，他的正义理念简单直接。长官代表的军队体制缺乏人情味和尊重，不值得留恋。

美国国旗的突出出现,美军军牌道具也一再被强调,男主人公丢下军牌,丢弃美军身份,无所谓"逃兵"和"军法",这些都不在他作为狼人的价值体系里。而他走出军营时和其他人类美军的眼神交流,点出了暴力英雄故事的结局潜规则:英雄注定远走。因为暴力英雄所处的环境、他效力的群体永远因其超强的个人暴力能力,将其视为异类,即使佩服也仍免不了忌惮和猜忌,最识趣的、彼此尊重体面的方式就是离去。

(12)在最后的尾声段落,男主人公来到高山之巅,在一块形似狼头的石头上放下了索比尔斯基的军牌,朋友被他安葬在了此处。之后男主人公消失了,空余地上丢弃的美军常服,满月升起,一声狼嗥在山谷间回荡。

图4-11 《变形者》剧照

本片最重要的两种意象"军牌 VS. 月亮"贯穿故事始终,结尾点题,主人公做出了符合内心呼唤的选择,做一只野外自由的狼,告别军队,也告别人类。本片中隐含的一组对立关系是"文明 VS. 自然",人类战争以文明为旗号,人们为了信仰彼此屠戮,而在狼的世界里,一切应该是很简单的。男主人公从最初就表达了对于战争的困惑不解,当朋友死于战争,死于同类相残——人类也正做着类似的事情，他与狼的混合体，彻底对人类社群感到失望，最终返回自然。在这个看似充满血腥暴力场景的动画短片里，其实蕴藏着反战的主题。

别看《变形者》的故事短小，简单平面，短短15分钟却浓缩了"暴力向/冒险调"叙事的几大常见情节设定，可以看到许多经典故事的影子：

①故事发生在某个混乱、荒蛮、法律和秩序皆无的无主之地。

②主人公天赋异禀，具有极高的武力值和暴力技能。

③暴力英雄主人公为某个集体社群效力，尽职尽责，但这个集体中的人们不信任他。

④英雄面临身份认同问题，需要做出选择，确定谁是自己人。

⑤报私仇！亲自手刃仇敌，不假他人之手。且不按社群集体规定的正常程序行事，倾向为事实正义牺牲程序正义。

⑥暴力英雄主人公结束任务远走。

暴力英雄人物常常是愤世嫉俗的，因为掌握超强暴力能力，他不再执着于通过暴力证明自己，反而对滥用暴力造成的伤害感到厌倦和疲惫，但有时只能通过武力威慑迫使其他战斗方停止使用武力，或者干脆最大限度地消灭敌方有生力量。为了达到此目的，暴力英雄必须亲自出手解决，为一定地域、社群范围内的暴力行为画上句号。

"一般把英雄人物安排成夹在当中的人，也就是他必须具有那个环境所固有的社会势力和无政府势力的特点和容量，因为他必须在一个基本上是（在某种程度上是由于他的在场）暴力的和危机四伏的世界中生存下去。那英雄人物的与世隔绝的独立存在和实行暴力的能力暗示着他和无政府势力的某种联盟；以及他拒绝让自己的态度迁就社团的集体思想套子，这两点加强了他的性格的基本两面性。"[1] 暴力英雄人物是无奈的

---

① 沙兹.旧好莱坞/新好莱坞：仪式、艺术与工业[M].周传基，周欢，译.北京：中国广播电视出版社，1993：109-110.

天选"夹生人",夹在激烈对立的势力之间受"夹板气",他的价值观和身份认同都面临选择和考验,很可能他需要走一条独属于自己的孤独道路,少有同类。超强的个人能力(暴力)是祝福,也是诅咒,让英雄能够在独行的道路上生存下来,如走钢丝一般保持平衡,同时也因为这种凌驾于常人的能力,让英雄不得不一直独行下去,难以真正融入非暴力平民群体的生活。暴力英雄故事的内核是一曲怀旧的挽歌,喜乐少,悲情多。

二、暴力传奇的挽歌主题

> 他是一个具有个人准则的人;他必须采取行动,因为社会虚弱到不能行动,而他的行动最后迫使社会秩序只能要求他离开他所保护的那个社团。在复仇的西部片中,主人公为社会除掉了一个无法无天的或捣乱的人物,但是一旦他完成了这件事,他与社团生活和价值的根本上的不协调就迫使他离去。[1]
>
> ——托马斯·沙茨

《金刚狼3:殊死一战》被誉为漫威超英电影IP"X战警"系列中最好的一部,IMDb[2]评分8.1分,豆瓣评分8.3分。影迷们从这部影片中看到了一种古老的新意,说古老是因为片中暴力英雄主人公金刚狼的年龄感和情节轨迹都致敬了古老的类型传统,新意则在于这种old school(古老、守旧)的挽歌风格在漫威主导的超英宇宙中很少见。漫威宇宙制造了太多

---

[1] 沙兹.旧好莱坞/新好莱坞:仪式、艺术与工业[M].周传基,周欢,译.北京:中国广播电视出版社,1993:140-141.
[2] 指互联网电影资料库,是一个关于电影演员、电影、电视节目、电视艺人、电子游戏和电影制作小组的在线数据库。

卡通化的暴力英雄主人公，他们从容洒脱、无所不能，如美国队长、钢铁侠、雷神、星爵、惊奇队长……金刚狼曾经也不差，性格沉郁一些，但基本是"人挡杀人、佛挡杀佛"任性惯了，直到《金刚狼3：殊死一战》，该片的英文名简单洗练，不再像同系列的前两部以"金刚狼"（Wolverine）为名，而是使用了人物本名"罗根"（Logan），让超级英雄卸掉光环，回归其自身。

大家可能会纳闷，所谓的"古老的类型传统"是什么？让我们来看一下《金刚狼3：殊死一战》中的一段情节。

在《金刚狼3：殊死一战》的故事里，2029年的世界是混乱而平庸的，昔日守护正义的变种人团体X战警早已解散，人丁凋零，领袖X教授年迈，成了一个生活不能自理的老人，他失去了对自己强大超能力的控制力，一旦失控就会给世界带来灾难。男主人公金刚狼罗根一边照料X教授，一边隐姓埋名躲避针对变种人的麻烦，他自己的自愈能力和体能也大幅衰退，好汉难提当年勇。意外地，罗根被卷入了一项护送小女孩劳拉前往美国—加拿大边境的任务，他只好带着X教授和劳拉一起上路，途中遭遇追杀。罗根意外发现，劳拉竟然是秘密组织用金刚狼基因制造的人造变种人，劳拉看似小萝莉一枚，实际愤怒时能爆发出强大能量，相当于人形超级武器。

我们要讨论的段落出现在逃亡之旅途中，罗根带着一老一小住进了赌城拉斯维加斯的旅馆，X教授神志退化，像个老小孩，对一切都很好奇；劳拉从小被研究机构监禁，很少出来玩耍，看什么都很新鲜；只有罗根神经紧绷，对于有人要一起坐电梯都感到不安。进入酒店房间后，罗根紧张计划下一步，X教授和劳拉则放松下来坐在房间里看电视。

电视正在播放经典西部片老电影，一个西部打扮的家伙一脸狞笑，开枪打死了另一个人。

罗根在隔壁盥洗室剧烈咳嗽，盥洗台上放着一堆迷你酒瓶，可见他酒瘾发作，进门就清空了酒店的迷你吧。他翻找劳拉的背包，想知道这个神秘女孩的来历，意外从档案中读到劳拉竟然是以自己基因制造的克隆人，无比震惊，和档案放在一起的还有 X 战警漫画。

图 4-12 《金刚狼 3：殊死一战》剧照

罗根走到劳拉和 X 教授身边，电视里正演到正义的白帽子牛仔开枪打死了此前杀人的凶徒，潇洒地收枪回鞘。罗根看着电视一脸不屑，又看了看正看得入迷的孩子，挥了挥手中的 X 战警漫画，对 X 教授说："看啊，查尔斯，X 战警有新粉丝了。你知道漫画都是瞎写的吧，可能其中四分之一确有其事，但也不是这样。在现实世界里人会死，也没有穿着紧身衣、自命不凡的傻子来拯救他们，这就是用来安慰失败者的冰激凌。"

X 教授提醒罗根不要对孩子说这么愤世嫉俗的话，罗根没好气地走开，电视还在演绎西部牛仔的故事，电视屏幕上正义的牛仔对老电影里的小孩子说："人必须忠于自己，乔伊，不能违背自己的本性，我试过了，可最终还是不行。乔伊，带着杀戮活下去很艰难，这条路没有退路，是对是错，你都得背负，直至一生。现在快回去找你妈妈，告诉她一切都好，山谷里再也不会有枪声了。"

第四章 "暴力向"类型——"你的故事里有枪吗？" | 233

可能有四分之一发生过 但不是像这里面的这样
Maybe a quarter of it happened, and not like this.

图4-13 《金刚狼3：殊死一战》剧照

《金刚狼3：殊死一战》的这个段落带有典型的"迷影"和"自反"属性，娴熟地引用了影史经典和《X战警》IP自身。片中，电视屏幕上演绎的西部牛仔故事与罗根带着小女孩逃亡的故事构成了互文关系，X教授口中的"非常有名的电影"是导演乔治·史蒂文斯的《原野奇侠》(Shane, 1953)，是一部影史经典西部片，塑造了潇洒又正义的牛仔游侠沙恩形象。《原野奇侠》像《金刚狼3：殊死一战》一样，也有一个小孩子和暴力英雄主人公产生了羁绊，即这个片段中的小男孩乔伊，X教授和劳拉看到的是结尾，沙恩替被欺压的农户们出头，杀死了巧取豪夺的地头蛇恶霸，告别远走。乔伊挽留这位他心目中崇拜的英雄，但沙恩婉拒并说出了上面那番话，这番话代表了一系列暴力英雄故事中主人公的心声——他对杀戮已经厌倦，但为了维护正义又必须再次举起枪，他并不认为自己能杀人有什么了不起，告诫下一代不要学自己的样子，杀戮和暴力由自己画上句号。而他暴力的习惯和能量对于一个和平的山谷而言，反而是不安的来源，只有他离开，山谷中才能不再有枪声。

图4-14 《金刚狼3：殊死一战》剧照

是不是有点像我们此前看的《变形者》结尾主人公的选择，虽然动机和心情不同，但都是远走。罗根与《原野奇侠》中沙恩的互文关系体现在，他看似粗暴没好气地对小女孩劳拉说出的话，其内核和沙恩对乔伊的告诫是类似的，暴力英雄只是传奇，实际并没有那么光彩。潜台词都是："不要把我当成榜样，别和我成为一样的人。"《金刚狼3：殊死一战》的结局也是如此，金刚狼罗根嘴硬心软，最终为了拯救劳拉和其他变种人孩子，牺牲了自己，与敌人同归于尽，但他至死都拒绝让孩子们利用超能力、暴力来帮助自己消灭敌人，他要独自为人类与变种人之争画上句号。

《金刚狼3：殊死一战》应用《原野奇侠》的影像，制造戏中戏、影中影式的互涉，古老的传统即"英雄以自己的离去或死亡终结动荡的旧世界，把新世界留给他人"。英雄对于自己的暴力属性有清晰的认知，从道德上他支持新世界，但追求自由肆意的本性又让他知道自己无法完全融入，于是既无奈又从容地接受"飞鸟尽，良弓藏"的命运。

当代中国通俗类型叙事也不乏此类例子，例如马伯庸的小说《长安十二时辰》及改编的同名网剧，主人公张小敬身为长安不良帅，日常结交三教九流，秉公执法，仗义疏财，过往又是行伍出身，曾经在陇右战场为大唐出生入死。这样一位将保卫长安视为使命的英雄人物，却因为昔日战友被官僚迫害致死而冲冠一怒，杀死上级，以下犯上乃封建时代重罪"不义罪"，张小敬被判入狱待斩。此时有突厥狼卫潜入京城，长安恐将大乱，靖安司是负责长安安全事务的特殊衙门，靖安司司丞李必亟须特殊人才在十二时辰之内解决长安危机，遂释放张小敬出狱，以赦免死罪为条件，命张小敬抓捕贼人，粉碎其阴谋。

张小敬之所以银铛入狱，正是因私仇之故，也许冲动，但不是偶然。出身草根、混迹边塞军队的他，从来就不曾真正适应长安的官僚秩序，面对玩弄权柄、巧取豪夺的酷吏上司，他想要执行正义只能通过暴力杀人，否则封建体系下官官相护，永无复仇之日。而张小敬对长安城又怀有真诚的责任感，他为了查明突厥狼卫的阴谋不顾安危，绝不只是为了李必那个免罪的奖赏承诺，在他行动的过程中，读者与观众真切看到了一种"中国式封建内耗"——中国漫长的文官社会形成了中庸与世故的官僚传统，主人公一介武夫，一心为民，却屡屡被其他官僚以小人之心揣测，横加阻拦，将其所作所为解读为朝廷党争伎俩。读者和观众愤怒于庸官与奸相等反派"又蠢又坏"，同时为真正做事儿的人感到不甘和抱屈。故事结尾，张小敬并没有留下来接受皇帝的封赏，而是选择远遁，他爱着长安，但长安和朝堂终不是他这种真性情武者的归宿。朝堂对他的态度也是一样，用人但疑之，迫不得已时必须请他出山，一旦危机解除又视其为眼中钉。理想主义的青年官员李必理解张小敬，而他的结局变得和张小敬一样，只不过是文官版本，他受到张小敬影响，入山修道，暂别政坛。

《长安十二时辰》可以算是比较典型的双男主冒险故事，此类故事中两位主角搭档往往在外在气质、内在性格和专业才干方面"一文一武"，文者相对社会化程度更高，更适应集体和制度，武者则较为勇武耿直，与结构和秩序有更多摩擦，需要文者作为黏合剂来协调，两相配合才能完成任务。当然也有反向设计的，比如文者不通俗务，难以融入"蓝领气息"浓重的武者群体，像个清高的书呆子，很多故事中初入警局上班的大学生菜鸟警员就是如此，要靠人情练达的老江湖武者提携教导。后一类故事相对更具喜剧性和乐观情调，属于更加主旋律、合家欢的风格。前一类故事则强调挽歌的怀旧悲情色彩，典型案例如经典西部片《双虎屠龙》，这部影片中的双男主模式和最终结局是许许多多类似故事的"标准版"。

《双虎屠龙》是美国西部片大师约翰·福特的代表作，由两位当时的巨星约翰·韦恩和詹姆斯·斯图尔特主演。故事符合经典西部片的二元对立框架，或者说约翰·福特就是这套对立框架的主要奠基者。对立体现为：

东部　　VS.　　西部

城市　　VS.　　乡村

文明　　VS.　　蛮荒

工业　　VS.　　田园

法制　　　VS.　　　暴力
主流社会　VS.　　　无政府力量

我们来拉片几处重场戏。

（1）国会议员衣锦还乡，追忆往事。

影片采用倒叙结构，华盛顿国会议员兰瑟·斯图塔特两鬓斑白，乘着火车来到某西部小镇，这里是他妻子海莉的故乡，兰瑟在这里认识了海莉，他的从政之路也是从这里开始。兰瑟此次回乡是为了参加一位昔日旧识汤姆·多纳万的葬礼，他们途径多纳万的农场小屋，后院开满了仙人掌花，望着多纳万的棺木和古老的驿路马车，兰瑟追忆起了往事。

图4-15　《双虎屠龙》剧照

火车意味着工业文明已经铺展到了小镇，驿路马车满布蛛网不再被使用，来自东部政治文化中心华盛顿的议员夫妇与西部草根百姓对比，人物台词说道："很多地方都变了，教堂、学校还有商店。""你看，铁路也是，沙漠却还是一样。"寥寥几笔却暗示如今的西部已经是文明化之后的西部，只有亘古不变的沙漠提醒着过往时候另一个西部的存在。

（2）律师初到蛮荒小镇，秀才遇匪。

兰瑟当年是一位律师，他西装革履踌躇满志地从东部城市来到正在开发中的西部蛮荒之地，希望学以致用。不料还没到目的地就遭遇了打劫，一群穷凶极恶的匪徒身穿适合沙漠骑行的风衣，蒙面出现，威胁车上众人交出财物。搜刮了钱财不说，为首之人还要强抢一位老妇人的胸针，老妇人苦苦哀求说是亡夫遗物，意义非凡，匪首不予理睬，照抢不误。兰瑟看不过眼与匪首争辩，惹恼了对方。

这位强盗头子脾气残忍暴躁，他赶走了马车和众人，单独留下兰瑟要单独给他些教训。倾倒兰瑟的行李时，强盗发现很多法律书籍。得知兰瑟是个法律从业者，大盗更加愤怒，扯下面罩，一边叫嚣着"这里只有西部的法律"，一边撕毁法律书，拎起银节鞭对兰瑟大打出手，将奄奄一息的他丢在荒郊野外等死。

图4-16 《双虎屠龙》剧照

这段呈现了东部文明世界与西部蛮荒之地的巨大差异，大盗口中的"西部法律"就是暴力和弱肉强食丛林法则，兰瑟代表的东部文明世界价值在这里遭遇了嘲弄和践踏，直观呈现为法律书籍被撕碎的画面。

（3）牛仔搭救律师，话不投机。

牛仔汤姆·多纳万<u>一身劲装骑着马</u>，后面跟着他的助手黑人庞培，庞培驾驭的平板马车上躺着被汤姆从郊外"捡回来"的文弱书生兰瑟。汤姆敲开了小镇饭店店主海莉一家的门，将兰瑟<u>打横抱入屋里救治</u>。海莉已经从先行返回镇上的驿路马车那里，听说了兰瑟试图保护老妇的英雄之举，十分同情和赞赏，汤姆不以为然。

海莉热情细心地给半昏迷的兰瑟擦拭伤口，听到海莉夸奖兰瑟，汤姆<u>显然有些吃醋</u>，讥讽道我们这来了个 lady's man。英语俚语 lady's man 类似我们说的"贾宝玉""小白脸"，指那些不够阳刚、混在脂粉堆中的男子。这里体现了双男主组合惯用的性别气质对比——传统男性气质（阳刚粗犷风格）VS.非传统男性气质（文弱、精致、秀气等特质）。

汤姆看不惯<u>海莉温柔地给兰瑟擦脸</u>，自告奋勇抢过手帕，<u>粗暴地在兰瑟脸上随便抹了抹</u>。海莉的父亲张罗去找治安官，汤姆说风凉话称<u>治安官不一定清醒</u>（片中治安官玩忽职守，是个酒鬼）。兰瑟醒转，挣扎着坐起来。海莉和母亲将烧热的咖啡和<u>烈酒</u>混合，作为偏方拿给兰瑟喝，兰瑟尝出酒味，<u>不肯喝酒</u>。汤姆似笑非笑看着矫情的兰瑟，<u>拎起旁边的酒瓶欲饮</u>，嘴上说着"让别人独自喝酒不是<u>西部人</u>的作风"，海莉夺过酒瓶<u>不许汤姆喝酒</u>。汤姆撇撇嘴，不与海莉争辩，<u>掏出烟卷凑近油灯点燃，吸起烟来</u>。

这段继续展现两人一文一武的气质差异，兰瑟烟酒不沾，无不良嗜好，斯文讲究；汤姆烟酒不忌，行为粗犷，不拘小节，不断强调"西部人"该如何。本地治安官是个酒鬼，侧面说明了此地法律薄弱，形同虚设。

兰瑟称自己的手表、钱财都被抢走，身无分文，他发誓要做些什么，伸张正义。兰瑟询问汤姆，那个拿着银节鞭的盗匪叫什么名字，听闻那人叫雷伯蒂·瓦朗斯[①]（Liberty Valance）。听到雷伯蒂·瓦朗斯这个名字时，海

---

① 此名字起得很有意思，Liberty 直译是自由，似是隐喻大盗享受着暴力能力带来的滥杀自由。

莉和母亲都面露惊惧，此人是远近闻名的恶徒。汤姆不以为然地看着这个口出狂言的书生，掏出腰间的手枪在手上转了转说："要想对付雷伯蒂，你先得弄把枪。"兰瑟否认道："我不要枪，我不想杀他，但我要他坐牢。"汤姆嘲笑兰瑟的幼稚："我知道那些书教了你很多，但书在这里压根不管用，在这里自己的问题要自己解决。"

图4-17 《双虎屠龙》剧照

"书 VS. 枪"，两种意象贯穿全片，分别代表了兰瑟和汤姆。这部电影如果用《一点就到家》的英文片名 *Coffee or Tea* 命名法，也可以叫作 *Book or Gun*。两种意象背后是不同的价值观——主流社会文明制度 VS. 无政府主义影响下的个人主义。

汤姆说出的是典型的个人英雄主义主张，自己的问题自己解决。美国西部片来自西部传奇小说，西部故事作为大众通俗叙事产品，重新想象了美国建国神话——一个由个人英雄们构成的国度。西部传奇提供了缺乏法制的蛮荒空间，提供了清教徒白手起家拓荒的美国梦，提供了人们拿起枪自己解决问题的合理性，也塑造了以维护正义为由四处出击的自负态度，这一类型叙事模式是美国建国后推崇的诸种文化价值观的产物，反过来也对美国文化影响深远。

而兰瑟作为律师坚信法律的力量，拒绝使用暴力手段。他不可置信地看着汤姆，说道："你知道你在说什么吗？你说的话居然和大盗瓦朗斯说的一样。"当然一样，这就是暴力英雄人物的特质，与反派常常是一枚硬币的反面的关系。汤姆自己谈及大盗也会说："他枪法很快，跟我有一拼。"潜意识里，他也认为自己和大盗是同类人，拿枪的人习惯以暴力手段解决问题。

图4-18 《双虎屠龙》剧照

在"暴力向/冒险调"故事里，既然暴力英雄主人公和反派都有暴力能力，且都有暴力倾向，那他们的区别在哪儿？暴力主人公心中仍然坚守正义和人性，对不具备武力的平民保留了同理心，而反派则往往有类似虐待狂的倾向，滥用暴力 overkill（过度杀戮），有时甚至不是为了实际利益，仅仅是为了宣泄变态欲望。本片中的雷伯蒂就是如此，他初遇兰瑟时发现对方是和法律沾边的身份，为了泄愤疯狂鞭打毫无反抗之力的兰瑟，手下强盗都看不过去，觉得没有必要，奋力拉扯阻拦才勉强把狂怒的雷伯蒂拉走。

（4）律师入乡随俗，牛仔戏弄。

随后故事的发展是牛仔和律师各自以自己的方式经营在小镇的生活，兰瑟身无分文借住在海莉家里，日常帮助饭馆做些杂活，围上围裙劳作，看起来更加缺少男性气质了，像个好好先生。但是，兰瑟从来没有忘记要将雷伯蒂绳之以法的立誓，他从力所能及的事开始，在小镇普及文化教育，帮助兴办学校，教孩子们认字读书，组织乡亲们了解美国政治制度，筹办当地议会。这简直是一部美国版乡村扶贫电影，其原理未尝不可以用于我们的乡村振兴故事。

海莉已经长成亭亭玉立的青年女子，但她没有受过教育，目不识丁，兰瑟安慰并鼓励海莉，教她识字，两人渐生情愫。兰瑟听说海莉自幼在西部沙漠地带生活，从来没见过玫瑰花，便许诺总有一天要让海莉看到真正的玫瑰，海莉心动。与此同时，多年暗恋海莉的汤姆也决定安顿下来，向喜欢的女孩求婚，汤姆能做的就是以西部男人的思维修建一处农场，搭好小木屋，他能送给海莉的浪漫只有院子里那些仙人掌花——影片开头，海莉望着农场的仙人掌花百感交集。"玫瑰 VS. 仙人掌花"这两个意象代表了两种不同的生活，海莉在两个男子之间做出了选择，而海莉/女性的选择在西部片的二元价值体系中就等于主流社会/平民社群集体的选择。

兰瑟在小镇普及法律与制度的消息传到了大盗雷伯蒂耳朵里，大盗听闻这个文弱书生居然扬言要将他逮捕入狱，勃然大怒，同时嘲笑兰瑟不自量力，声称总有一天要开枪毙了兰瑟。海莉担忧兰瑟的安危，拜托汤姆保护兰瑟。汤姆本来正为兰瑟抢走海莉的心而郁闷，但他不忍心看海莉难过，还是答应了海莉，并主动找到兰瑟要教他枪法。

双男主故事其实和我们之前讲的"情感向/生活调"故事中的配对主人公一样，也会形成性格的互补和互相影响。曾经坚决反对暴力的兰瑟此时入乡随俗，也随身携带了一支手枪。汤姆在野外拦住兰瑟的马车，拉着他去自己的农场练习枪法。在这个段落里，汤姆一方面遵守对海莉的承诺，另一方面也存了私心戏弄兰瑟，希望他知难而退——在面对大盗方面以及爱情方面。

图4-19 《双虎屠龙》剧照

我们看到兰瑟完全无法击中远处的射击目标，动作笨拙，相比之下，汤姆简直是个用枪的艺术家，从容潇洒，百发百中。汤姆故意指使兰瑟去远处栅栏高处摆放"靶子"——刷房子的油漆桶（汤姆正在农场粉刷计划中送给海莉的"婚房"），在兰瑟摆放油漆桶的时候，汤姆故意开枪击中油漆桶，让油漆洒了兰瑟满身，兰瑟怒气冲冲给了汤姆一拳，汤姆皮糙肉厚，完全不当回事。

（5）律师击毙大盗，功成名就。

在影片的高潮时刻，大盗雷伯蒂来到了小镇，在酒吧喝得醉醺醺，听说兰瑟也佩带了枪支，正中大盗下怀——在当时的西部，在双方均持械的情况下，枪战中即使杀了人，也可以用自卫开脱罪责，免受惩罚。兰瑟拿着他的小手枪，也毅然走向酒吧，他听说雷伯蒂在这里。这位律师真的入乡随俗了，他未必真的想开枪或者能够做到开枪，但他摆出了一种西部人的姿态去面对邪恶，在这点上他确实受到了汤姆的影响，此刻拿着枪的兰瑟至少在表面上扮成了暴力英雄。

与此同时，小镇的人们纷纷躲进房间，这就是暴力英雄与普通人之间的壁垒，故事会用谨小慎微的平民社群的存在衬托英雄的勇敢。

雷伯蒂与兰瑟在街道一侧的檐廊下对峙，雷伯蒂不断挑衅，兰瑟迟迟没有开枪。当兰瑟经过檐廊下某个盛水的吊罐时，雷伯蒂故意一枪击中吊罐，水洒了兰瑟一身，雷伯蒂哈哈大笑。这个时刻与此前汤姆戏弄兰瑟的时刻在构图、动作方面都高度相似，老练的大师约翰·福特用视觉动作提示观看者，汤姆在某种意义上确实和雷伯蒂是同一物种，代表着无政府主义的任性妄为。

图4-20 《双虎屠龙》剧照

兰瑟不顾挑衅继续向雷伯蒂走去，但他始终没有举起枪，雷伯蒂这次一枪命中兰瑟持枪的右臂，鲜血直流，雷伯蒂狂笑。雷伯蒂像猫戏弄爪下的耗子一样，他没有直接杀死兰瑟，而是继续逗弄折磨，兰瑟用左手去捡手枪，雷伯蒂就冲着手枪掉落的地方开枪，兰瑟差点又被击中。雷伯蒂终于是让兰瑟把枪捡了起来，以大盗的虐待狂秉性，他大概想在兰瑟燃起一点点自卫的希望时再次掐灭兰瑟的希望，雷伯蒂这次要动真格的，举枪瞄准兰瑟的眉心。

出其不意地，兰瑟左手忽然举枪，雷伯蒂应声倒地。大家看到这可能会吐槽"反派怎么总是死于话多"——这一看似硬性配合主角光环的设定之所以反复出现，也不是全无依据，反派之所以是反派就在于他的滥杀与虐待狂心态，所以总是忍不住炫耀自己，满足虚荣心和表演欲，想要戏弄对手，欣赏对手的绝望，结果玩着玩着就把自己玩下了地狱。

这时，忽然有很多人从周围的屋子中涌了出来，也不知刚刚他们为什么当缩头乌龟，为什么不齐心合力对抗大盗。各人自扫门前雪是平民社群的常态，但换个角度，良民们遵纪守法倒也没错。这就是暴力英雄故事中永恒的矛盾，遵纪守法往往不能实现事实正义。治安官判断大盗死亡，雷伯蒂成了众人口中那个"杀死大盗雷伯蒂的人"，是小镇的英雄。

（6）牛仔隐身幕后，功成身退。

就在观众认为兰瑟已然被西部同化，最终用枪解决了问题的时候，约翰·福特让故事发生了反转。大盗被击毙，小镇得享太平，当地议会成立，选举如火如荼，兰瑟此前用生平所学给小镇带来了文明，如今又击毙了大盗，呼声很高。但他的竞争者攻击兰瑟的软肋——杀过人，虽然兰瑟自卫杀死雷伯蒂，并未犯法，也得到了乡亲们的支持，但对于兰瑟自己来说，这违背了他当初来西部普及法律的初衷，相当于他背弃了信仰，他无法自处，这确实是他的软肋。听到对手这样说，兰瑟满面羞愧，夺门而出，决定退出选举。

汤姆在选举会场外拦住了兰瑟，生拉硬拽将他拉进旁边的房间，汤姆质问兰瑟："你仔细回想一下，雷伯蒂真的是你杀的吗？"

约翰·福特让我们看到了当时枪战的闪回，这次换了一个视角，是汤姆的视角，兰瑟与雷伯蒂对峙时，汤姆就站在旁边的小巷里，身边还有他的助手庞培。兰瑟信守对海莉的承诺，要保护兰瑟周全，在大盗瞄准兰瑟眉心那一刻，神枪手汤姆示意庞培将<u>射程更远的猎枪</u>扔给自己，及时出手，以微妙的时差先于兰瑟开枪，击毙了雷伯蒂。以兰瑟平日的准头，加上右手受伤用左手开枪的情况，我们百分之百地确定如果不是汤姆出手，"瞎猫绝对撞不上活耗子"。

汤姆击毙雷伯蒂后，将猎枪又扔给庞培，两人转身消失在暗巷里。光线昏暗，我们看不清汤姆此刻的表情，但他的肢体语言给人一种沉重甚至自暴自弃的感觉。真正杀死大盗雷伯蒂的人是汤姆，但汤姆把英雄的光环拱手送给了兰瑟，把喜欢的女孩也让给了兰瑟。

图 4-21 《双虎屠龙》剧照

为什么？汤姆在兰瑟初来小镇时尚未觉察，但后来的他意识到了时代和环境的变化，那个神枪手纵横快意的西部已经渐渐消失，被东部的"文明人"同化，而汤姆自己属于旧西部的"野蛮人"，无法变成兰瑟，也不能装作平民，这个新西部没有他的位置。为顺应社群所愿，他把英雄的资历送给了众望所归的兰瑟，为兰瑟日后的从政治理之路铺了垫脚石。至于海莉，贤妻良母型女性在"暴力向/冒险调"叙事中代表着和平与安定，是平民社群的美好象征，汤姆成全海莉与兰瑟，他很有自知之明地看出了海莉想要的、需要的是兰瑟代表的文明和进步，这是自己给不了的，正如为社群解决了最后的麻烦/异类之后，汤姆自己就会变成异类，他选择自我放逐独自在农场终老，这对于他自己、对于文明化之后的西部平民社群，都是最合适的结果。

这就是暴力英雄叙事的怀旧倾向，暴力英雄主人公这种带有欧洲古典的骑士精神或中国战国时代"士"气节的人格，与迷恋"进步""利益最大化"的现代性格格不入。"西部英雄人物在肉体上和自然界结成联盟，然而他的道德却和文明结成联盟，他是相互冲突的态度与价值的古怪结合。他是行动的人，沉默寡言，他有一种不成文的荣誉准则和姿态，这使他委身于蛮荒西部的脆弱的文化社团，同时又使他和这社团疏远。西部人的性格——'风度'的稳定性通过时间可以看出，在这一类型的发展过程中，社团总是描绘成越来越复杂和'文明'的地点，而西部人实质上却没有变。"[1]周围的一切都变化了，固守个人英雄主义尊严的主人公只能在别人的时代孤独地唱着自己的歌，文明与秩序虽好，但总有一种将所有人规训塑造为统一面目的倾向，以暴力彰显自由和个性的英雄不能适应这种规训，注定是社群边缘的零余者。

"西部片，像强盗片和黑色侦探片一样，以传统的个人美德和自由的代价，不无怨恨地承认社会发展的需要和势在难免的社会秩序的需要，尽管有社会的无情的进步以及它那消除西部人的必要性，但是那类型主人公依然作为社会代理人坚持存在。"[2]沙茨称以西部片主人公为代表的暴力英雄人物是"静态"的，所谓静态，可以理解为我们此前讨论的人设，是一种

---

[1] 沙兹.旧好莱坞/新好莱坞：仪式、艺术与工业[M].周传基，周欢，译.北京：中国广播电视出版社，1993：111.

[2] 沙兹.旧好莱坞/新好莱坞：仪式、艺术与工业[M].周传基，周欢，译.北京：中国广播电视出版社，1993：142-143.

传奇性的、高度假定性的硬性规定，相对屏蔽现实中复杂的前因后果，就以扁平的规定性将其定义为一个恪守老理儿、绝对遵守英雄义气原则的人，生活在过去不肯前进和改变的人，改变意味着束缚和平庸，泯然众人矣。沙茨说的是西部片，但作为现代全球化背景下的大众文化寓言，各国文化土壤中的暴力英雄在这一点上是同源的，例如徐皓峰武侠小说中的人物，从《刀背藏身》到《师父》再到《入型入格》，民国作为中国现代性转折期与美国西部的现代化进程从某些角度亦可比，日本明治维新背景下的武士形象亦然，当往昔的道义规则在注重实利的现代思维冲刷下礼崩乐坏，主人公明明可以在恰当的时机全身而退，却偏偏要赌上身家性命，只求个快意恩仇。

作为时代变迁见证者和牺牲者的暴力英雄人物哪怕表面上屈从于命运，顺从了时代和环境的变迁，其内心的反骨和通过暴力特长获得价值感的欲望也无法完全磨灭，一旦有机会人尽其才，他们总会忍不住站出来，采用"非常手段"。而最后的结果，除了问心无愧的满足，恐怕没有什么实际利益作为奖赏，因为行非常之事总归上不得文明环境的台面。

唐五代时期的诗人沈彬有一首诗，极好地概括了暴力英雄故事的挽歌主题——

《结客少年场行》
重义轻生一剑知，白虹贯日报仇归。
片心惆怅清平世，酒市无人问布衣。

你们看是不是很恰切，第一句"重义轻生一剑知"说的是暴力能力高超，人品正直守义；"白虹贯日报仇归"对应着最常见的暴力英雄行为——仗义复仇，且复仇的过程酣畅淋漓，施展出了如行为艺术一般的武力技巧，以"白虹贯日"形容暴力美学。真正的精粹在于最后两句"片心惆怅清平世，酒市无人问布衣"，道出了暴力英雄传奇的挽歌性质，英雄不是从此高歌猛进、继续风光，他为清平世而谋，也因清平世而"失业"。天下太平之后，英雄无用武之地，难免颓唐无聊，留恋酒市，以酒告慰。至于为何是"布衣"而非"锦衣""官衣"——未曾获得承认与嘉奖几乎是一定的，但凡足够入世，能够顺应时代和环境，就不会以武犯禁；就算被体制授予嘉奖，清高的暴力英雄也多半不会接受，宁当无人问津的无名之辈，也不屑沽名钓誉，"忍把浮名，换了浅斟低唱"。中国的侠文化里有太多文人梦，有太多来自士大夫阶层边缘地带的不甘与傲气。不过，大家不要觉得这种情绪独属于中国，民族的恰是世界的，西方近代文化推崇"高贵的野蛮人"，异曲同工。

有时候我们会质疑，谁会那么容易为他人抛头颅、洒热血，深究暴力英雄人物的行为动机，有时候会觉得这类人物工具化、概念化、作为人设很鲜明，但若作为和现实相关联的人物推敲，似乎不够有说服力。暴力行为带来的价值感和成就感在"暴力向/冒险调"类型的主人公动机中权重极高，前提是人物极为擅长暴力行动，在其他方面不说一无所长、百无一用也差不多，或者因前史和性格，对日常生活兴趣阙如。当他们被剥夺了使用暴力的机会，无法"人尽其才，物尽其用"时，他们失去了在"圈子"（武林、江湖、黑白两道）中的地位和尊严，甚至连物质生活也失去了保障，断了经济来源。譬如在美国西部片《豪勇七蛟龙》中（该片翻拍自日本电影大师黑泽明的《七武士》），一群牛仔帮助小镇村民赶走盗匪，好几个人牺牲了性命，此前村民有言在先，报酬低廉，但这些艺高人胆大的牛仔没有拒绝。在领袖克里斯和文恩四处招兵买马的段落里，观众跟随他们看到：昔日江湖上有名号的枪手们不是在火车站当廉价搬运工，就是在农场里劈木柴，不仅被人忽视，还时不时被不知深浅的家伙挑衅，那种感觉好比用千里马来拉货，有种暴殄天物的感觉。当克里斯说出有边境混乱地界的"任务"可接时，虽然报酬配不上枪手们的身手，更不值得豁出性命，枪手们还是"接了单"。

　　这段招募团队的戏与2023年底热门电影《三大队》很像，因意外造成嫌疑人死亡的三大队刑警们，被惩戒入狱，出狱后有人成了街头卖文玩的小贩，有人成了夜市大排档的厨子，有人成了驯狗场的帮工，有人整天赔着笑脸卖保险……他们失去了警察身份和职业尊严，内心失落，于是当昔日队长提出继续寻找在逃凶嫌时，队友们陆续做出了决定——要去！为了给伙伴复仇，为了告慰受害者和家属，更为了他们自己的尊严感和价值感，想要找回做刑警时的职业快感。与暴力相关的工作很危险，但相比之下，对在暴力技能方面"才华横溢"的英雄人物而言（此处的暴力技能不只打斗，也包含探案推理综合能力），在庸常中度日更难以忍受。在他们内心深处，毫无危险的生活或许太平庸太无聊了，习惯于冒险的人潜意识里本能占据上风，想要追求与对手搏斗时肾上腺素飙升的刺激。作为一群骨子里有暴力倾向的人，暴力英雄主人公与反派的差别就在于想要将暴力用于有益于社群的目的。

　　给大家提供一个小贴士，可用来检验某一"暴力向/冒险调"故事究竟是主旋律乐观主义的，还是上述经典的挽歌风格，这个检验的前提是故事主要角色中有退伍军人形象，某个主要人物曾经当过兵、打过仗。如果有的话，你看退伍者在回归主流社会后，是继续人尽其才、物尽其用，生活美满成为社会楷模，还是潦倒落魄、缺乏谋生技能，不为主流社会所接受，混迹底层，甚至成了社会治安的破坏者？前一种情况，说明故事描绘的主流社会有包容性和弹性，能够平衡退伍军人身上的暴力属性，为其暴力技能和潜意识里的暴力倾向找到合法的输出渠道；后一种情况，则充分印证了"飞鸟尽，良弓藏"的工具理性态度，所谓的文明社会将刻意培养出的暴力技能持有者视为耗材，用过则弃，英雄沦为弃子之后以私人名义挑战秩序权威。《出租车司机》《阿甘正传》《美国狙击手》《老爷车》《芳华》《战狼Ⅱ》《永远的三丁目的夕阳》《紫罗兰永恒花园》《异邦人无皇刃谭》……大家不妨挑自己熟悉的例子检验一下。

三、暴力冒险空间与特定空间对应的类型人物

> 空间关系纳入一个成规化的场所或类型环境：它是事件和人物类型会聚的独特场所，它是由影像的各种布局所组成，这些影像由于在一成规化的结构中不断地重复而获得特殊的重要性。作为每一种类型片的典型环境的特殊文化社团——如强盗片的大城市地下世界——就是那一类型的空间关系的基础。作为一个社团，它必须有可辨认的人物居住于其中，最显著的就是类型片的主人公，他由于那个社团的性质和他们在其中的作用而采取一定的态度和世界观。[①]
>
> ——托马斯·沙茨

在本书涉及的承载通俗叙事内容的媒介载体中，影视、动漫都具有视觉意义上的空间属性，文学虽然是语言艺术，但空间叙事对于当代通俗类型文学极为重要。早在海明威的时代，很多现代作家就已经受到了电影媒介的强烈影响，放下语言媒介能够描写心理意识流动的长项，更侧重书写外部空间与视觉意象。当代网络文学和轻小说更是深受影视、动漫提供的视觉符码数据库影响，书写的就是大小屏幕上的世界，也带有突出的空间叙事特性。例如热门无限流小说《我有一座冒险屋》，几乎每一单元的故事都是对经典鬼片空间视听呈现的书写，也很像第一人称视角的恐怖游戏，读者在阅读的时候，需要进行非常精确的空间想象，调用以往观看恐怖片的记忆，去代入闹鬼医院、杀人旅馆、午夜电车等，并且要根据小说的文字在脑海中绘制地图。其中有一个故事是发生在几个楼层之间的大

[①] 沙兹.旧好莱坞/新好莱坞：仪式、艺术与工业[M].周传基，周欢，译.北京：中国广播电视出版社，1993：71-72.

逃杀，作者语言简单直白，不需要多余的文采，直接陈述人物从几楼第几个门移动到哪个拐角的电梯，左转还是右转，就像游戏攻略一样，靠的是精妙的空间设计或者说是文字层面的场面调度，制造戏剧性，让读者身临其境——

> 没有任何线索，没有任何帮助，在一栋封闭的大楼里，一个盲人要在被变态杀人魔追杀的情况下找到另外一个盲人。这种难度的任务陈歌从未遇到过。
>
> 跑过五楼走廊，进入另一边的通道，我有两个选择，往上走去六楼，或者往下去四楼。
>
> 我上、下楼的速度远慢于应臣（故事中的变态杀人狂），每次进入楼道，我和他的距离都会拉近，下一次我进入楼道时，很可能会被他直接在楼道里追上，这是无法回避的问题。
>
> 他一步三个台阶，可跑到五楼和六楼中间，手中的背包就被抓住，他感觉一道冷风涌向自己的脖颈儿。

从这个角度看，托马斯·沙茨的类型理论不仅适用于电影，也适用于广泛的类型叙事。"特殊的类型社团（或类型环境）既提供了发生动作的有视觉局限的空间，并且还通过类型的重复过程提供了一个本身就具有意义的文化领域，而在这一领域中，特殊的姿态和行动能受到赞扬。"[1] 沙茨将"秩序的仪式"和"确定的空间"紧密联系，之所以强调空间对于"暴力向/冒险调"叙事的强规定性，是因为类型叙事中夸张的暴力是传奇性的，并不属于日常生活。这些用作暴力行为背景的空间也许脱胎于历史（美国西部），也许来自生活（城市地下黑市），在传奇故事被反复讲述的过程中，

---

[1] 沙兹.旧好莱坞/新好莱坞：仪式、艺术与工业［M］.周传基，周欢，译.北京：中国广播电视出版社，1993：72-73.

传奇空间逐渐与现实脱离联系，成了数据库中一个随时可供调用的设定，东浩纪所谓的"半透明现实"。若说其不存在，那么从小到大在视听拟像环境中浸淫的当代受众对此人尽皆知，对虚构设定方方面面的了解程度不次于对日常现实生活的知晓，有过之无不及，拟像构成的世界已经成了陪伴人们生活的另一重现实。

记得在某次课上，同学向我介绍了一款游戏——《赛博朋克2077》，这款游戏后来还衍生出了动画剧集。

图4-22 游戏《赛博朋克2077》选择主人公V出身的界面

在游戏开头，玩家需要选择角色的出身，有三个选项：流浪者、街头小子和公司员工。我对游戏实在外行，但当我看到这个介绍的时候，忽然意识到暴力冒险空间的肖像学应用已经渗透到不同媒介材质的内容产品中。我们先看"流浪者"，人物背后大概是那种只有一条主道的西部小镇，估计走出不远就会进入茫茫荒漠之中，因此车辆是越野车，人物持射程非常远的长枪，穿皮靴等适合户外风餐露宿的打扮。你们看"流浪者"的图示是不是很像小说及同名网剧《西出玉门》中的场景和人物？这套空间肖像学符码很可能来自西部片，此空间中活动的暴力英雄人物很多是独行侠个体户，而非经常需要跟人打交道协作的行当。

进入第二个选项，环境变成了夜间霓虹闪烁的城市，人物标签为"街头小子"，城市环境与郊野荒漠中的乡村不同，人口密集，暴力英雄人物不是不能当个体户，但作为某个组织成员的可能性更大，频繁和三教九流打交道，酒吧、赌场、夜总会、黑市、地下诊所、地下拳场、赛车场……为什么流浪者图示时间看起来是白天，街头小子图示特意选择了晚上，很简单，荒郊野外的夜晚视觉奇观有限，甚至看都看不清楚，而霓虹城市的夜色就像美女在夜里化上了浓妆，是摄影师摆弄光影效果的试验场，光怪陆离正好衬托暗处难以想象的罪恶与激战，人物拿的是更加便携的小型枪支，开的是便于在街巷灵活飙车的跑车，是不是很像《速度与激情》《亡命驾驶》《极盗车神》等电影中的场景，也很有"黑色电影"的调调。

进入第三个选项，环境很有高科技未来感，人物标签为"公司员工"。空间主体颜色灰黑简洁，建筑物表面光滑，玻璃幕墙没有任何冗余装饰，人物浑身佩戴高科技装备，看起来很科幻。"公司员工"的身份也很耐人寻味，按照常见的科幻设定，如果社会发展到了高科技、低生活的赛博朋克阶段，高科技公司将取代政府统治一切，人们要么在底层如蝼蚁般挣扎，要么是高科技公司的打工人，像齿轮一样精密运转。公司员工图示很像《银翼杀手2049》《头号玩家》《副本》等影视剧中的场景。

借游戏《赛博朋克2077》的开头设定选项，我想要提醒大家的是，一个已形成惯例的暴力冒险空间对于情节和人物有强力的规定性，该空间中特有的文化价值观矛盾也已经确定。例如偏远小镇关联着文明与蛮荒的对立，地下犯罪世界关联着现实社会的达尔文法则与理想中的公序良俗，外太空环境和高科技设施关联着科技带来的利与弊、工具理性与价值理性。

看到这些空间，受众条件反射般期待看主人公如何冒险，一般不会想到甜宠偶像剧卿卿我我的剧情。很简单，这样的空间带给人危机四伏的不安感，是有张力的，天然蕴含强大外部矛盾，让人很难专心谈情说爱。下面，我们分析几个常见的暴力冒险空间及其空间肖像学，顺便介绍与该空间深度绑定的类型叙事模式。

如果把当代类型叙事常用各种空间划分类别，也许最方便的首要划分标准就是城乡差别。介绍给大家一本工具书，叫《场景设定创意辞海：225个故事舞台，创意灵感一翻就来》[①]，相当于一本纸质的数据库。作者艾克曼等人是美国的创意写作教育者，她们几乎列出了你在既有通俗叙事作品中能见到的场景，并标注了此场景中可能有的各种细节、五官感受，适合表现怎样的情绪和氛围，可能发生什么小事件……

那么，既然如此纷繁包罗万象，书的作者怎么给场景们分类呢？她们分了两个基本大类——田园篇和都会篇，这两个集合各自包含了上百种空间场景。

例如：

【田园篇】包含基本设定、学校、自然与地形几个空间分类。

【田园篇·自然与地形】包含小溪、山、北极、冰原、池塘、沙漠、河川、沼泽、洞窟、峡谷、海洋、海蚀洞、海滩、草原、荒地、森林、湖泊、登山步道、温泉、热带雨林、热带岛屿、湿地、瀑布等典型自然空间。

【田园篇·自然与地形·沙漠】将典型沙漠空间的视觉元素、听觉元素、嗅觉元素、触觉元素、味觉元素、引领故事的情境与事件、登场人物分门别类列举。

---

① 艾克曼，帕莉西.场景设定创意辞海：225个故事舞台，创意灵感一翻就来[M].王华懋，林巍翰，吕雅昕，等译.台北：如何出版社，2018.

【都会篇】包含基本设定、餐饮店、商店卖场、交通工具及设备几个空间分类。

【都会篇·交通工具及设备】包含公交车、休息站、老旧小货车、地铁、地铁隧道、车站、出租车、军用直升机、飞机场、救护车、邮轮、游艇、游艇码头、渔船等典型都市交通工具。[1]

…………

为什么田园和都会适合作为最基础的空间类别，这其实是现当代通俗类型叙事自然而然形成的空间传统，对应着 20 世纪初至今人类生活的巨大变迁态势和随之而来的文化矛盾。田园空间和前现代生活方式更加接近，可用于古装戏、年代戏及现代偏远地区相关的剧情；都会空间就是我们现代人最日常的生存空间，对应着种种都市病、现代病。我们此前分析的案例中经常包含"城市 VS. 田园""工业 VS. 自然""大城 VS. 小镇"等与空间相关的二元关系，和"男性 VS. 女性""工作 VS. 生活""社会化 VS. 无政府主义"等类型叙事中常见的二元对立一样，城乡是一组基础性的二元关系，应用范围极其广泛。

（一）田园空间：游侠要去哪儿？隐者住在哪儿？

1."在空旷的原野上，有一栋小房子，住着一家人……"

说起田园空间，我们看一下《金刚狼 3：殊死一战》中 X 教授津津乐道的那部电影《原野奇侠》，开头是典型的西部片情境：在某处荒野中，有一幢独栋的房子和有围栏的院子，一户人家在这里拓荒，安居乐业。忽然有歹人骚扰这家人，想要掠夺和这片土地有关的资源。

---

[1] 艾克曼, 帕莉西. 场景设定创意辞海：225 个故事舞台，创意灵感一翻就来[M]. 王华懋, 林巍翰, 吕雅昕, 等译. 台北：如何出版社, 2018：目录页.

影片开头，牛仔沙恩骑着马从远处缓缓而来，旷野上的农庄里，小男孩乔伊正在摆弄他的枪，远处来的人让他感到很好奇，他紧紧盯着对方。父亲斯塔雷特正在劈柴，母亲在屋内做饭。

沙恩来到农庄栅栏跟前，礼貌地询问能否抄近路横穿斯塔雷特家的农场，斯塔雷特很友好地表示同意，沙恩下马借斯塔雷特家的水泵饮水。忽然咔嗒一声响起，是乔伊摆弄枪支的声音，沙恩闻声以迅雷不及掩耳的速度摸到腰间枪支，俯身做出防御的姿态。乔伊和父亲斯塔雷特面面相觑，斯塔雷特说："你过于警觉了。"母亲责备乔伊，不要用枪指着人。沙恩发现只是小孩子在玩枪，面色有些不好意思。

在上述情节中，我们可以清晰地看到，环境是法律和警力难以充分管辖的边远地带，这家人自力更生维持生活，而男主人公沙恩与平民是不一样的人，对枪械如此敏感，绝非普通人。

就在此时，远方马蹄声和吆喝声传来，一伙人骑着马接近，来势汹汹。斯塔雷特变了脸色，拿起孩子的猎枪对着沙恩，问道："你是和他们一伙的吗？"沙恩否认，斯塔雷特仍然满脸警惕和敌意，让沙恩离开自家的土地。沙恩同意离开，但前提是："你把枪放下，我就离开。"斯塔雷特冷道："这有什么区别吗？"沙恩平静地说："那样至少我不是被迫离开的。"

由此我们可得知，斯塔雷特一家的处境并不太平，似乎有人威胁到他们的生活，沙恩方才警醒程度不似良民，斯塔雷特对所有江湖人都很抵触，怕惹上麻烦驱赶沙恩。沙恩是有自己个性和准则的人，很在意尊严，忌讳被他人用枪驱赶。

斯塔雷特闻言迟疑着放下枪，沙恩转身向屋后走去。转眼那一行人马已到近前，他们一看就不像好人，凶神恶煞，直接驱马践踏斯塔雷特一家院子里的菜地。斯塔雷特一家三口站在院子里面对着他们，母亲搂着孩子。为首者是个跛脚的老者，叫嚣说这一片土地上的所有农场都将归他所有，命令斯塔雷特一家尽快搬走，斯塔雷特严词拒绝。强买强卖土地，巧取豪夺之事，在美国西部拓荒时期的确频频上演。

见斯塔雷特敬酒不吃吃罚酒，老者恼羞成怒，出言威胁。这时本已经离去的沙恩转身回来，默默站到了斯塔雷特一家的斜后方，立于屋檐下盯着这一群人。老者忽然看到了沙恩，有些意外，问道："你是谁？"沙恩坦然回答："我是斯塔雷特的朋友。"老者上下打量之后，暂且放弃了挑衅，撂下一句："斯塔雷特，看来你找了帮手，我们会再来的。"一行人转身离去，留下被马践踏的一片狼藉的菜地。

这时，全身紧绷戒备的斯塔雷特才看到沙恩站在身后，待恶人走远，斯塔雷特向沙恩表示感激，沙恩欲上路，斯塔雷特为刚才枪指沙恩道歉，掰开猎枪枪膛给沙恩看，原来里面根本没有子弹，这猎枪只是小孩子乔伊的玩具而已。在一家人的真诚挽留下，沙恩没有继续旅程，留下来与他们共进晚餐，从此开启了帮助斯塔雷特等当地农户对抗地头蛇掠地团伙的暴力冒险。

图4-23 《原野奇侠》剧照

故事的结局我们在此前分析《金刚狼3：殊死一战》时已经介绍过，目前我们看到的开头，鲜明地利用空间场景及场景内部的各种道具细节，呈现沙恩作为文明社会与无政府势力之间中介者的身份，他是一个游侠、独行侠，随心所欲地漂泊，路见不平行侠仗义。

许多暴力冒险故事开启于某边疆临界地带的小屋，小屋里总是住着和平生活的一家几口，但他们的平静生活会被暴力势力打破……DC超级英雄故事《海王》也是如此，这部电影里的边疆从西部移到了陆地与海洋交界处，海王的父亲是灯塔守塔人，意外救了受伤的海中女王，两人相爱结合生下了"人神／陆海混血儿"海王，一家三口的幸福被前来追捕海中女王的海兵们打破，而海王作为海洋与陆地种族之间的中介者将开启他的冒险之旅，在《海王》故事结尾，一切又回到了开头，父母团聚，合家团圆。

又如美国常青树导演"老牛仔"克林特·伊斯特伍德的《老爷车》，在空间设计上对此旷野小屋空间做了现代化挪用，表面看故事发生在某个败落的白人蓝领社区中，实际逻辑却和《原野奇侠》一脉相承。

《老爷车》的开头是一场葬礼，主人公沃尔特是一名白人老年男性，在妻子的葬礼上，儿孙态度敷衍，沃尔特看不顺眼，两个儿子也对他抱怨颇多。回到家中，我们看到了影片最核心的空间环境，一个非常普通、有些老旧的社区，由街道两侧一些独栋房子组成。沃尔特的房子既不新也不豪华，但显然是被主人精心整修和维护过的，草坪、栅栏、门前悬挂的国旗等陈设井井有条，在他的车库里还停着一辆价值不菲的福特老爷车。"打理好自己的房子"，这是带有清教徒色彩的传统美国生活观，是依靠个人主义独立奋斗的美国梦的一部分。此前无数西部片开头出现的农场空间和农夫家庭形象就是"美国梦"的标志性图景，现代背景的《老爷车》也不例外，只不过将马匹换成了汽车。福特车作为美国历史悠久的标志性汽车品牌，相当于美国现代化进程的图腾，其汽车生产理念注重日常、家用、朴实等特质，车如其人，沃尔特年轻时当过兵，退伍后在福特车厂工作直到退休。就像许多老去的暴力英雄人物一样，他难忘当年勇，事事逞能，又力不从心。

影片的二元对立通过空间体现出来，在沃尔特整洁简朴的房子旁边，是一栋看起来很破败的房屋，门前的草坪很久没被修建过的样子，墙皮脱落，房子主人对家园的敷衍态度被沃尔特鄙夷。旁边住的邻居刚搬来没多久，是一户东南亚移民家庭，非常符合类型叙事的对称法则，沃尔特孤身一人，与狗相依为命，亚裔家庭由一位老太太、她的中年女儿和两个青春期的孩子组成，孩子是一男一女，姐姐苏聪明大方，弟弟涛内向懦弱。亚裔家庭在这个社区里有很多同族亲友，他们三天两头聚会，一大家子人吵得沃尔特不得安宁。沃尔特愤愤不平地说："周围老鼠越来越多。"老头的说法有种族主义倾向，有违政治正确，他的觉悟也的确不高。

这个社区的情况在美国比较常见，当地域经济不景气，社区设施老化，房价下降，原来的白人居民便倾向于搬去条件更好的社区，经济条件较差的移民住了进来，白人反倒成了少数。听到这个描述，是不是有几分像当年西部大开发时期被周围原住民环绕的拓荒者环境？沃尔特活了一世，老来成了自己土地上的"少数族裔"，他居住的地方变成了"边疆"，他本就颇多不满，更愤恨的是隔壁男孩涛被当地黑帮唆使来偷沃尔特的宝贝老爷车。沃尔特当晚发现后立刻枪上膛追了出去，拿枪的熟练程度不输当年，但他终是老了，在黑暗中不小心跌倒，涛逃过一劫。

影片的空间时刻提醒观众"谁是自己人"这个身份认同命题，在沃尔特家和涛姐弟一家之间有一条看不见的"国界"。涛第一次闯入沃尔特的"国界"是借修车工具，被沃尔特粗暴赶走。第二次是去偷车，差点被沃尔特开枪命中。第三次两家发生交集，黑帮因涛没能完成偷车任务，来到涛家骚扰，要强行将其带走，苏和母亲、外婆阻拦时的吵嚷声惊动了沃尔特，见厮打到自家草坪上，沃尔特举枪冲出来赶走了黑帮。其实，他的本意是连同隔壁一家人一起赶出自己的院子，视所有的外族人为一丘之貉，不料在涛的母亲和苏的眼中，沃尔特是他们一家的解围恩人，不断用各种方式表达感谢，不仅是涛一家，整个社区的亚裔人都纷纷在沃尔特家门口放上东南亚美食作为答谢礼物。

沃尔特最初认为自己没有同类，但渐渐地他开始和亚裔邻居打成一片，这个老旧的街区治安非常混乱——警力有限、法制缺席，堪比西部，沃尔特帮助苏摆脱一群骚扰她的黑人混混，苏邀请沃尔特到自家做客。本片利用两个房子的空间做了族群性别气质的对比，亚洲人较为谨慎、斯文、缺乏攻击性，女性形象非常突出，沃尔特从进入苏家空间之后，就被贤惠的亚裔女士们环绕照顾，感觉到了久违的温暖。他虽然对亚裔有偏见，但以女性形象为媒介，亚洲族群向他展示了最温柔和善的一面，让他放下了戒备——沃尔特是非常老派的人，对待女士态度很绅士，观念保守，比起自己骄纵轻浮的孙女，他显然更欣赏聪慧稳重的苏。

在苏和其母的拜托下，沃尔特开始教懦弱的涛一些生活技能，还帮他介绍了工作，涛本性善良淳朴，也想作为男人被尊重，因此才会在黑帮的威逼蛊惑下去偷车证明自己是"爷们儿"。很多"暴力向/冒险调"故事在塑造男性伙伴关系时都会加入性别气质对比和性别气质养成的议题，而怎样的男性气质是影片所赞赏的，对理想男性气质的界定直接关乎影片的价值观倾向，看待社会的态度也会通过男性英雄形象传递出来。我这里没有提到女性英雄，并非性别歧视。当下虽然已经有了《神奇女侠》《惊奇队长》等一些不同以往的女性暴力英雄形象，但"暴力向/冒险调"历史性形成的主脉仍然是以男性角色为中心的居多，当下的女性暴力英雄潮流相当于将"暴力向/冒险调"类型的传统主题引向了女性受压迫的问题和两性权力博弈问题，和致力于塑造男性楷模的作品（此类作品不关心女性问题，这点和女性叙事无法跳过男性问题、致力于处理父权制带给女性的压迫议题很不一样）叙事重心不同。

《老爷车》价值观态度明确，带有强烈的"美式主旋律"色彩，理想男性气质首先包含了沃尔特代表的传统美式个人主义，即 self-made（白手起家、自学成才）这个概念，表现为在生活中有担当，打理好自己的生活，遇事自己解决，在能力范围内能对他人施以援手，在工作中掌握某项专业技能，自力更生。沃尔特最引以为傲的是，他车库中有各式各样的工具，修房子、修车等所需要的工具一应俱全，对于开日本车、在更发达地域生活、做白领工作的子辈嗤之以鼻。他把自身全部技能对涛倾囊相授，就像《原野奇侠》中沙恩对待乔伊那样，沃尔特不让涛动用武力，他当兵时曾经杀过人，对此他内心忏悔，于是在影片结尾，沃尔特以自己的方式与黑帮同归于尽，为受欺侮的苏复仇，保护了涛一家和整个社群的安全。沃尔特没有用武力与黑帮硬碰硬，这意味着本片中理想男性气质既是"美国的"，不同于亚裔平民社群的阴柔气质，又不同于西部时代，剔除了暴力成分，与为非作歹的黑帮相区别——无论是亚裔黑帮，还是墨西哥、非裔黑帮，黑帮就是黑帮。

图 4-24 《老爷车》剧照

从空间叙事的角度看，这个故事既是沃尔特进入异族空间的过程，也是他将"家园"范畴从自己的房子扩大到邻居家，乃至将整个街区（亚裔人居多）都纳入其保卫范围的过程，还是他教导亚裔二代移民融入美国种族熔炉的过程。正如他自己作为波兰裔和当地意大利裔、爱尔兰裔等早期移民族裔融合成了"美国人"，沃尔特逐渐确定了"自己人"的范畴。故事结尾，涛继承了沃尔特的老爷车，相当于他的精神继承者。老爷车就是牛仔英雄的骏马，暴力英雄主人公为特定空间内的暴力画下休止符，他的正义精神由下一代以和平的方式传递，"山谷里从此再无枪声"。当蛮荒之地不再蛮荒，旷野上小房子里的一家人将安居乐业下去。

一个老旧街区的落寞与周围现代化环境的变化，关联着传统男性气质的衰落与延续，这样的故事很多，只要时代变化还在进行中，"边疆"就无处不在。

2. 走江湖，入小镇，先寻酒肆客栈

"边疆一家人"的故事从一栋房子开始，"独行刀客/枪手"的传奇则往往从暴力英雄主人公单枪匹马进入某小镇开始，尤其是对于全球"暴力向/冒险调"类型影响深远的"赏金猎人"叙事，和小镇空间几乎是"锁死"的关系。

说到赏金猎人形象，我前些年问同学们看过的典型作品，高票回答是昆汀·塔伦蒂诺的《被拯救的姜戈》，这部电影是塔伦蒂诺摆明致敬意大利西部片大师赛尔乔·莱昂内的作品，这位大师算是赏金猎人这一经典类型角色的奠基者，但他的"镖客"系列成名作却是"剽窃"自日本大师电影大师黑泽明。大家脑海中可能会冒出一堆问题，西部片不是美国类型片吗？意大利西部片是怎么回事？黑泽明作为日本电影大师怎么就启发了意大利人？

不要着急，天道不独秘，美国的牛仔、日本的武士浪人、中国的侠客，都算是走江湖的，赏金猎人或者说镖客人设绝对是这几大类暴力英雄

人物的人生交叉点，江湖故事的开局在空间方面有相通之处，我们慢慢道来。

大师黑泽明的电影《用心棒》又译作《大镖客》，日文汉字"用心棒"即保镖之意。这部1961年的电影不同于《罗生门》的哲思，也不是《蜘蛛巢城》《乱》式的严肃"莎剧"改编，属于相当类型化的通俗作品，主人公是流浪武士，即浪人形象。在日本封建时代，武士大多毕生效忠于一个家族、一位主公及其继承者，失去了主人的武士如同丧家之犬，很难被其他领主信任和雇用，失去俸禄和地位，只好四处游荡，做些拿人钱财、替人消灾的杂活。失去了正当合法暴力职业的暴力能力持有者，就像退伍即失业的军人、和平年代无用武之地的西部枪手，浪人主人公空怀武士特权阶层的技艺与尊严准则，却没有社会地位和立场使用暴力技能，甚至温饱都成问题。日本近代以前不乏战国物语、剑豪传奇等自古代流传而来的通俗文学作品，但无论是"剑圣"宫本武藏，还是战国名主织田信长、德川家康，都是史上的豪杰枭雄、知名剑客，更能引发普通人共鸣的无名浪人故事非常晚近才出现，尤其在日本战后通俗文艺中发扬光大，出现了一批浪人剑戟电影，与战败后全民潜意识中的怀旧情结有千丝万缕的关系。许多知名导演都擅长这个类型，如稻垣浩、内田吐梦、五社英雄、三隅研次、冈本喜八……而黑泽明是其中最耀眼的存在，影响超出国界。1958年的《战国英豪》对好莱坞"电影小子"一代影响深远，武士一路护送公主的故事直接启发了乔治·卢卡斯创作出"星球大战"系列，《大镖客》《椿十三郎》两部浪人剑戟电影则启发了西部片中经典人物设定——"赏金猎人"。

《用心棒》的开头和地平线远处走来的骑马牛仔类似，一位风尘仆仆的武士走在乡间小路上，他头发较蓬乱，是典型的浪人髷打扮。日本武士本来该留"月代头"，额头以上头部中间剃光，以此为美为礼，但维持整洁的"月代头"需要勤梳洗打扮，是有金钱成本的。很多武士沦为浪人之后，头发便蓬乱一束，不再打理，这种勉强对付的发型叫"浪人髷"，是日本武士电影特有的肖像学符码。主人公浪人三十郎走到岔路处，随便丢了个树枝便选了方向，可见是个随意无拘之人。他在路上走着走着，看到一对父子争执不休，儿子嚷着要去投靠匪徒求个活路，父亲阻拦无果。我们立刻能够判断这是"暴力向/冒险调"故事常见的无法治动荡环境。

三十郎随即进入小镇，小镇十分萧条，满街空荡无人。三十郎向街边民居中的一老者讨口水喝，从老者夫妇处得知平民织造纺纱卖不出去，盗匪盘踞小镇，不得安宁。老者对三十郎不怀好感，话里有话"血腥招来恶狗"。三十郎腰间佩刀，气魄打扮一看就非善类，这同电影《原野奇侠》开头如出一辙，平民社群对所有暴力分子都心存警惕，哪怕暴力英雄为人正直，最初也很难获得信任。

三十郎闻言去街面一探究竟，风声凄厉，树叶在街上扫过，一只野犬叼着不知哪来的一只人手，旁若无人地经过三十郎身畔。形容猥琐的捕快半助从街边跳出来，怂恿三十郎加入黑帮，介绍费一两。作为执法者，捕快非但不作为，还为虎作伥，坐收渔利。半助介绍此镇两个黑帮，清兵卫经营妓院，风头稍弱，另一伙头目叫丑寅，风头正健。三十郎没理睬半助径直走去丑寅盘踞的屋宇，一群恶形恶状的盗匪从屋里冲出来，围住三十郎威吓一番，三十郎暂时没跟他们硬碰，转身便走，盗匪以为三十郎畏惧，哈哈大笑。

三十郎心中有数，走到丑寅对家清兵卫屋下，毛遂自荐要为清兵卫工作，主动提出先展示一下身手。三十郎返回丑寅家门前，盗匪们如方才一般恫吓，这次三十郎不再收敛，讥讽盗匪们一番，激他们出剑，三十郎刀刀凌厉，砍得盗匪们断肢少臂，横尸街头。从此，三十郎成了清兵卫匪帮的打手。出卖武力、唯利是图只是表象，三十郎此后用计挑拨匪帮火并，最终为小镇除害，得到老人的帮助和感激。

看了上述情节，是不是觉得《用心棒》和《原野奇侠》《老爷车》也差不多，单看主人公的性格或技能确实如此，但空间提供的趣味是不太一样的。上述段落中的情节几乎发生在小镇唯一一条中心干道上,这个空间很可能是黑泽明从好莱坞电影中得到的灵感,这样的空间本不是《宫本武藏》等剑豪小说描述的斗剑场所,而是《双虎屠龙》等西部片中的枪手比拼枪法的地方,三十郎从街心走过的时候,两侧民居用无数双眼睛对他偷窥凝视,这个场面在《变形者》中主人公经过阿富汗小镇中心的时候也出现过。与上一小节旷野中的房子不同,在人口更加稠密的地域——小镇乃至城市,暴力英雄需要与更多人发生交集,他很难再完全以"个体户"身份独立行事,很可能变成"雇员",即使保留个体独立身份,也会更深度地与其他组织碰撞合作。在人口密集的空间里,"地头蛇"的势力更大,统治力更强,暴力英雄要想重立秩序,必须与其战斗。城镇中的酒肆、赌场、妓馆、帮派总部等地点都是最常见的暴力发生空间。近年流行《云襄传》《莲花楼》等非传统型的武侠小说、网剧,主人公不会攻击性的武功或武功被废,主要靠斗智来解决问题,貌似不属于暴力英雄人物,他们也一样依靠这类人员聚集的情报空间来筹谋布局,赌技、谈判乃至应对风月的能力都得派上用场。

图4-25 《用心棒》剧照

我们再来看看意大利导演赛尔乔·莱昂内是怎样将黑泽明的故事框架和人物设定搬到西部的。意大利西部片现在看来是一种电影工业全球化初期阶段的产物,战后的20世纪五六十年代,欧洲拍片成本比好莱坞低,电影工业设施和人才储备有基础，于是当时批量生产的 B 级西部片倾向于去意大利拍摄，那里能够找到与美国西部类似的地貌外景地，南欧拉丁血统的演员也很像西部美墨边境的墨西哥人。最初这种意大利产西部片水平很低，粗制滥造，被戏称为"通心粉西部片"，直到出身电影世家的天才导演赛尔乔·莱昂内用强烈的个人视听风格改写了西部片，将意大利西部片提升了新高度，以一己之力扭转了美国西部片的历史。同时这也说明，西部片这套暴力英雄叙事模式并不只属于美国，一方面美国西部牛仔故事的空间、肖像学可被全世界挪用，另一方面其故事内核也与世界各国武人犯禁的故事有通约性，这种共性在现代性全球化的过程中被反复提炼和改写，以适应不同的文化语境，以不同语言和口吻诉说个人主义的理想。

赛尔乔·莱昂内借用了黑泽明《用心棒》的全部情节要点，将细节替换成了美国西部场景（实际在意大利拍摄），拍出了《荒野大镖客》。这部片捧红了克林特·伊斯特伍德，他是《老爷车》的导演，也是后继的西部片大师，凭西部片《不可饶恕》获得了奥斯卡奖。莱昂内"剽窃"了黑泽明的故事，但并非毫无创建，他给暴力英雄主人公赋予了"赏金猎人"这一职业身份，并不断强调，创造出一套赏金猎人的职业规矩和行事习惯，这些设计是《用心棒》中的浪人形象未曾包含的。

图4-26 《荒野大镖客》剧照

影片开头，赏金猎人蒙哥单枪匹马来到某个小镇，在镇外水井边饮水时，他目睹了一个小孩子跑去街边一个房屋，被凶神恶煞般的歹人驱赶出来，歹人用枪驱赶孩子取乐，毫无人性。小孩子跑去的那间房屋窗口，隐约能看到一名美丽少妇的身影，她焦急地向外张望。被赶走的孩子扑进街道对面一名男子的怀里，哭喊着"妈妈"，男子无奈搂住孩子。不难猜测，这是一家三口，母亲被恶人霸占，蒙哥看起来十分冷漠，看到歹人冲孩子开枪都不曾出手阻拦。看似冷酷无情的暴力英雄主人公，这是莱昂内个人的趣味所在，并非黑泽明的原作精神，也不符合美国类型片"白帽子好牛仔"的行事传统。自莱昂内开发了"赏金猎人"形象之后，西部片中的暴力英雄牛仔开始有了更丰富的面向，不再是一望即知的好人，在表面平添了几分犬儒和愤世嫉俗的气息。"赏金猎人"的职业身份为这种人设提供了合理性，使用暴力并非出于正义，而是为了牟利，但这通常只是表象，此后暴力英雄主人公总会站出来支持正义一方，帮助弱小，只是嘴上冷漠罢了。

后续的情节和《用心棒》相差不多，捕快替换成了滑稽的撞钟人，蒙哥进入路边的酒肆和开酒馆的老者攀谈，得知小镇被两伙盗匪盘踞的情况。三川敏郎饰演的浪人是拔刀展示身手，莱昂内则让蒙哥在被盗匪戏弄之后，出其不意迅速开枪，在开枪前安排较长的对话，反复剪切脸部特写和手拿枪的特写，"抻"到观众几乎不耐烦时迅速开枪，这套视听程式是莱昂内的风格标签，许许多多热衷于在影片中玩枪的大导热爱莱昂内，马丁·斯科塞斯、昆汀·塔伦蒂诺等都是他的拥趸。此后有奥斯卡金像奖最佳长篇动画《兰戈》用城市宠物蜥蜴误入西部荒野动物小镇的故事戏仿莱昂内；中国国漫崛起先声《大护法》在空间和动作设计上也是借鉴自莱昂内，空间是白色的山中小镇，不似中原也不似江南，大护法的武器是能够发射火弹击毙敌人的魔杖，而不是中国传统刀剑。近年热门国漫IP《镖人》中致敬莱昂内的场景和人设也比比皆是。莱昂内风格的空间、人设还出现在后来的西部题材电子游戏大作之中。

第四章 "暴力向"类型——"你的故事里有枪吗？" | 269

日本武士故事被成功改写为美国西部故事，无独有偶，黑泽明的另一名作《七武士》此前也被美国好莱坞改编成了著名西部片《豪勇七蛟龙》。讲述了七个浪人/七个在和平年代失去暴力工作委托的牛仔，帮助小村庄村民抗击强盗的故事。武士和牛仔人设互换装束和背景板时的适配度之高，在美剧《西部世界》第二季里专门有一集调侃这种现象，大家可能都听说过这部神剧的基本设定，故事发生在大型沉浸式主题乐园中，游客们穿上装备进入"西部世界"园区，周围环绕着凭纳米身体以假乱真的 AI 机器人 NPC[①]。游乐园可以有很多主题，为什么偏偏是西部，很简单，对于美国人而言这是最深入人心的暴力神话空间，可以合法享受暴力行为带来的自由和快感，说合法，不止因为乐园规定可以随意杀死 NPC，也因为通俗类型叙事产品中的西部就是个无法无天的地界。第二季第五集中，一群西部世界乐园里造反的机器人 NPC——牛仔大盗等一行人，绑架了乐园剧情编剧，一起逃到了西部世界乐园隔壁的江户武士乐园。结果机器人 NPC 们惊讶地发现，在江户武士乐园里有一条布局相似的街道，同样的位置上有一家艺伎馆，艺伎妈妈的身份、故事线都跟西部乐园中的妓院一模一样，还有一位浪人 NPC，故事线和牛仔大盗 NPC 同款。机器人 NPC 忍不住讥讽编剧："你就这么偷懒吗？"编剧也很委屈，承认自己也没那么多创意，复制粘贴一下最方便。

暴力英雄主人公出场之后会先去哪里？举了上述例子，大家可能都会想到酒馆、客栈这类地方，是消息的集散地，主人公到这里打探虚实、巧试身手，如果是赏金猎人的身份，可能寻找的目标就在这里。2023年武侠动画剧集《镖人》上线，改编自同名武侠漫画，这个 IP 的叙事和视听中也有很多莱昂内的影子，又或者说赏金猎人已经是全世界通用的暴力英雄典型，不再分国界。《镖人》的开头，主人公刀马带着儿子小七进入一家荒漠中的酒馆（如《新龙门客栈》），酒馆里一群盗匪虎视眈眈，刀马言简意赅

[①] 全称为 Non-Player Character，是游戏中的一种角色类型，指电子游戏中不受真人玩家操纵的游戏角色。

亮出悬赏画像，点名要匪首花钱买平安，匪首仗着人多势众开打，刀马让小七闭眼数到十，十息之内毫无悬念搞定一伙强盗。有趣的是，刀马并非以捉人为己任，只要强盗拿出比官府悬赏更高的买命钱，刀马乐得放对方一马。剧集开头就亮出了刀马的座右铭："天下熙熙，皆为利来；天下攘攘，皆为利往。"但刀马真的唯利是图吗？小七真的是他的孩子吗？带着孩子的"男妈妈"暴力英雄很难让人相信其是冷血无情之人。果然，很快就演到刀马带小七进入某小镇，对本来要追杀的逃犯心生恻隐，逃犯已经隐姓埋名、娶妻生子，过上了普通平民的生活，隐藏一身武功变得很窝囊，被当地恶霸常贵人欺凌。常贵人有官衔，试图收买刀马做鹰犬，刀马不仅回绝，还帮助逃犯一家对抗恶霸，虽然最终执行了正义，也付出了沉重的代价——从此上了通缉令，被四处缉拿。可见刀马绝非无义冷酷之辈，"暴力向/冒险调"类型叙事的惯例发挥着作用。

图 4-27　动画剧集《镖人》剧照

"男妈妈"暴力英雄带着孩子冒险的故事实在太多，例如近年热门剧集——《星球大战》IP 衍生剧《曼达洛人》，剧集第一集中主人公曼多出场和《镖人》差不多，大漠空间被置换成了某外星冰原，曼多是被毁掉家园、流落星际的曼达洛人后裔，他作为星际赏金猎人，以缉拿逃犯为生。曼多进入酒馆后，正看到两个奇形怪状、举止残暴的外星人抓住另一个腮腺分泌宝贵物质的蓝色外星人欲"杀人取腮",曼多旁若无人的态度,引发歹徒外星人不满,前来挑衅被曼多轻松反杀。蓝色外星人正欲道谢,曼多却亮出全息投影悬赏令,原来蓝色外星人不只是被人觊觎器官的受害者,还是在逃诈骗犯。曼多将其缉拿带走,随即又接到了寻找看似婴儿般的外星生物尤达宝宝的任务。

为了寻找尤达宝宝,曼多来到某荒漠星球,得到了放牧怪兽的老者的帮助。老者与曼多的对话基本可以复制《用心棒》《荒野大镖客》开头暴力英雄主人公与当地老者的对话,此地有恶人盘踞,曼多要找的事物就在恶人的堡垒。在老者的帮助下,曼多顺利摧毁恶人据点,找到了尤达宝宝,他原本将尤达宝宝交给雇主即可,但在同行路上,曼多对于这个小家伙渐渐生发出关心和爱护之情。他发现雇主是邪恶之徒以后,不顾生命危险闯入雇主的基地,抢出尤达宝宝,从此踏上"父子"同行的星际冒险旅程,相当于星际版的"带子雄狼"系列——日本剑戟大导三隅研次等执导的系列电影,讲述一位浪人拖着自制婴儿车带着幼年儿子四处历险的故事。

《曼达洛人》的剧情属于单元模式,每集进入一个不同的外星城镇,完成任务和/或路见不平执行正义,每一集都是一个标准的城镇冒险故事,空间设计各式各样、创意迭出,但内在逻辑不变,且大部分村镇规模都不大,涉及的人物和力量不多,方便在单集短时长内完成洗练的叙事。这类星际赏金猎人案例还有日本经典动画剧集《星际牛仔》,主人公斯派克和杰特是一对搭档,出入各种外星城镇缉拿逃犯换钱,中途伙伴又增加了女盗菲、电脑神童爱德和高智商人工改造生物柯基犬艾因;日本赛博朋克动漫《铳梦》中的主人公阿丽塔及其养父医生的职业也是赏金猎人,该动漫后来被大导演卡梅隆改编成了真人与动画结合的电影。

赏金猎人人设基因相当强大,能够从美国西部无缝穿越进入各种故事背景,近年中国武侠在视觉叙事方面,无论是真人还是动漫,相当程度受到了西部视觉意象的影响,大漠孤烟、峡谷驿车、异族或盗匪追击,本不是中国民间故事、侠义小说乃至民国武侠中常见的空间场景，如今却在影视剧、动漫中反复出现，有些场景甚至连美国地标景观——纪念碑山谷都照搬了过来，大家可以去看看动画《镖人》《枕刀歌》《少年歌行》等作品开篇时的场景设计，体会一下特定类型叙事模块（故事设定作为数据库中的数据）跨文化旅行的过程。

（二）都会空间：侦探有几种？他们都在哪儿？

上述田园空间场景，要么是在接近自然的环境，要么是在不太大的城镇郊区，都不是钢筋水泥森林组成的摩登大都会，"田园"本身就指向前现代风格的事物。那么，现在让我们进入城市生活尤其是大型城市的都会生活空间，看看在人口密集、城市管理和法制按道理应该更完善的地方，暴力英雄人物都在哪里活动——在什么空间活动关乎他们做哪些事情。

既然进入了都会，城市的生活方式一般需要更严密的组织性，以"打工人"职员群体为主，即使是个体劳动者，也不同于乡村小农经济自给自足，需要更多与其他组织打交道，与人协作。大家可以去检视所有都会空间背景的"暴力向/冒险调"类型叙事，暴力英雄人的职业身份相当大概率是侦探/警察。

1. 独行侠"私家侦探"

那么，侦探有几种呢？我们来盘点一下。

首先，独行侠型的个体户侦探，这种身份和中国的国情不甚相符，我们的电影中不大有海外犯罪电影中常见的私家侦探。托马斯·沙茨这样描述好莱坞黑色电影中的私家侦探形象："侦探类似于西部片主人公，夹在社会秩序势力和无政府势力之间。为了在一个日益危机四伏和异化的社会中幸存下来，侦探既要拒绝社会秩序，也要拒绝社会的腐化。"[1] "在社会能够始终

---

[1] 沙兹.旧好莱坞/新好莱坞：仪式、艺术与工业[M].周传基，周欢，译.北京：中国广播电视出版社，1992：117.

不渝地保持不变的重压下,侦探尝到挫折感,他只能隐退到事务所,被人们忘却——西部人的日落之处的现代版本。西部人的地平线是无限的,他可以把推进中的文明远远地抛在后面,而对于侦探来说,透过那拉下来的百叶窗和污染的大气是看不见地平线的,文明早已超越了他,并把他异化了。"①

其次,"黑色电影"这个概念在很多类型研究著作中都有专门章节论述过,这个命名来自法国影评界,是对于二战前后美国中低成本犯罪电影集中呈现出的特定风格的描述。从内容上来说,不少黑色电影改编自美国的黑色犯罪小说,又称硬汉派侦探小说,有时干脆聘用雷蒙德·钱德勒、达希尔·哈米特等硬汉派侦探小说做编剧。硬汉派侦探小说大多为社会派推理小说,不像本格派推理那么专注设置谜题,案情的复杂性不如侦探的风度做派重要,"黑色侦探片最终所褒扬的不是法律和秩序的首要性,也不是推理的威力,而是个人主人公的风度"②。黑色电影借愤世嫉俗的孤胆侦探形象揭露社会黑暗面,受存在主义影响,情调较为灰暗悲观,故事中所谓的"文明社会"和"地下世界"并没有本质区别,都充斥着贪婪和阴谋。而侦探顽强地在这种环境中生存下来,在自己能力所及的范围里执行正义,叙事内核仍然是对个人主义的礼赞。"侦探所居住的那个笼罩在阴影下的朦胧的城市实质上是对他所陷入的那个腐化的天罗地网的抽象反映。侦探对他那个世界的看法是个人的,极度主观的,它反映了一个格格不入的个人如何努力在构成一个价值系统,并发展一种在那黑暗的环境中可能生存下来的姿态。"③

最后,在影像层面,黑色电影,顾名思义,就是画面中常有大面积阴

---

① 沙兹.旧好莱坞/新好莱坞:仪式、艺术与工业[M].周传基,周欢,译.北京:中国广播电视出版社,1993:119.
② 沙兹.旧好莱坞/新好莱坞:仪式、艺术与工业[M].周传基,周欢,译.北京:中国广播电视出版社,1993:151.
③ 沙兹.旧好莱坞/新好莱坞:仪式、艺术与工业[M].周传基,周欢,译.北京:中国广播电视出版社,1993:151.

影。受 20 世纪 20 年代德国表现主义电影潮流的影响，多使用阴暗的低调照明、景深摄影、夸张的广角镜头和压抑的构图，渲染诡谲的气氛。在黑白摄影时代，这个电影类型的光影造诣一度登峰造极。彩色胶片普及之后，黑色电影也发生了进化，虽然不能如黑白胶片时代那般精细调配黑白灰光影色调，但是与色彩巧妙配合后，也能产生别具一格的艺术效果，《本能》《洛城机密》《毁灭之路》《七宗罪》等影片是彩色时代的黑色电影代表作。近年以"霓虹黑色"为代表的未来感影像格外流行，将霓虹的绚烂与黑色电影传统技巧结合，用于城市犯罪故事和反乌托邦叙事之中，如《亡命驾驶》《银翼杀手 2049》《白日焰火》《坚如磐石》等影片。黑色电影的风格情调和当代通俗类型文学作品亦有互渗，当阅读《夜的命名术》《诡秘之主》《从红月开始》等带有赛博朋克、克苏鲁风格的小说时，小说中描写的情境很容易让人联想到黑色电影画面。

图 4-28　电影《第三人》剧照

黑色电影中的硬汉侦探总是在夜色掩映下行动，出入鱼龙混杂的酒吧、夜总会、赌场、红灯区、黑市、简陋的贫民区公寓、走私码头等，白天的场景少于夜晚，天气常常是暴雨滂沱。要提醒大家，黑色电影作为一个模糊的范畴，不仅指犯罪类电影，特色的黑色视听也可以用于其他题材，譬如经典好莱坞时期的爱情传奇《卡萨布兰卡》、经典喜剧片《热情似火》，都在一些场合因光影特色被划归黑色电影之列，但总的来说，与这种黑色光影风格最适配的还是"暴力向/冒险调"类型，与甜蜜的爱情故事肯定不太搭调。而典型的黑色电影故事——某个硬汉侦探与一名脆弱又神秘的美女相遇，硬汉被其吸引，被雇用或自愿仗义相助，不料美女背后的黑水深不见底，侦探卷入其中，身心受创，这样的情节可以用复古的黑色电影视听风格完成，也可以用其他更平实普通的风格，并无限制。

悲观的黑色侦探中很多是独狼型的个体户，不隶属于任何组织，没有冒险任务时龟缩在自己小小的简陋办公室里百无聊赖。当然，有些有稳定工作的侦探也会成为黑色电影主人公，但往往一开头不是丢了工作，被开除；就是不受组织重视，被边缘化，只好自己行动。还有另外一类个体户，与黑色侦探相对应的存在是古典式本格推理小说及相关影视作品中的"神探"，如柯南道尔创造的大侦探福尔摩斯，阿加莎·克里斯蒂笔下的波洛先生、马普尔小姐，江户川乱步笔下的明智小五郎，横沟正史笔下的金田一耕助，东野圭吾笔下的物理教授汤川学，京极夏彦"妖怪推理"故事中的阴阳师京极堂、神探夏目津，英剧中的布朗神父、摩根探长，以及动漫中的"千年小学生"柯南，等等。

这些古典本格推理作品中的个体户侦探，其特点在于超然，他们是一些智慧超群的智者，物质生活方面衣食无忧，甚至十分优渥，破案更多是为了满足成就感和正义感，是举手之劳，是路见不平。虽然他们也会卷入一些和个人安危相关的冒险，但危险谈不上紧迫，这类故事是单元式的，无论是以文学为媒介还是影视作品，主人公可以以旁观者的态度冷静分析，解开谜题,而不至于像黑色电影中的硬汉那么憋屈和压抑,深陷情感之网,与他人产生深度的爱恨纠葛,因为过于依赖和相信他人而遭遇严重的背叛。在典型空间方面,本格推理①的视觉空间往往精致讲究,不少古装或年代戏喜欢在密室等建筑设计方面做文章,很多故事发生在封闭的古堡、豪宅当中,也是所谓的"风雪山庄"情境。例如阿加莎·克里斯蒂笔下睿智又幽默的老妇人侦探马普尔小姐,总是四处度假,出入英国乡间别墅和特色酒店,每到一处都会遭遇离奇事件。

这些神探推理故事中的体制内警力在智力和效率上弱于个体户侦探,常作为喜剧担当,被调侃甚至戏弄,但总体上法制力量是恪尽职守的,故事并没有对文明社会失去信心,伦理观也相对传统而清晰,主人公不会迷失在亦正亦邪的黑白地带。换言之,神探故事是相对正能量的、邪不压正的,而黑色侦探的故事是负能量的、魔高一丈的。在我过往主持的"好莱坞类型电影"研习会上,编剧 W 老师作为女性编剧就明确表示,对黑色电影流露出的厌女倾向和硬汉侦探们自命清高的厌世情绪并不太感冒,一而再再而三重复的创伤英雄形象令人审美疲劳,变成了情绪宣泄,而古典侦探的光明、智性,对社会秩序和人文精神的信心自有其作为经典的魅力。编剧 F 老师也认为黑色硬汉侦探渐渐从最初的现代主义反思载体,变成了一种空有其表的"美强惨"姿态,变成了一种无根的平面人设。

不过,在类型叙事媒介材质的转换上,影像叙事和文学、长篇幅连载和短篇幅叙事有各自所长,古典本格侦探小说的智性魅力在于与读者思维进程的互动,原封不动改编成影像之后往往显得动作静态、对话冗长、味同嚼蜡,不少知名古典推理小说的电影版最终沦为小说的图解和附庸,口碑平平;改编成连续剧集较为合适,尤其是单元剧模式。偏社会派的硬汉侦探在电影领域至今长盛不衰,近十余年的中国影坛更是刮起黑色犯罪旋风,自

---

① 本格推理是推理小说的一种流派,以逻辑至上的推理解谜为主,与注重写实的社会流派相对,而以惊险离奇的情节与耐人寻味的诡计,通过逻辑推理展开。

《白日焰火》获得柏林国际电影节金熊奖之后，不少借犯罪叙事表现中国现代化进程中社会问题和时代创伤的"暴力向/冒险调"作品便涌现出来。

最后提醒大家，上述"侦探"有时候是字面意义，有时候是比喻意义。有一些主人公的身份并非私人侦探或警务人员，但意外卷入犯罪事件之后，为了查明真相，实际承担了"侦探"的角色功能，他们可以是各种身份的人——记者、保险调查员、律师、心理医生、被栽赃想要恢复清白的人等。他们的共性在于，人物无法全然依赖法律制度和公共机构解决问题，只能以个人的身份暗中调查。

2. 警察系统"公家人"

下面我们来看看"警局里的侦探"，作为有固定警务工作的职员、政府公务员，他们在类型叙事中的面貌是什么样的。

既然是固定警务工作，"个体户侦探"的设定在警察故事中便不存在了，人物可以是穿制服的警察，也可以是便衣出行的刑侦专家，但无论外表如何，警察主人公面临的"社会化"压力更大，而一个警局的氛围是官僚主义、效率低下，还是劲儿往一处使、杜绝人际内耗的良性工作环境，就决定了故事的基本气质是社会阴暗面批判还是正能量主旋律。

在电视剧领域，通常较长篇幅（可能持续多季）的涉案行业剧如《犯罪现场调查》《犯罪心理》《识骨寻踪》《海军罪案调查处》《非自然死亡》《CRISIS 公安机动搜查队特搜组》《机动搜查队 404》《刑事侦缉档案》《鉴证实录》《重案六组》等，警察系统内部总体而言运作正常，不是没有阻挠主人公的反派势力，但刑侦组内部合作无间，主人公有左膀右臂，有可仰赖的上司权威，于是剧情可以以单元剧的"串珠"形式不断延伸，对观众而言，观看心情也较为轻松，因为基本知道一集或几集之后当前案件就能够得到解决，主人公将奔赴下一个任务。国内近年的典型案例《猎罪图鉴》是我的同事、编剧武瑶老师参与主创的剧集。在这类故事中，主人公并不需要很明确的成长线，有明确的起始、成长弧光和终点，恰恰是因为主要角色内核高度稳定，专业主义精英人设贯穿始终，才能够让观众把注意力更多集中在精彩的情节上，同时与角色建立老友式的陪伴关系，人物不需成长的前提是人物本身已经足够有个性、有魅力。而主人公身处的环境也足够宽容和谐，会有一群个性相异、目标一致、配合默契的团队成员围绕在主人公身边，八仙过海，各显其能，一起攻克难题。看了这样的警察故事，常常让人对故事中的工作环境、人际关系心生羡慕。这种模式在当下刑侦类型文学中很常见，如《法医秦明》《刑事罪案调查科》《十宗罪》等。

不过，这些在社会化方面没有太多困扰的警察形象不大会成为电影故事的主角，90—120分钟左右的短篇幅时长相对长篇叙事更追求矛盾的集中与浓缩，在陪伴感营造方面不具备优势。因此电影中的警察故事，除了成龙功夫喜剧这种特例——作为极致类型片也不那么强调具有现实感的人物心路，大部分会在塑造人物内心世界方面下更大功夫，成长线更明确和丰富，而成长往往关联着警察主人公身上的个人主义倾向（以暴力能力为标志）与所处制度化工作环境之间的冲突，主人公在个人冲动与法制之间的平衡与选择、相应的起点与终点构成了人物成长弧光。当然也不乏成长失败的例子，如《七宗罪》中血气方刚的年轻警官终于走上了反社会犯罪者为他设计好的"以私刑报私仇"的违法道路。

每学期我经常会以"一个警局/公安局里有几种人？"作为课上必问的一个问题。

有的同学从人品性格角度回答：勇敢的，怯懦的，正直的，虚伪的……

这种风格的答案肯定没错，但并不是我们在类型叙事课程谈论类型人物时候的要义，答案过于抽象了，需要再实一些、具体一些。

有的同学抓住行业剧的要义，从工种角度回答：刑侦、缉毒、扫黄、文职、谈判专家、审讯专家、弹道专家、法医、现场勘察人员……

从"行当"角度给角色分类是比较务实的，而且按照类型叙事中的人设常规，不同工种的警察角色通常会匹配不同的性格，就像我会追问同学们的另一个问题："刑侦工种与缉毒工种有什么不同？"热播剧《破冰行动》中刑侦大队长陈光荣与缉毒大队长蔡永强的一番谈话就很值得琢磨，陈光荣劝蔡永强不必过于拼命，说："刑侦和缉毒不一样，刑侦相对单纯，立案、侦查、结案，完了。不像缉毒，没完没了。"言下之意，缉毒很难获得侦破杀人、抢劫等案件之后的完结感和成就感，且缉毒要求抓现形，需要依赖卧底、线人，不得不与黑色地带深度接触，纠缠不清，风险加倍，心理阴影也加倍。因此，许多有缉毒背景的警察角色性格显得更加阴郁、暗黑、匪气，不好相处，这是工作性质给人物染上的底色，即使日后脱离了缉毒工作，也会带到此后从事的警务工作中。如美剧《真探》的主人公拉斯特，中国香港电影《无间道》中无法还自己一个清白身份的陈永仁，《毒战》中性格偏激的缉毒大队长张雷等。

法医角色要么理性冷静，如《鉴证实录》中的聂宝言、《识骨寻踪》中的布莱南、《非自然死亡》中的三澄美琴、《猎罪图鉴》中的何溶月；要么是团队中的科学怪人、喜剧担当，如"CSI"系列中的法医角色。而文职人员有时是怀才不遇，渴望到犯罪侦破前线一展身手，有的又可能染上系统内部科层制带来的官僚习气，对前线警察角色造成阻碍。谈判专家和审讯专家通常是高情商、了解人心、口才一流的智慧型人物……

在警匪行业剧较发达的国家，几乎各种细分的工种都被拍了个遍，甚至细到专门处理尸体骨骼的专家（美剧《识骨寻踪》）、处理陈年旧案的专家（美剧《铁证悬案》、日剧《铁证悬案：真实之门》）、处理海军系统内部案件的专家（美剧《海军罪案调查处》），等等。

除了"行当"角度，还有什么其他分类方式吗？当然，还有年龄资历。和军旅题材、战争故事一样，在团队中会有老少中青不同年龄搭配，不同文化背景、地域乃至种族的区分，以及不同男性气质的搭配。很多故事都从一个满脑子书本知识的警校毕业生"菜鸟"进入职场开始讲起，与经验丰富的前辈组成搭档，如剧集《警察荣誉》。

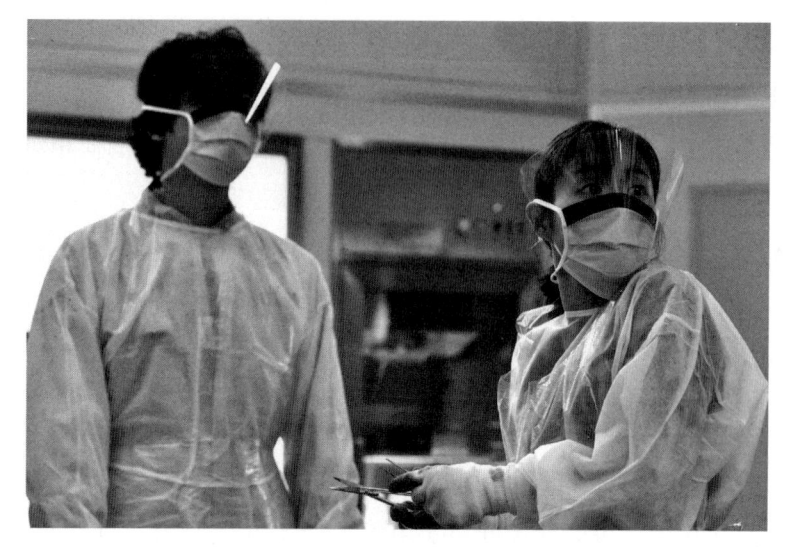

图 4-29 《非自然死亡》剧照

大家不妨多考虑职场生态，"打工人"的几种常见人格无论在公安局还是在写字楼、政府部门都能找到典型。譬如总会有不擅长或不屑于人际关系经营的实干家，做实事却总被人排挤；会有擅长对"上"殷勤、对"下"苛刻的政治型人物，这种人可能会为了谋求更大的权力、为了晋升拼尽全力，甚至不择手段；会有长袖善舞、左右逢源、八面玲珑的高情商人物，甚至有点过于油滑。简言之，最典型的三种类型人物是："硬汉"、"官僚"和"油条"。此处"硬汉"只是个代称，指作风硬朗直接、不玩弄心机城府的角色，警察角色中男性居多，但有时女性角色也有类似的特征，是男性硬汉的性转版本。如美剧《东城梦魇》中的女警梅尔、韩剧《少年法庭》中的女法官沈恩锡。

关于这三种类型化的警察角色，我们举例经典警匪电影《洛城机密》中的重场戏来详细说明，这部电影很适合作为人设反差写作案例，每个大的情节段落都包含"硬汉"、"官僚"和"油条"三种典型人设的对比。在处理同一问题时，三个不同风格的主人公总会做出彰显其特质的选择，三个人，三种方式，反复对比互见，直到结尾。

《洛城机密》开头让我们看到了好莱坞所在地洛杉矶在20世纪50年代战后纸醉金迷的氛围，表面繁荣，但地下世界的活动很猖獗。随着洛城最有势力的黑帮头目米奇·柯汉被捕入狱，其手中的大宗海洛因货物也消失无踪，洛城地下世界陷入群龙无首、黑道争抢地盘相互残杀的混乱局面。

图4-30 《洛城机密》剧照

我们先看看出场对比，给人物定调子的"1.日常"部分：

硬汉巴德·怀特最先出场。圣诞夜，警员巴德和搭档史丹斯在一家装饰着圣诞彩灯的普通房屋前执勤，与彩灯节日气氛不协调的是窗户中映出的屋内情形，家暴犯丈夫正在殴打妻子，喊叫声传出来。巴德在前座负责驾驶，史丹斯在后座拿着锡酒壶喝酒，醉醺醺地吐槽巴德在圣诞前夜拿着名单挨家挨户走访，嘲笑说："你就像圣诞老人，只不过你名单上都是烂人。"巴德厌恶地看着家暴犯，说他出狱才半个月，这么快就故态复萌。史丹斯着急催巴德去买警局圣诞派对的酒水，欲走，而巴德不肯干休。他迅速下车冲到家暴犯门前，扯下圣诞彩灯装饰，引家暴犯走出家门，没有马上亮出警察身份的巴德，引家暴犯大打出手。随即，巴德轻松制服家暴犯，称对方袭警，并威胁要透露给牢狱中的人，家暴犯是恋童癖——这是美国监狱中人人喊打的畜生。家暴犯恐惧服软，被巴德派人带走，家暴犯的妻子感谢巴德解围，巴德还给了这可怜女子一点儿现金。整个过程，史丹斯只是旁观，显然，已经对巴德此类行径司空见惯。

这段戏里能够看出巴德不是照规章办事的警察，相反，他知法犯法，钓鱼执法，他故意破坏他人房屋设施，诬陷他人袭警并威胁造谣此人为恋童癖，但是他又是正直的，同情弱者——在本片中巴德的一个标志性行为特征是对于所有事关女性受害的案件都极度敏感。巴德认为以钻法律空子甚至非法的手段执行"事实正义"是当为之事，对于程序正义嗤之以鼻。他武力值高，脾气暴躁，对待罪犯直接以暴制暴，但对朋友又很照顾，负责开车、买酒。从史丹斯事不关己的调笑态度能够看出，在警察队伍中，像巴德这样热心肠留意家暴犯出狱后是否再犯（巴德掌握着一份家暴犯名单）的人并不多，他是个异类。

巴德离开家暴犯的家，和史丹斯前往酒水店购买烈酒，史丹斯一直醉醺醺的，凡事都由巴德操劳，而巴德任劳任怨。在酒水店柜台，巴德邂逅了一位披着黑丝绒斗篷的金发红唇美女琳恩，一眼难忘，忍不住搭讪时，却立刻被对方看出警察身份，搭讪的客套话不好再说下去，转身离开。当他走出酒水店，忽然看到一位红衣女子的鼻子上敷着纱布，坐在一辆车的后座，疑似被暴力对待。巴德立刻上前询问，与豪车的主人以及保镖发生摩擦，保镖巴兹称自己过去也是警察，但仍然被巴德暴力压制，卸去了枪支子弹。红衣女子苏珊否认自己被伤害，称是打网球所致，是误会，方才在酒水店购酒的神秘黑衣女郎也走出来澄清，对巴德微笑说："不是你想的那样。"巴德这才放他们离开，与史丹斯上车返回警局。

在这个段落里，巴德再次表现出对女性受害案件的极度关心，同时也体现出他的感情观,与异性相处的方式,他不是绝对禁欲、不近女色的人,也很可能没有家庭生活,会被偶遇的美丽女子吸引。但是这位女子也肯定不简单,一眼能看出对方警察身份,恐怕要对社会上三教九流极为熟悉,才有这样的直觉。

图 4-31 《洛城机密》剧照

第二位出场的是滑头角色缉毒警杰克·文森。同样是圣诞夜,杰克出现在好莱坞热门电视剧《警网群英》剧组派对上,他身为缉毒警员,与好莱坞打得火热,作为电视剧警务顾问,收入颇丰。此外,杰克经常和八卦小报杂志《嘘嘘》杂志合作去抓明星吸毒现形,小报记者提供线索,杰克收了小报的酬劳去抓人,并且借此炒作自己。

在这段出场戏里,杰克正和女演员打情骂俏,《嘘嘘》杂志主编哈金斯打断了他们，女演员看到哈金斯怒目而视，转身就走，因为哈金斯此前曾经报道她的桃色新闻。杰克和哈金斯一看就是老熟人，哈金斯告知杰克某电影公司一对男女艺人正在吸毒，让杰克去抓人供自己报道。哈金斯按老规矩给了杰克 50 美元酬金，但杰克要求多加 50 美金，圣诞夜抓人劳动警力，杰克要把多余的 50 美金作为红包犒赏出警和执勤的同事。哈金斯痛快答允，杰克顺利抓到吸毒艺人，春风得意，他把当场缴获的可卡因随手揣进口袋，不打算交公。

在杰克的出场戏里，能够看出他长袖善舞，无心警局功名晋升，只求上班"摸鱼"，私下赚外快，无论是作为电视剧顾问还是八卦杂志合作者，都要比警局工作有更多油水，且不需要他付出太多努力和风险。杰克是彻底的享乐主义者。但他仍具备警探的敏感和头脑，在现场看到法兰西王朝的小广告，将小卡片收进口袋，以备未来有用，这也符合他凡事多留几手的性格。

第三位出场的人是刚刚进入警局不久的警校高才生艾德·艾斯利。艾斯利看上去是在圣诞夜兢兢业业值班的敬业好警察，他外表文绉绉，戴着金丝框眼镜，为此还被上级警司史密斯等领导提醒，要想在刑侦组工作就把眼镜摘了——言下之意，他看上去更像个书呆子大学生，不像侦探。但艾斯利有他的优势。他出场时正逢报纸记者来采访，记者提问带出艾斯利的背景信息，他父亲生前是位著名的警探，这使他难免被拿来与父亲做比较，他自己也想要做到与父亲比肩。艾斯利回答问题的风格如同教科书上的标准答案，想做警察是因为喜欢帮助他人；被问及圣诞夜警察遇袭事件怎么看，他大事化小称这是警察工作的常态风险，同事已脱险，不会表现得过于义愤填膺；问及为何在圣诞夜值勤，是因为已婚同事们要回家团圆。几句问答勾勒出一个中规中矩、看不出突出个性的标准警员形象，但艾斯利其人真的如此刻板无趣吗？

离开记者的视线，刑侦组长史密斯与艾斯利单独相处，史密斯与艾斯利的父亲曾有旧交，亲切询问这个后辈想去巡逻组还是内务纪检组，史密斯提到的都是相对远离恶性案件和罪案现场的工种，但艾斯利偏偏主动提出要去刑侦部门。这时，我们发现艾斯利并不像看起来那么与世无争，他也有踌躇满志的事业心，与风化、纪检等部门相比，他宁愿选择工作强度大、危险系数高的刑侦部门，这里有大案要案，有更多立功的机会。史密斯对艾斯利的回答稍感意外，领导直言艾斯利是权谋型的人，有头脑，但不具备硬汉的胆色，不适合刑侦部门——放在那个时代背景里，当时的洛杉矶警局黑白通吃，警探常游走于灰色地带。艾斯利反驳领导的刻板印象，当他面对史密斯的质疑："你愿意通过栽赃的方式给你明知有罪的嫌犯定罪吗？""你愿意严刑拷打逼嫌犯招供吗？""你会从背后射杀一个恶贯满盈的罪犯吗？"艾斯利的回答是照章办事，不会知法犯法，而史密斯恰恰需要一个不择手段以达到所谓"事实正义"的硬汉狠角色——如巴德。史密斯说得没错，巴德出场抓捕家暴犯，正是为了达成"事实正义"而主动知法犯法。对于艾斯利而言，别说严重的犯法，就连杰克带着吸毒艺人回到警局，将八卦杂志红包分给他（表达见者有份之意），艾斯利都严词拒绝，让杰克下不来台。

图4-32 《洛城机密》剧照

至此，我们看到了《洛城机密》中最突出的一组人物对比：

为达成事实正义不择手段的巴德 VS. 坚守程序正义照章办事的艾斯利，这两个人物身上也体现着本片最核心的一组价值观对立——"事实正义 VS. 程序正义"。至于滑头杰克，看起来他游离于对立之外，是"第三人"，但他的唯利是图、明哲保身是另一个角度的灰色地带，而他最终会做出选择。

在后续的关键情节中，三个人的行为模式构成鲜明对比（见表4-1）。

表4-1 《洛城机密》的"十三阶段结构"与三位警探的人物设定对比

重要情节	人物反应			分析
	滑头杰克	硬汉巴德	官僚艾斯利	三人对比
2.事件：众警在警局殴打袭警犯	杰克煽风点火夸大其词引发警察众怒，动私刑殴打袭警犯。杰克最初没参与打人，看到巴德的搭档史丹斯喝醉，担心事情闹大，喊巴德去劝架。杰克本来只是看热闹没有动手，因为袭警犯在打斗中弄脏了他的高级西装，才泄愤打人。	打人事件发生时，巴德正在打字机前写报告，没有参与喝酒打人。杰克喊巴德"劝劝你搭档"，巴德来到楼下拉住史丹斯，袭警犯出言辱骂，巴德才愤怒打人。	艾斯利否认杰克说的警员受伤惨重，但没人理睬艾斯利的理性发言，袭警谣言越传越离谱。艾斯利欲阻止众警察打人，被警察们锁进了储物间。	巴德工作认真，无微不至地照顾搭档史丹斯（此前买酒，回来写报告），本为拉架，但对辱骂母亲一事极为敏感，脾气暴躁。艾斯利照章办事。杰克"看热闹不嫌事大"，炒作成性。
3.决心：殴打罪犯事件被登报，市长和警局领导需要表态，希望有警官站出来指证同僚犯法，对动私刑者严惩不贷	杰克不肯指证同僚，直到被领导威胁要阻止其出镜和担任电视剧顾问才同意指证（艾斯利出的主意）。杰克很聪明地指证了几个即将退休的同僚，开除公职不会影响这些被指证者的生活。杰克暂时调职风化组。	巴德拒绝指证任何同僚，宁可交出警徽和枪，被勒令无限期停职乃至失业。巴德停职后，得到高级警司史密斯伸来的橄榄枝，同意在史密斯手下做事，为其充当动私刑的打手，恢复原职。	艾斯利乐于指证打人的同僚，尤其是巴德和巴德的搭档史丹斯，在艾斯利口里，两人都是警察队伍中的渣滓。艾斯利不仅自己愿意指证，还给领导出谋划策，提出要服众就要严惩，不能仅惩罚即将退休能领退休金的警员。艾斯利告知领导如何拿捏"老油条"杰克，只要威胁他不许其做电视剧顾问，杰克就会就范。艾斯利和领导讨价还价，希望升职并成为刑侦组的队长。领导对其表现表示满意，同意其要求。	杰克油滑，不肯得罪人，但媒体是他的财源，为了能继续给电视剧当顾问而妥协。巴德讲义气，不肯"出卖"搭档和同僚。艾斯利不在乎同事义气，只照章办事，同时擅长权谋，能够揣摩上司心意，投其所好。这场戏能看出他并非单纯的方正青年，而是野心勃勃的"政治家"。

续表

重要情节	人物反应			分析
	滑头杰克	硬汉巴德	官僚艾斯利	三人对比
4.困境：夜猫子咖啡店发生多人死亡凶案，刚被开除的巴德的搭档史丹斯是遇害者之一，遇害者还包含巴德偶遇的鼻子受伤的女子苏珊。警察展开调查。	杰克在风化组做扫黄工作，百无聊赖，期待办个大案立功，早点回到油水更多的缉毒组。夜猫子案发生后，线索指向一些黑人，杰克此前作为缉毒警在黑人区有线人，与艾斯利合作，共同追查线人。	巴德作为警局边缘人，并非刑侦组成员，与艾斯利不睦，被排除在核心调查人员之外。巴德认出受害者之一是圣诞夜买酒遇到的鼻子受伤的女子苏珊，独自展开调查，前去酒水商店追查，找到大亨皮尔斯。	艾斯利在刑侦组不受老警察们待见，为了证明自己而整日加班。接到出警电话，第一个赶到事发地点，希望主导案件却被上司史密斯抢过主导权。史密斯对艾斯利许以好处，艾斯利顺应领导，作为史密斯的副手协助调查。艾斯利发现死者之一是史丹斯，对巴德冷嘲热讽，称史丹斯就算不意外身亡，将来也会进监狱。	巴德讲义气重感情，真心为搭档之死难过，而且看到此前见过的女性受害，格外关注，想要找到真相。他属于独狼性格，喜欢独自行动。艾斯利一心想要立功，逢迎上司，寻找机会，与杰克联手。杰克也想要立功，想要找人合作，与艾斯利联手。
5.救助：抓捕黑人嫌犯	杰克伙同艾斯利连哄带骗，让线人说出几个黑人嫌犯所在地址。杰克和艾斯利前往嫌犯地址抓捕，巧遇警局同事。杰克在抓捕过程中状态较放松，不会过于紧张或冲在前面，调侃艾斯利戴眼镜会不利于现场打斗。	巴德未参与黑人嫌犯抓捕，实际巴德找到的线索更加直接，但巴德没有与其他同事分享线索。巴德从皮尔斯处得知，皮尔斯旗下的山寨制片厂有一批整容成明星脸的山寨女明星，受害者苏珊是其中之一。皮尔斯当受害者是摇钱树，也想知道凶手是谁。巴德拿着皮尔斯给的地址去找受害者的同事、圣诞夜遇到的美女琳恩。巴德发现琳恩是皮尔斯旗下的交际花，做接客勾当。他盘问琳恩，也被其吸引。	艾斯利随杰克前往黑人嫌犯地址，为了阻止对方抢功，强调自己警衔更高，应主导调查。进入嫌犯公寓之后，同事进门就要开枪，艾斯利阻止，照章办事，要求非必要不开枪，要抓活的。	巴德找到最直接的线索，有男性魅力，此前关心女性的行为使他很有女人缘，感情线展开。艾斯利渴望立功，同时以遵守法律为行为准则。作为"菜鸟"的他，在逮捕现场有些笨手笨脚。杰克利用艾斯利立功心切的心理，想借艾斯利的光自己翻身。

续表

重要情节	人物反应			分析
	滑头杰克	硬汉巴德	官僚艾斯利	三人对比
6. 成长·下功夫：审讯黑人嫌犯	杰克气定神闲旁观审讯，最初对艾斯利的审讯能力持观望态度，后对其表示佩服。	在审讯环节，巴德一直被排除在核心调查人员之外，只能旁观。听到黑人嫌犯供认说凌辱并绑架了一个女孩，巴德暴怒，用极端的持枪逼供方式，逼对方交代女孩下落。	艾斯利非常擅长审讯，他利用"囚徒困境"逼问出线索。当嫌犯说出被绑架的女孩时，其"文明审讯"被暴怒的巴德打断。	艾斯利在揣摩和操纵他人心理方面有长才，擅长审讯，以非暴力方式诱供。巴德脾气暴躁，习惯用暴力解决问题，对女性受害案件格外关注。
营救被绑架的女孩	杰克未多参与	巴德作为先遣人员，只身进入嫌犯供出的地点，发现女孩被打得鼻青脸肿，浑身赤裸被绑在床上。巴德直接击毙本已投降的共犯，熟练地伪造枪战现场。巴德击毙嫌犯后，温柔细心地帮受害女孩盖好衣服，安慰女孩。当救护车到来时，阻止艾斯利追问受害者，让受害者先去救治和休养。讽刺艾斯利只想加官晋爵，没有人性。听到艾斯利辱骂已经过世的史丹斯，巴德暴怒，与艾斯利扭打在一起，被众人拉开。	艾斯利随领导史密斯等人后进入现场，看到巴德伪造的枪战现场，心知肚明，指责巴德伪造现场。艾斯利急于审问受害女孩，想核对犯罪时间线，欲证实这几个黑人嫌犯是不是夜猫子咖啡店血案的真凶，被巴德打断。艾斯利怒骂巴德和史丹斯都是警局败类，史丹斯死了活该，惹怒了巴德。领导史密斯劝艾斯利不要总惹怒巴德，巴德不好惹。	与此前艾斯利在逮捕现场的谨小慎微相比，巴德驾轻就熟，且伪造现场"栽赃"给恶人对他来说已经是家常便饭。巴德对女性很照顾。艾斯利急于立功，不顾对方状态执意盘问受害者，显得过于功利，对巴德有偏见，言辞刻薄。领导史密斯视巴德和艾斯利为左膀右臂，乐见两人不睦，居中调停，拿捏两人。

续表

重要情节	人物反应			分析
	滑头杰克	硬汉巴德	官僚艾斯利	三人对比
已经被逮捕的黑人疑犯逃出警局,被追捕击杀	杰克未参与。	巴德未参与。	艾斯利再次去逮捕嫌犯,此次更加熟练。因杰克未在,艾斯利与上次一起行动的两名警员同行。进门后,艾斯利依旧阻止警员随意开枪,但枪战还是意外发生,同行警员身亡,艾斯利紧张万分,也违背了条例,在不确定对方是否有抵抗能力的情况下,在电梯大开杀戒。	艾斯利再次进入高度危险的现场环境中,意识到过去的照章办事在现实面前是脆弱的,永远存在一些无法用简单的道德或法律衡量的灰色地带,一度秉持程序正义的他也会为了自保而盲目开枪。艾斯利一直以来的价值观信条发生了变化,更加融入灰色地带,并因此获得了环境的接纳。
7. 达成:夜猫子案宣告破案	杰克如愿立功,回归缉毒组,再次得到与小报合作"扫毒"从而拿回扣的肥差,重新成为电视剧顾问,风光一时。	巴德对夜猫子案存疑,但此案以艾斯利击毙所有嫌犯告终,巴德无话可说。巴德与大亨皮尔斯旗下的交际花琳恩成为情侣。巴德给上司史密斯充当私刑打手,史密斯要求巴德不需要动脑子,听命就好。巴德对整日在警局之外某秘密场所逼供的生活感到厌倦。	艾斯利得到升职和奖励,如愿以偿。因为只身英勇击毙嫌犯,被同僚赠绰号"霰弹艾德",摆脱了戴眼镜小白脸、绣花枕头的帽子。	三人貌似各得其所。杰克爱名利得名利。艾斯利得到功业满足感。巴德其实内心失落,想要通过破案证明自己的愿望未能实现。与美女的爱情算是唯一的安慰,一个是打手,一个是妓女,同是天涯沦落人,因此抱团取暖。

续表

重要情节	人物反应			分析
	滑头杰克	硬汉巴德	官僚艾斯利	三人对比
8.磨炼：夜猫子案虽已告破但疑点重重	杰克再次"接单"，小报透露消息，之前被杰克逮捕的三流男星这次与男性法官有同性色情交易，小报付费让男星去勾引法官，同时安排杰克抓现形，钓鱼执法。杰克看到满心希望获得演艺机会的年轻男星被小报蒙在鼓里，心有不忍，放弃抓捕，去提醒男星，却发现男星被人杀害。杰克发现一切权钱、权色交易都指向了大亨皮尔斯的会所法兰西王朝。	巴德告知琳恩自己从警并仇恨所有危害女性的恶人，是因为母亲被家暴成性的父亲活活打死，父亲杀人后逃之夭夭，逍遥法外，成为巴德的心结。在琳恩的鼓励下，巴德重新开始调查夜猫子案，但他仍然是独狼行动。巴德找档案科和法医，重看夜猫子案发照片，发现史丹斯所在的桌子上有另一个杯子，还有口红印，显然史丹斯与某女子同行，印证了史丹斯遇害当晚曾对巴德说的"与美女有约"。	艾斯利前去医院询问被黑人嫌犯绑架强暴的墨西哥女孩，女孩惦记询问巴德，称巴德是英雄。艾斯利发现黑人们绑架女孩的时间线和夜猫子案对不上，夜猫子案很可能不是那帮黑人做的。女孩承认自己当时说了谎，她希望这些黑人被严惩，如果不能让警察认定黑人嫌犯抢劫咖啡店并杀人，嫌犯们会被轻判，没有人会关心她这个墨西哥裔女子受到的伤害。艾斯利震惊无语。	虽然巴德和艾斯利性格不对付，误会颇深，但两人都有追查真相的良心，各自分头发现了夜猫子案件的疑点。杰克表面上回归光鲜，志得意满，但一直做钓鱼执法的勾当让他良心受谴责，且发现了重要的案件线索——色情会所法兰西王朝。

第四章 "暴力向"类型——"你的故事里有枪吗？" | 291

续表

重要情节	人物反应			分析
	滑头杰克	硬汉巴德	官僚艾斯利	三人对比
重启对夜猫子案的调查	杰克本不想再多管闲事，艾斯利找到杰克，唤起杰克的良知，两人合作。 杰克将大亨皮尔斯的会所法兰西王朝告知艾斯利，认为皮尔斯与此案有关。 杰克陪艾斯利监视巴德，因巴德过问此案且其女友琳恩是皮尔斯手下的交际花。 杰克调侃巴德看来并不是无脑，因为他能泡到琳恩这样的美女。 杰克对好莱坞名利场很熟悉，见艾斯利将女明星认成整容妓女，出言调笑。	巴德追踪疑似史丹斯女友的夜猫子受害者苏珊线索，见到苏珊母亲，取得对方信任，确定史丹斯在与苏珊交往，在苏珊家地窖发现了大亨皮尔斯前任保镖/前警察巴兹的尸体。 巴德通过钱包证件确定尸体身份后并没有通知警局同事，自行查案，好言安抚苏珊母亲，给了对方一些现金。 巴德去酒吧逼问之前的线人巴那多，巴那多是影片开头入狱的黑社会老大米奇的保镖，巴德用暴力方式问出巴兹曾手握大批海洛因，也许是因此死亡。 巴德与琳恩约会温存。	艾斯利也去档案科和法医处，得知巴德也在调查此案，怀疑巴德与此案有关。 艾斯利也追踪到苏珊母亲处，但苏珊母亲对外表高冷的艾斯利颇为抵触，不肯多说。 艾斯利也查到地窖中的尸体，但不能确定身份，立刻命令警局派人来带走尸体。 艾斯利去见杰克，用从警初心说服杰克帮助自己，艾斯利从警是因为父亲死于无名凶手之手，凶手逃之夭夭，杳无音讯，成为艾斯利的心结。 艾斯利与杰克监视巴德，艾斯利被琳恩的美貌震惊，不肯相信巴德能够凭才干和魅力赢得美人心。 艾斯利将好莱坞女明星错认为皮尔斯手下的妓女交际花，闹乌龙被杰克调笑。	巴德和艾斯利出于不同的原因重启对夜猫子案件的调查。 巴德的心理阴影和拯救女性的情结来自母亲被家暴身亡，父亲逍遥法外。 艾斯利的心理阴影来自功勋卓著的父亲被宵小杀害，罪犯逍遥法外。 巴德执着于此案一方面是因为对搭档史丹斯讲义气，想为他伸张正义；另一方面是因为有受害女性牵涉其中。 艾斯利执着于此案是追求正义，且想要取得成就比肩父亲。 巴德铁汉柔情，擅长与女性沟通，在同女性的交往方面一向顺利。 艾斯利不近人情，缺乏传统男性魅力，显得过于拘谨，与女性打交道总是不太顺利。 巴德并非四肢发达、头脑简单，总能比艾斯利先找到正确的线索。但巴德有独狼倾向，不擅与人合作共事。 杰克本来置身事外，因为自己伙同小报钓鱼执法，害三流男星身死，良心不安，开始帮助艾斯利。

续表

重要情节	人物反应			分析
	滑头杰克	硬汉巴德	官僚艾斯利	三人对比
9.破灭 10.契机：反派灭口，挑唆两虎相争	杰克发现当年黑警巴兹与皮尔斯相关的出警记录，此案的负责人是当前的警局高层史密斯。杰克与史密斯相熟，前去史密斯家中探查，不想史密斯突然出手，将杰克杀死，杰克临终前给艾斯利留下口头线索。	巴德继续给上司史密斯充当打手，这次逼供的对象是八卦小报主编、长期与杰克合作的记者哈金斯。哈金斯故意透露琳恩与艾斯利有染，并有照片为证。巴德看到照片，得知琳恩背叛自己，怒不可遏。一反自己保护女性的初心，打了琳恩。 巴德怒气冲冲找到艾斯利，将其痛打一顿，在艾斯利的辩解中慢慢冷静下来，意识到背后有黑手挑动两人相争，同意与艾斯利合作追查。	艾斯利去盘问琳恩，出于对巴德的嫉恨以及对琳恩美貌的迷恋，与琳恩发生关系，这一切都是皮尔斯的设计，皮尔斯早就安排琳恩勾引艾斯利，并让八卦小报记者哈金斯拍下艳照。用艳照敲诈勒索洛杉矶政客、司法人士是皮尔斯的拿手好戏。 艾斯利惊闻杰克死讯，与史密斯交谈，根据杰克留下的线索，得知史密斯就是幕后真凶，艾斯利表面不露声色。 艾斯利被拿到艳照的巴德痛打，面对暴怒不可控的巴德，危急时刻艾斯利冷静相劝，称史密斯才是真凶，说服巴德合作追凶。	巴德脾气火爆，反派史密斯利用这一点，想借刀杀人，除掉艾斯利，但史密斯没想到巴德和艾斯利虽然性格不合，但内在都有对正义的追求，两人反而因此联手。 感情线方面，巴德一直知道琳恩在为皮尔斯卖淫，此前也尊重琳恩的选择，未干涉其"工作"。因此，巴德虽然气恼女友琳恩奉大亨皮尔斯之命与艾斯利发生关系，但仍分得清轻重，将儿女情长与正义事业公私分开，不计前嫌与艾斯利合作。艾斯利对琳恩的迷恋，多少源自与巴德的"雄竞"心理。 艾斯利遇事冷静，头脑精明，发现史密斯是凶手之后虚与委蛇，符合其性格。

续表

重要情节	人物反应			分析
	滑头杰克	硬汉巴德	官僚艾斯利	三人对比
11. 对决	杰克已死。	巴德与艾斯利一文一武，合作默契，扮演"红白脸"。巴德对受贿法官暴力逼供，问出线索。巴德与艾斯利找到皮尔斯，发现其已死亡，巴德对凶杀案很熟悉，立刻判断皮尔斯并非自杀，被伪装成自杀现场而已，凶手另有其人。巴德与艾斯利分头行动，发现小报记者哈金斯也已被灭口身亡。巴德被人骗到郊区刑讯小屋，与艾斯利会合，两人发现被骗，面临被灭口，拼死反击，与反派派来的杀手周旋。巴德身手高超，制订策略，将杀手一一击毙。幕后黑手史密斯现身，他身为警局高层，阴谋接盘黑帮老大米奇的毒品与权力，与皮尔斯合作，在洛杉矶只手遮天。史密斯枪击艾斯利，巴德舍命救下艾斯利，中枪倒地。	艾斯利与巴德一文一武，合作默契，扮演"红白脸"，从受贿法官处取得线索。艾斯利与巴德找到皮尔斯，发现其死亡。艾斯利受巴德嘱托，前去保护琳恩，但琳恩只是小角色，对内幕并不知情。艾斯利和琳恩相见略尴尬，但对彼此表示理解，都很关心巴德。艾斯利被人骗到郊区刑讯小屋等待巴德，两人见面后才知道是被骗至此。艾斯利与巴德反击反派派来的杀手，艾斯利听从巴德指示，数次在危机时刻被巴德援救，心生感激。杀手被全数剿灭，但史密斯突然出现，艾斯利被巴德所救，与史密斯对质，史密斯承认所有罪行。警笛接近，史密斯利诱艾斯利帮自己掩盖罪行，同流合污换取名利。艾斯利假意顺从。	巴德靠暴力方式获得线索。艾斯利靠循循善诱套话。性格、价值立场诸多相左的巴德与艾斯利居然能够精诚合作，在合作中关系改善，从敌人到伙伴人物的关系转变，基础就在于两人都追求正义，源于各自原生家庭，对正义抱有同样的执着，因此能够放下龃龉，也放下"情敌"关系，公私分明，甚至结下了战友情谊。

续表

重要情节	人物反应			分析
	滑头杰克	硬汉巴德	官僚艾斯利	三人对比
12.排除：面对名利诱惑，艾斯利做出终极选择	杰克已死。	巴德为救艾斯利连续两次挡枪，倒地昏迷，疑似身亡。	艾斯利跟随在史密斯身后走出刑讯小屋，走向赶来支援的警察车队，史密斯得意扬扬声称早就看出艾斯利野心勃勃，会做出"明智的"选择，让艾斯利追随自己，艾斯利从身后击毙史密斯，实现了事实正义，以行动拒绝了史密斯的利诱。艾斯利面对审查他的洛杉矶市长和受贿法官侃侃而谈，巧舌如簧。他直言真实案情会让这些领导脸面无光，他愿意为了洛杉矶政府的颜面，对记者说一套滴水不漏的说辞，称史密斯是因公殉职，把罪责推给死去的帮凶们，再次博得高层们的欢心。	剧情高潮前的重要环节，人物面临终极考验，选择功利还是正义，选择事实正义还是程序正义。巴德一如既往讲义气，两次舍身救艾斯利。巴德在本片中"内核稳定"、人物弧光跨度不是很明显。艾斯利是人物弧光明显的角色，从最初追求程序正义，拒绝知法犯法，到最后为事实正义枪击真凶，伪造证词。变化的是心智，从理想主义到熟练地游走灰色地带。不变的是对正义的执着，他依旧擅长揣测人心，操纵权谋。
13.满足：洛城一系列大案"告破"		巴德捡回一条命，退出警界，与琳恩离开纸醉金迷的洛杉矶，归隐小镇。与艾斯利道别，彼此理解。	艾斯利再次获得升迁，更加懂得变通，决心通过操纵权谋来实现对正义的追求。对琳恩仍怀情愫，但心知琳恩心属巴德。艾斯利与巴德惺惺相惜，互道珍重。	本片结局，角色们"求仁得仁"，正如琳恩台词所说："有人赢得了全世界，有人赢得了从良的妓女和亚利桑那之旅。"官僚型人格的艾斯利社会化程度远高于独狼硬汉巴德，巴德走到哪都很难与体制内的规范相容，不如一别两宽，各得其所。

以上对《洛城机密》的细读，按照"十三阶段结构"进行拉片，大家能看到每个阶段三个角色的鲜明对比，硬汉性格直率火爆，我行我素，也极讲义气，为伙伴两肋插刀；官僚城府颇深，工于心计，擅长与上层交涉；滑头长袖善舞，心思活络，其与积极谋求晋升的官僚型人物的区别在于，滑头不求有功，但求无过，没有那么强烈的进取心，明哲保身。

最终在案件中贡献最突出的巴德功成身退，将荣誉与冠冕让给了更适合在体制内生存的艾斯利，这个结尾的逻辑和此前提到的经典老片《双虎屠龙》何其相似，个人主义的、过于暴力的英雄角色，终究很难真正社会化，博弈关系越来越复杂的现代社会是属于擅长纵横捭阖的脑力劳动者们的，归隐已然是暴力英雄最好的选择，他们属于秩序尚未奠定的时代，一旦亲手奠定了秩序，他们自己也便成了零余者。

（三）地下犯罪空间与反英雄形象

黑帮犯罪题材对应的空间是"地下世界"，类型叙事中的"黑帮""地下"其实并非生活中的黑恶势力与犯罪团伙，而是一类特殊的都市寓言。在人口居住相对疏离的田园乡野，也许有山匪盗贼，但谈不上与"地上世界"平行存在的有组织犯罪集团，从现实来看，现代黑帮的出现与现代城市的发展以及某些国家或地区的移民潮密切相关，如意大利的黑手党在美国的生根，苏联解体后俄罗斯黑帮的蔓延，日本黑帮与返日的日本在华遗孤……

这些从犯罪者视角讲述的故事总会塑造令人爱恨交织的反英雄形象，托马斯·沙茨评价美国的黑帮犯罪电影时称"强盗片的基本矛盾就是我们全都生活在一个赞扬'自由经营'和以攻击性的努力来获得成功的社会中，但是这个社会也赞扬民主，平等的合作和与他人为善的基督精神。这就是不可调和的难题，认为失败是一种死亡，而成功又是邪恶和危险的，这最终是不可能的信念。强盗片的效果就是在强盗人物身上体现出这个难题，并用他的死来解决之"[1]。其他文化背景的国家与地域未必信奉基督精神，但同样在资本推动的现代化进程中面临自由主义市场的"狼性"竞争与平等博爱理想之间的冲突。

黑帮故事背后的逻辑要么是"富贵险中求"，要么是"恶人自有恶人磨"，除了将黑恶势力作为反派予以铲除的现实感警匪故事（如《破冰行动》《狂飙》），黑帮故事常常是抽离普通人生活现实的，专注于讲述地下世界内部故事，具有高度的假定性和真空性。创作者借地下世界"黑吃黑"的丛林法则故事，完成对文明世界中人际关系的隐喻。

尽管都是都市空间，地下世界比起一般的写实性都市空间，其假定性更强，情色和暴力奇观更加夸张，光怪陆离的夜总会、鱼龙混杂的黑市、各种隐秘的交易场所、黑道医生的黑诊所……通常是些什么样的人物游走于这样的空间之中呢？

若问同学们地下世界的典型角色有哪些？大家也可以像上一节谈论侦探角色一样说出：杀手、抢匪、神偷、毒贩、黑帮老大、黑道律师、黑道中介、职业"清道夫"……一系列角色行当。总结一下，这些角色最粗略可以分为三类：老板、员工、个体户。

在作为寓言的犯罪故事里，犯罪被呈现为一门生意，要么是自负盈亏的小本买卖，要么是有严密组织的集体行动。大多数的黑帮故事都是公司故事，正如好莱坞大导演马丁·斯科塞斯的作品，他拍黑帮像个公司（《好家伙》《赌城风云》《爱尔兰人》），拍公司像个黑帮（《华尔街之狼》），这位以黑帮片著称的大师道出了地下世界作为都市寓言的精粹。既然有"公司"，那自然会有老板和各层级的员工，而游离在公司组织之外的外包委托人员，就是那些与有组织犯罪集团关系若即若离的个体户，个体户凭"手艺"吃饭，也自担风险，缺乏组织保障，好处是相对自由。

---

[1] 沙兹.旧好莱坞/新好莱坞：仪式、艺术与工业[M].周传基,周欢,译.北京：中国广播电视出版社,1993：70.

1. "个体户"犯罪者

关于个体户犯罪者的典型例子，我将以《我不是药神》为例。关于这部作品到底是现实主义社会关怀之作还是商业类型片，一直有争论，其实这两个定位未尝不可得兼，但大家从学术的角度要认识到《我不是药神》的"现实主义"是题材方面的，而非表现形式上的，无论从故事的布局谋篇、节奏安排还是视听语言风格来看，都是典型的类型片配置。用地下世界热血极道[①]的风格讲现实故事，恰是导演文牧野团队的一贯策略，深圳打工题材的电影《奇迹·笨小孩》、年代青春剧《似火流年》皆然。

此类故事的常见模式：一个普通人偶入非法犯罪行当，成为地下世界个体户，从此冒着风险打拼。小人物走上犯罪之路的常见情节包括：

* 人生低谷，意外获得发财机遇
* 铤而走险
* 初尝甜头
* 招兵买马，扩充团队
* 顺风顺水（一组蒙太奇）
* "黑吃黑"，有人非要来分一杯羹（且有暴力背景）
* 白道（政府/体制）追查
* 散财以保身，解散团队
* 千金散尽，灯火阑珊，尊严仍在

《我不是药神》的故事轨迹与典型的"犯罪个体户"电影《美国行动》《骡子》《茉莉牌局》《天才枪手》等如出一辙，我们可以对照同样改编自现实新闻，讲述顶尖飞行员借执行中情局任务之机运毒的美国电影《美国行

[①] "极道"是日本对黑道的称呼。

动》，检验《我不是药神》的犯罪类型片属性（见表 4-2）。

表 4-2 《我不是药神》与《美国行动》关键情节阶段对比

关键情节	片名	
	《我不是药神》	《美国行动》
人生低谷，意外获得发财机遇	中年失意男子程勇开一家卖印度神油的保健品小店，惨淡经营，离婚后前妻再婚，要带两人的儿子出国生活。程勇一边争夺儿子抚养权，一边要为重病的父亲筹集医药费，焦头烂额。 偶然有白血病患者吕受益前来求助，希望程勇能帮忙从印度走私"盗版"白血病药物格列宁。	飞行员巴里在美国航空公司工作，驾驶民航飞机，他驾驶技术高超，在日复一日的疲惫航行中感到无聊，英雄无用武之地。 偶然有美国中情局特工找到巴里，希望利用他优秀的驾驶技术，定期飞往南美洲反美政权所在地，从空中拍摄间谍照片。
铤而走险	程勇起初觉得不靠谱，并未答应。然而面临店铺到期交不出租金等窘迫局面，程勇被迫考虑吕受益的提议。 在目睹医院门前患者抗议的场面之后，程勇半信半疑此事确是商机，前往印度与地下药商交涉，他凭借平生"见人说人话，见鬼说鬼话"的本事完成了交易，带回了第一批山寨格列宁。	巴里起初觉得不靠谱，并未答应，中情局特工将巴里带到秘密机库，展示了可以供巴里独立驾驶的小型先进飞机，许诺只要巴里答应就可以不受常规航空管制，飞入飞出美国国境执行任务。 巴里对无聊的民航生活实在厌倦，半信半疑开始为中情局效力，他只能作为编外人员与找到他的特工单线联系。
初尝甜头	程勇与吕受益寻找山寨格列宁的销路，通过病友群打开市场，需要药物的病人踩破门槛，程勇挖到第一桶金。	巴里享受独立飞行执行"特工任务"的成就感，人尽其才。 巴里被南美毒枭集团发现，许以重利，因其飞机有特权不受常规管控，毒枭集团希望巴里为他们运毒，待其为座上宾，巴里成功完成第一次运毒任务。

第四章 "暴力向"类型——"你的故事里有枪吗？" | 299

续表

关键情节	片名	
	《我不是药神》	《美国行动》
招兵买马，扩充团队	程勇在吕受益的辅助下，招募了病友群中的舞女刘思慧、牧师刘新鸣、屠宰场工友彭浩（黄毛）等人合伙，各司其职，走私山寨格列宁的生意有条不紊地运转起来。	中情局进一步利用巴里，为了保密，安排巴里一家从城市搬到中西部地区小镇，有了私人的机库。巴里因此更便于藏匿毒品和不法现金，中情局拒绝付给巴里更多报酬，只用"为了国家"给巴里画饼。巴里坚定了"干私活儿"的决心。 巴里招募了几个技术高超的退役飞行员，利用中情局为掩护，扩大运毒生意。
顺风顺水，小有成就	卖药事业顺遂，程勇和众人在夜总会庆祝，大撒钞票，让经理跳艳舞。	巴里和同伴们赚得盆满钵满，家中堆满现金。
黑吃黑，生意受挫	某个自称"张院士"的家伙用质量不合格的药欺骗病友，抢程勇生意，坑害病友。程勇与张院士理论，对方反而提出买下程勇的销路，欲接盘程勇生意，语带威胁。	巴里不靠谱的小舅子找到巴里一家，发现巴里家财万贯，小舅子一时不慎，暴露了巴里的秘密，不仅小舅子自己被毒贩灭口，还让巴里一家陷入险境。 巴里想要退出运毒生意，毒贩不肯放过他。
白道追查	张院士举报程勇，害程勇被警察调查。程勇决定放弃走私药生意，团队成员们失望。 程勇转行做缝纫厂，生意做得不错，直到吕受益家人来求助，程勇于心不忍，重启走私药生意。吕受益虽未能被挽救，却坚定了程勇帮助患者们的决心。 程勇不再仅仅为了谋财，而是出于同情心和良心继续走私药物。张院士此前贪心不足，让走私药生意陷入泥淖，此时如同丧家之犬，程勇给了张院士一笔钱，让他从此消失不要泄露走私药的秘密。 药业公司起诉山寨格列宁，程勇的小舅子身为警察，开始追查走私药的违法行为。	中情局与巴里撇清关系，销毁了所有有关巴里任务的材料。 巴里家中涌入联邦调查局、缉毒局、酒精烟草管理局等多个部门的警员，不同部门为谁来收审巴里争论不休。不料州长打来电话，命令释放巴里。 巴里被国安部门带到了白宫，不得不接受一个特别的任务，驾驶飞机再度赴南美洲拍摄美国左翼人士涉嫌贩毒的证据。

续表

关键情节	片名	
	《我不是药神》	《美国行动》
散财保身，解散团队	黄毛在运输走私药的过程中被追捕，车祸身亡。 程勇良心更受打击，将走私药发放给病人们，宁可赔本也要帮助他人，以此反击药业公司资本的围剿。	巴里冒险偷拍的照片被电视台播放出来，他因此再度陷入险境，此前命令他执行任务的国安部门拒绝为他背书，巴里遭遇毒贩威胁。 巴里虽然未受法律制裁，但毒贩睚眦必报。巴里将家人转移到安全地方，独自踏上逃亡之旅。
千金散尽，尊严犹在	程勇被捕，病人们沿街致意送别。程勇流下了泪水。 走私药被禁止的同时，国家将正规格列宁纳入了医保。	巴里在逃亡过程中谨小慎微，他本性善良，怕给无辜路人带来无妄之灾，每次发动汽车前都提醒他人远离。最终，巴里没能逃脱汽车炸弹，死于非命。

当然，两个故事的主题颇为不同，开头都从小人物的个人主义挣扎开始讲起，《我不是药神》更加符合主流意识，讲述了误入歧途的主人公的自我救赎，重申了社会关怀；而《美国行动》带有反讽色彩，肯定了主人公的个人奋斗追求，嘲讽了体制机构对个体螺丝钉的用后即弃。但两部影片作为犯罪个体户人生故事的共性，我们也能够很清晰地看到，富贵险中求，但出来混终要还，一切皆有代价。

程勇、巴里这种误入地下世界的普通人，往往从事非暴力的犯罪行当，这让他们本为人之常情的一时贪心格外令人同情。除了这种非暴力犯罪，地下世界中还有许许多多以暴力手段解决问题的个体户，典型案例如2024年热映的《周处除三害》。周处本为黑帮杀手，以暴力大杀四方著称，蛰伏多年后重出江湖，只为"人死留名"。但其心中亦残存人性与同情心，有除暴安良的理想，然而他以暴制暴的方式终非正途。周处逐一击毙邪教分子的场景令人既悚然又痛快，在这个高度假定性的叙事空间里，"恶人"主人公以极高的效率行合法手段不可能达成之惩戒。观众们在生活中当然恐惧恶人与犯罪，但在故事假定情境中，我们又希望看到如"鲁提辖拳打镇关西""武松怒杀潘金莲"一般高效率的执行方式，无须程序拖延，让正义立刻降临，这便是所谓的"爽感"，难怪很多人看了《周处除三害》之后就会联想到《水浒传》。

"真正的城市罪犯可能代表祸害着当代生活的社会病患，但是当他出现在银幕上，他就成为一个行动的、暴力的和具有邪恶才能的富于浪漫色彩的（反社会的）人物。这种人的'基本性格'的缺陷已经无可救药：他是那自私、紧张和实质上是愚蠢的社会腐化的体现者。他那严重受局限的性格依然复杂到足以容纳具有重大社会意义的冲突。"[①]

周处这样的个体犯罪者身上带有强烈的反社会人格特质，但类型叙事的浪漫主义倾向会尽量保留此类人物内心单纯的一面，他们不愚蠢，但也不心机——足够能打便不需要动脑子；他们爱憎分明，听凭本能行事，周处手上的粉色小猪手表，《甜蜜蜜》中豹哥背上的米老鼠，《暗战》中张彼得爱看的蜡笔小新，皆强调了"恶人"具有孩子气的一面，将他们引入歧途的并不是天性本恶，而是社会失序。也正因为此类故事的浪漫气质，主人公往往不会狼狈入狱，体面尽失了此残生，而是轰轰烈烈死去，"不自由，毋宁死"。

2. 地下世界的"老板"与"员工"

倘若故事不仅仅讲述个体犯罪者，而是表现精密运作的"有组织犯罪"，这属于更加纯正的黑帮片，充满了权谋和复杂的人际关系，老板与员工之间可能有知遇之恩、过命之交、识于微时之谊，但又难免猜忌与权力争夺，打江山容易守江山难，很多时候，人们能够共患难却不能共安乐。

同样是普通人误入歧途，香港电影《无双》就讲述了一个老板与员工

---

① 沙兹.旧好莱坞/新好莱坞：仪式、艺术与工业[M].周传基，周欢，译.北京：中国广播电视出版社，1993：114-115.

之间的故事——至少主体剧情如此，该片暗含一个精彩的套层反转，影片前三分之二的情节算是典型的黑帮公司故事（见表4-3）。

表4-3 《无双》关键情节分析

关键情节	片名
	《无双》
人生低谷，意外获得发财机遇	男主人公李问身为无名画家，与才华横溢的女友阮文在美国打拼，眼看女友的艺术事业蒸蒸日上，李问却只能靠仿制假画糊口。自卑的李问偶遇伪钞制造者"画家"，画家风度翩翩、气宇不凡，慧眼识英雄，一眼相中李问仿制的假画，认为李问是伪钞制造业难得的人才，向李问伸出橄榄枝。
铤而走险	李问起初觉得匪夷所思，没有接受画家的邀约。和女友潦草分手的打击让他无所适从，落魄之际抱着试试看的心态，上了画家的私人飞机。
初尝甜头	画家带李问来到伪钞制造地点，介绍团队成员给李问认识。李问与伪钞制造集团众人相处融洽，解决了一个又一个技术难题（水印、无酸纸、油墨等），李问人尽其才，发挥了关键作用，愈发得到画家赏识。
顺风顺水，小有成就	李问主导制作了第一批高仿美钞，销路畅通，团队跟随画家游走世界各地出售伪钞。
黑吃黑，生意受挫	东南亚某军阀与画家有旧交，邀请画家到其基地，想要画家交出伪钞制造技术，抢夺并垄断伪钞生意，遭到画家拒绝。画家不惜鱼死网破，带领团队与军阀激战，获得了胜利。李问身为技术人员，不擅暴力，在枪战中被吓得魂飞魄散。
白道追查	警方开始追查这批高仿伪钞，扮作买家与画家交易，被画家识破杀死，李问越来越恐惧喜怒无常且本性嗜血的画家。
散财保身，解散团队	李问提出要退出伪钞集团，画家强调自己是李问的伯乐，捧李问做了男主人公，毫不掩饰对李问的控制欲，为此绑架了李问的前女友阮文。李问危急之际对画家开枪，画家从此失踪，李问逃亡。
千金散尽，尊严犹在	李问随曾经被他所救的女性伪钞专家秀清逃亡，终被警察逮捕，锒铛入狱。在狱中仍旧能够发挥所长，用彩色墙灰和鱼刺画出以假乱真的邮票，开启了新的故事。

再次强调,《无双》的剧情在结尾有重大反转,其情节不只限于上述,是香港金牌编剧组合庄文强+麦兆辉的代表作之一,剧情十分精巧。而我们目前列出的主体剧情是按照伯乐老板与天才员工之间相爱相杀的模式设计的,仅看制造伪钞者李问的故事线,既符合上一小节的"普通人误入歧途"类型模式,也符合"伴君如伴虎"的黑帮员工叙事,对黑道老大既感激又畏惧,既依赖又提防,这种关系堪称现代人职场关系的极致版本。无怪杜琪峰"黑社会"系列中的吉米,《枪火》《放·逐》中的黑道杀手等角色,常被戏称为"最难打工人"。黑帮杀戮只是外壳,人物的内里就是那些在职场上左右为难,既要迎合上峰又要罩住下属的普通人。

黑道"老板"的形象又是怎样的呢?相当多的黑帮片从老板视角来讲述,经典如"教父"系列,《极恶非道》《疤面煞星》《美国黑帮》《盗火线》《追龙》《跛豪》《罗曼蒂克消亡史》等,有些本意从正面警方视角讲述打黑除恶的故事,也会因为不小心将反派大亨塑造得过于有魅力而跑偏。《破冰行动》让大家认识了戏骨王劲松,《狂飙》捧红了演员张颂文,《孤注一掷》中王传君缅北诈骗洗脑视频出圈,都是例证。我们明知道黑道枭雄人物恶贯满盈,为何仍然被他们的魅力吸引,爱看和他们有关的情节,为什么?

"强盗喜欢通过暴力行动来表现个人意识,使他成为银幕上的理想人物,而他一意孤行对社会秩序的蔑视,则抬高了他的个性。他周围尽是些愚钝的走卒,他受到一批无能之辈的警察的追捕,而电影的城市环境的道德真空为他提供了理想的机会。那残酷的野心和鲁莽的个人主义的准则突出了他那性格的双重性:现代城市社会教会他,这些属性能使他表明自己的个性,并提高他的社会地位,但是由于他是以暴力和反社会的方式来实现的,因此社会别无他法,只能追捕他并消灭之。"[1]

大家可以回忆一下这些黑道老板出场时的情景,他们在做什么?以何

---

[1] 沙兹.旧好莱坞/新好莱坞:仪式、艺术与工业[M].周传基,周欢,译.北京:中国广播电视出版社,1993:115.

种姿态出现？很多时候是在家庭或餐饮环境中，《教父》一开头就是教父女儿的婚礼，亲朋好友齐聚的盛大场面，教父抱着猫，威严又不失松弛感地与人交谈；《黑社会》开头是黑帮大选在即，一群元老级人物带家眷齐聚，看似寻常聚会，实际他们的决定可能掀起香港地下世界的血雨腥风；《罗曼蒂克消亡史》开头是陆先生日本妹夫的茶楼，工会来客等待陆先生，一起吃点心闲聊，言谈间陆先生不动声色送上一份"大礼"，让来客瞬间色变。

家居和餐饮环境凸显了黑道老板接地气甚至有人情味的一面，重视家庭和传统人情是黑道"公司"的特色，这些有组织犯罪的集团往往以"家族企业"的面貌出现。《破冰行动》《狂飙》等作品中的毒枭、黑帮头目也带有这种特点。在现代社会，冰冷的科层制是企业管理常态，典型如职场喜剧《年会不能停》中的大厂文化，相比之下，在地下世界的"企业"中，人们反倒感受到一丝丝"礼失求诸野"的旧式行会制度的温情。

韩国电影《新世界》讲述了黑帮企业金门集团内部为了争夺头把交椅而发生的残酷斗争，警方卧底李子成身为该黑帮企业三号人物丁青的左膀右臂，帮助丁青扫除各种障碍，与此同时他又深陷卧底身份不得摆脱，不断被警察上司姜科长利用。李子成在挣扎中意识到"警匪同构"，黑白并不分明，自己作为螺丝钉的宿命，在哪里都一样，那么相比冰冷的警察机构、企图将黑帮"现代企业化"的对家，李子成追随的大哥丁青反而是最有人情味、真正器重和欣赏他的那一个，即便发现了李子成是警方卧底，丁青仍怀爱才惜才之心和旧日同甘共苦之谊，力挺李子成上位。李子成最终放弃了警察身份，彻底融入了地下世界，继承了丁青的遗志，成为新一代黑帮"老板"。像《新世界》这样的故事，带有浓厚的存在主义色彩，没有什么恒定的本质，只有不断变化的境遇和选择。片中所有试图以现代科层制进行管理的人物都是负面的，无论是警察上司，还是黑帮争权者；相反，重视家庭和兄弟情义、爱吃接地气食物、以传统方式管理"企业"的黑帮老板丁青反倒成了最有光彩的角色。

图 4-33 《新世界》剧照

讲到维持传统礼仪与人情的黑帮故事，我常用一个日本动漫做例子，日本漫画家椎桥宽的漫画《滑头鬼之孙》，后被动画化为两季动画。这个动漫的开局是《教父》的翻版——妖怪家族出了一位不肯继承家族势力的少主。故事讲述了东京城市里有一座古色古香的神秘大宅，那里其实是妖怪家族奴良组盘踞之处，只要奴良组家主奴良滑瓢一声令下，就能拉起一支"百鬼夜行"的庞大妖怪队伍。奴良滑瓢外表是个干瘪的小老头，他老人家最愁的莫过于自己尚年少的孙子奴良陆生，陆生身上只有四分之一的妖怪血脉，尚未完全觉醒妖力，且陆生十分抵触继承家主之位，根本不想统率奴良组。

前些年有同学也看过这部动漫，我问他们有没有联想到课上讲的黑帮片，同学面露恍惚，称没往这个方向思考过。这让我深感需要更多普及各国类型片知识才好，因为动画中关于"××组"的提法，在日本极道片/黑帮片（Yakuza Film）很常见，是许多日本黑帮对自身的称呼，而动画中的妖怪绘有文身，持武士刀等冷兵器，喝交杯酒结拜等行为都是 Yakuza Film 的传统元素。该动画的主要情节围绕着来自四国（日本传说中妖怪盘踞之地，较为偏远）及京都的妖怪帮派欲来东京圈占地盘展开，奴良组奋起反抗，因爷爷遇刺，陆生迅速成长，建立起自己的百鬼夜行大军，承担起家族责任，坐上了家主宝座。

某新兴帮派格外贪婪，不守行规，对老牌帮派发起挑战，这是黑帮片经典情节，从《教父》到新近网飞出品的美剧《东京罪恶》皆是如此，《滑头鬼之孙》将日本黑道恪守传统的很多行为移植到了以妖怪为卖点的奇幻世界里，妖怪帮派奴良组就是现代东京城市里最后一抹江户文化遗存，说是黑帮或妖怪，实则承继了昔日武士们的高贵形象与超然气节。这一点也反映在空间设计上，奴良家的大宅四面皆是高楼大厦，这个古风宅院和其中身穿传统服饰的妖怪们显得格外卓尔不群，少主奴良陆生起初坚持穿现代学生装（诘襟）示人，当他承担起家族/帮派责任之后，也完成了华丽变身，穿上了传统和服，拿起了武士刀。

图4-34 《滑头鬼之孙》剧照

身为一代目统帅的爷爷曾对任性逃避责任的陆生解释奴良组存在的意义："日本自古以来就生活着众多妖怪，海里的、山上的、付丧神……绝大多数都是藏在暗处的弱小妖怪，保护那些弱小的妖怪就是奴良组的工作。"《滑头鬼之孙》中的妖怪既隐喻了现代社会中那些难以找到舒适位置的、怀有无政府倾向的个体，也是人类社会中某些在夹缝中生存的少数族裔"移民"。此类将"黑帮"作为传统社会人际关系理想组织的幻想类叙事，和水泊梁山、武侠传奇是颇为接近的。

就在2024年夏季，独具特色的罪案剧集《边水往事》引发热议，故事发生地是异域边城鱼龙混杂的战乱地带。"边水"是故事中的黑话，指的是给盘踞此地的各种秘密集团运送生活物资的行当，所运之物从尚属寻常的烟酒饮料，到"水货"电子产品，还时不时要接受一些特定物品的委托。对接的客户可能是城里长袖善舞的宝石矿场老板，也可能是藏于深山见首不见尾的毒帮。不过"边水"生意自有一套特别的原则，居于各派势力和各种地上地下买卖的中间地带，保持中立和独立，只运物资，拒绝运毒。

该剧完全符合我们上述介绍的"黑帮＝职场"模式，男主人公打工小白沈星阴差阳错误入"边水"行当，被迫开始一点点学习"业务"：用代号记账、过军队哨卡缴"买路钱"、记下深山老林中秘密仓库……无辜打工人沈星之所以落入困境，实因其天性善良，为了给工友们发薪水回家过年才抵押了舅舅的工地设备，一再被骗之后几乎命在旦夕，此时他能够被当地头面人物猜叔挑中干"边水"，是因为猜叔看到了他身上的一腔血勇和朴素的道义感。猜叔老谋深算，亦正亦邪，在秩序失灵的环境中，其作为地下帮派领袖，或多或少仍看重华人社群传统的忠义观，若毫无理念依凭，则无法维系这样的组织。于是猜叔挑中了沈星"入行"。"猜叔"这一形象为国产剧"黑帮老板"形象又添了新典型，他对沈星恩威并施，心狠手辣之余又残存一丝温情，两人之间是典型的"黑道师徒／上下级"关系，面对猜叔的赏识与提拔，沈星何去何从，是否会在地下行当越陷越深则让观众牵肠挂肚。该剧属于国内较为少见的"当代黑帮剧"——剧中少有法律力量介入，不同于"扫黑剧"，传播前提是故事发生在架空环境中。

（四）战场空间与军人形象

战争本身是可怕的，然而死亡与鲜血带来的恐惧的确与崇高感密切相关，战争频繁出现在人类自古以来反复讲述的传奇故事中。战争场景随着年代不同、地域不同、武器现代化程度不同而具有各异的看点，类型化的军人形象也根据历史、现实和军种而面貌各异，在表现幻想世界的科幻、魔幻叙事中，战场空间的出现率甚至比非幻想题材叙事更高。

"战场"一词在英文中经常被译为"theatre"，与戏剧的"剧场"是同一个单词，两者之间的譬喻性联系是很值得玩味的。战场上真实上演着生与死、爱与恨、纷争与和平，其中的复杂与激烈恐怕是最杰出的戏剧也无法描摹的。尤其影像艺术将战争搬上银幕时，战场真的化作了剧场，影像媒介具有将空间及无生命的物体变成角色的能力，地理环境、用于战斗的机器装置等都作为符号被赋予了超越它们自身的特别意义。出现在战场空间里的人，敌对双方都具有了象征性。不同的战场，注定了要上演不同的戏剧。

"每一个战斗地点都具有其特定的元素或事件，这些标定了关于它的叙事。坦克驶过沙漠，相当于潜水艇潜航，也相当于飞机飞过天空。这些用于战争的机器，运载着人，向着危险/战斗驶去，或远离。……袭击并不仅仅来自敌人，同时也来自自然——沙暴、酷暑、暴雨、迷雾以及冰雪。他们承受着各自所在的地理环境特有的危险，——干渴、窒息、重力，还有疾病（分别对应着沙漠、水下、天空和丛林），但是他们面对的基本问题是一样的——各种因素带来的死亡威胁。战斗电影是关于死亡和毁灭的，以及必须战斗去避免死亡。"[1]

---

[1] JEANINE B. The World War II combat film: anatomy of a genre [M]. New York: Columbia University Press, 1986: 19.

美国学者詹宁·贝辛格在《二战战斗电影：对一种类型的剖析》(*The World WarII Combat Film: Anatomy of a Genre*)一书中，根据战场空间将战争电影细分为陆军电影、海军电影、空军电影等子类型。陆军、海军、空军等不同军种的生活一旦被类型化，便负载了不同的神话意义："因此空军电影通常是关于专业主义的，关于职责带来的压力、领袖人物的责任感等；海军电影则是关于战斗团体内部的纷争，这些纷争不仅仅发生在甲板上工作和战斗的男人们中间，也牵涉到他们留在岸上的家庭关系，如女人们对他们长期远航的抱怨；只有陆军电影是关于战斗本身的。因此，陆军电影几乎总是作为纯粹的战斗电影。"

同样表现战斗行为，陆军电影是很难避开表现敌人的，面对着同样是血肉之躯的敌对者，爱国主义和英雄主义的影片将杀戮行为合理化，反战主题更愿意通过展现血腥杀戮来表达批判。而海军电影和空军电影通常只能远远地观望对手乘坐的现代化机械和他们使用的武器，杀戮的血腥被空间距离淡化了，我们看到人物操纵战争工具，而未必看得到被击中的对方如何血肉横飞，实际上这些电影更关注战斗集体内部的问题，关于组织能力、凝聚力、战术、智慧等，且空军电影往往带有强烈的精英主义色彩，迷恋个人能力和技术优势。

因此，在克里斯托弗·诺兰的电影《敦刻尔克》中，同时讲述了三个军种、三种战斗空间的故事，它们的风格截然不同。在敦刻尔克海滩等待撤退救援的英国士兵们状态更加艰苦和狼狈，诺兰以较写实的方式表现海滩被德军轮番轰炸的情景，作为普通人的士兵谈不上英勇冲锋和慷慨就义，他们只是努力地想要坚持活下去；海上的段落虽然主要讲述民用船船长的故事，但其主题和通常的海军电影一致，关于这艘船上的指挥权和决策，老船长沉着冷静、富有智慧，他排除重重干扰，赶到敦刻尔克救援英国子弟兵；空中的段落讲述精英飞行员的艺高人胆大，显得更加惊险和传奇。

诺兰对三类战场风格的区分还体现在时间安排上，陆地的故事时间是一周，海上是一天，空中是一小时。客观时间设定分别对应着不同人物的主观心理体验，对于陆军普通士兵而言，时间无比漫长；对于海上船长来说，要在一天中抵达目的地；而王牌飞行员的时间体验是极度刺激、肾上腺素飙升的瞬间感受。

除了空间和军种，类型化军人形象还涉及几个关键设定：

* 故事的战争观是怎样的：现实主义？和平主义？正义战争论？

* 故事中战争的性质是怎样的：侵略战争？反侵略战争？民族独立战争？某民族企图分裂国家的战争？国家之间复杂的利益之争，例如对某处争议领土的争夺？

* 故事中战争的结果如何：胜利？失败？

* 故事中人物需要亲身战斗吗？还是作为后勤、医疗、技术支持人员？

* 故事的情调是怎样的：慷慨昂扬的？感伤的？军人被塑造为主动的为国捐躯者，还是被动的牺牲品？

* 故事主人公对所属国家/政府的态度是认同的、疏离的，还是反对的？

让我们通过案例观察类型叙事中的军人形象。

好莱坞大导演斯皮尔伯格监制过"二战三部曲"——《兄弟连》《太平洋战争》《空战群英》，分别关于在大陆作战的陆军（101空降师）、在海岛作战的陆军（海军陆战队）和美国空军。其中《兄弟连》（Band of Brothers, 2001）讲述101空降师对德作战，一路打到柏林，陆军士兵们沿途见证了残酷，也结下了生死情谊。二战是举世公认的反法西斯正义战争，在德国战场行军战斗，逼迫纳粹投降，人物战斗的意义是非常直接而明确的，因此这部作品总体的气质是较为昂扬的，讲述了具有积极意义的英雄主义的胜利。然而即便如此，在剧集尾声，广受战友爱戴的连长温特斯也流露出厌倦的情绪，他并不那么关心对日岛屿作战的情况，作为职业军人，他认为战友们已经为国家尽到了责任，需要停下来休息享受和平，而不应被当作武器无限期地投入"使用"。这是一种典型的"职业军人"心态，军人的身份虽然崇高，但也只是一份工作，强调人们爱国的同时也不该陷入好战的狂热之中，也应该珍惜自己。对职业军人心态的强调在美国军事类型叙事中比比皆是。

图4-35 《兄弟连》剧照

在《兄弟连》的最后一集中，E连的主人公们接受了一群德军的投降，德军将领对投降的德军们训话，E连的兄弟们在一旁旁观，连长温特斯想知道德军将领说了些什么，遂令连队中懂德语的犹太裔士兵李高特翻译。各国战争叙事中的小队通常都是该国家社群的横截面，涵盖不同年龄、族裔、地域、身份背景的个体。《兄弟连》中李高特的身份选得很巧妙，他是在德国排犹浪潮中逃亡到美国的犹太人后裔，因此熟练掌握德语。在这场戏之前，李高特随队发现了屠杀犹太人的集中营，看到了被虐杀的同胞们，被纳粹的残忍所震惊。按理李高特应当对德国人充满怨恨，不过在这场 E 连旁观德国军官向德国士兵训话的戏里，怨恨和敌意并不是重点。

李高特将德国将领的训话一字一句地翻译给兄弟们：

> 这是一场漫长的战争，也是一场艰苦的战争。你们英勇并骄傲地为祖国作战，你们是不平凡的一群，彼此紧密相连，这样的友谊只存在于战斗中、在兄弟之间。共同使用散兵坑、在最需要的时刻彼此扶持，你们看过死亡，一起经受磨难，我很骄傲能和你们每个人共同服役。你们有权享受永远快乐的和平生活。

当德国军官这样对德国国防军士兵演说时，镜头给到 E 连的每一个主角，从连长温特斯到翻译李高特，都面露感同身受甚至钦佩的神色，德军将领的话也说到了美军将士的心里。有的观众可能会对此感到不解，美军和德军不是二战中的敌人吗？刚刚还你死我活地战斗过，如今放下武器居然能互相理解？这脑回路看似匪夷所思，但是这恰恰符合职业军人精神的逻辑，军人是一份职业，为自己的国家战斗是职业要求，无关私人恩怨，哪怕是犹太士兵和德国军人，只要对方投降了、战争结束了，就以职业态度相待，何况这些德国军人并非犯下反人类罪的纳粹，只是德国常规国防军（德国国防军不同于纳粹军队党卫军，很多国防军并未加入纳粹），很多士兵只是被纳粹政权驱赶上战场的普通人。

这个段落是《兄弟连》全剧的点题环节，可见该剧和我们之前谈论过的某些"警匪同构"犯罪故事一样，带有存在主义色彩，无论是美国士兵还是德国士兵，并没有什么邪恶或正义的本质差异，只是境遇不同。同为职业军人，反而能够相互理解。而这种心态属于典型的现实主义战争观。

这里介绍一下典型的战争观，当学者们讨论军事伦理问题时，主要的观点可粗略地分为三派——现实主义、正义战争论和和平主义，三派观点各自派生出不同的战争观念。在现实主义者看来，战争中根本没有道德的一席之地，"战争永远只按照自己的逻辑发生、发展、升级和结束，道德被战争的规律排除在外而无法干涉战争"。[1]

现实主义者从实利的角度看待战争，这种观念被正义战争论和和平主义者激烈抨击，正义战争论的代表人物是美国军事学者沃尔泽，他认为战争"是一种有目的的、经过深思熟虑的、有人应为其结果负责的人类活动。在遇到战争过程中的许多罪行时，或者遇到本身就是侵略犯罪的战争时，他寻找应该负责的人类行动者。……我们所有人都倾向于要求战争的参加者为自己的所作所为负责"。[2] 可见正义战争论是国际战争审判的基础观念，它认为面对战争时，道德有权利发出声音。受人道主义观念的巨大影响，正义战争论提倡保护个人权利，以此作为判断"开战正义"和"作战正义"的基础。

正义战争论谴责非正义的战争和战争中非正义的行为，比这种观点走得更远的是和平主义。和平主义是一种高度理想化的思潮，尊奉和平的价值，反对一切战争，认为战争无所谓正义与非正义之分，在这一点上，和平主义与它谴责的现实主义战争观站在了一起，共同对立于正义战争论，和平主义坚决否认战争存在积极意义，哪怕是反抗侵略的战争。

故事采用哪种战争观，和故事诞生的土壤——特定国家、民族的真实历史及文化理念密切相关。美国个人主义神话盛行，且美国本土几乎没有遭遇过占领，所谓发生在本土的战争行为就是"9·11"恐怖袭击，因此大多数故事秉持现实主义战争观。战争是国家利益之争，普通军人只需要考虑自己作为军人的职业责任和个人生存，在完成任务的基础上，尽可能保

---

[1] 顾智明.当代外国军事伦理［M］.北京：中国人民解放军出版社，2010：34.
[2] 沃尔泽.正义与非正义战争：通过历史实例的道德论证［M］.任辉献，译.南京：江苏人民出版社，2008：16.

持人性，不被战争侵蚀，同时也渲染个人强大的作战能力，塑造理想男性气质和英雄形象。美国战争叙事对于爱国、牺牲、集体主义所言甚少，至少表层如此。典型如电影《红一纵队》《壮志凌云》《拯救大兵瑞恩》《比利·林恩的中场战事》《父辈的旗帜》《硫磺岛家书》等。

《红一纵队》讲述了二战中美军登陆欧洲战场后的故事，主人公是海军陆战队某小队队长，他曾参加一战，对于战争感到厌倦，对于自己过去的杀戮行为感到不安——他曾经在一战中杀死一个德国士兵，但随即听闻战争已宣告结束，与对方不再是敌对关系，他相当于杀死了一个普通人。在二战战场上，主人公奋勇杀敌，保护同伴，尽到了责任。影片结尾他又击杀了一个德军，又一次后知后觉听说战争已结束，这次他背起了受伤倒地的德军士兵，对其进行人道主义的救助，救赎自己。该片是经典的二战电影，片中频繁出现田野中的十字架意象，但该片并不是纯正的和平主义作品，因为人物并不绝对反对杀戮，而是相信战争的必要性，在坚定执行国家意志的前提下，进行一些个人化的反思与补救。

也正是站在现实主义战争观和职业军人的立场下，美国叙事经常表现出"彼此彼此"的态度，并不从民族仇恨和道德的角度谴责敌人角色，因此导演克林特·伊斯特伍德从美国视角和日本视角分别拍出了两部电影——《父辈的旗帜》和《硫磺岛家书》，将同一场战事中的两国士兵都表现为值得同情的普通人。

伊斯特伍德的这两部电影的主题倾向与故事空间大有关系，从战争影像的角度，火山岛屿或越南的热带丛林空间是不利于表现英雄气概的，艰苦泥泞的环境反而很适合表达疲惫厌战的情绪。当战争发生的地域看上去荒凉、不适宜人生存时，对这些地域的争夺显得徒劳无益。前文提及的斯皮尔伯格《兄弟连》讲述了101空降师在欧洲的传奇冒险，虽然也包含厌战的情绪，总的来看仍是斗志昂扬的——平原作战攻城略地直捣纳粹老巢，这种成就感足以抵消战争的阴影，是典型的"伟大的一代"叙事。2010

年，同一个团队推出了《太平洋战争》，这部剧集呼应了伊拉克战争以来美国民众对战争的犹疑情绪，孤岛丛林里的战斗几乎没什么成就感可言，自然比敌人更可怕，逼迫人面对自身，而不是对于个体的日常实感，战役的成败没有什么大差别，二战的伟大胜利安抚不了个体的切肤之痛，整部剧集带有浓郁的"越战叙事调子"，美国越战电影大多更强调战争的无意义感，这种态度是由美国民众历史认知决定的。

很多同学曾在课上表达对世界和平的祈愿，喜欢那些感人至深的、带有和平主义倾向的反战故事，但确实存在一个悖论，一些被认为属于反战叙事的优秀作品，无论是著名小说《西线无战事》，还是宫崎骏的动画代表作《哈尔的移动城堡》《红猪》《你想活出怎样的人生》，大多出自曾经强势发动战争的国家。而作为被侵略的国家，很难跳出反侵略的正义战争论视角，表现超越敌我阵营的和平主义式博爱，例如我们中国的抗日叙事、抗美援朝叙事。在我国的革命战争历史语境下，现实主义战争观立场的职业军人叙事也会引发争议，例如在《长津湖》上映后，有持批评态度的文章如是说："伍千里等战士反反复复念叨的是'军人的荣誉感'，如果只是抽象的荣誉，那解放军、志愿军和美军、倭寇甚至国军、伪军有什么区别！革命军人的光荣不是职业军人的荣誉。这就不是共产党人和人民子弟兵的语言。导演编剧们要学会这套语言，就要彻底抛弃八十年代开始深入脑髓的好莱坞和西点军校，到边疆哨卡锻炼一年。"[1]

美剧《兄弟连》中令美国士兵与德国士兵同频的"同为职业军人"的想法，恰是与中国本土最经典的革命战争叙事难以兼容的。

即便是《三体》这样的科幻叙事，也不可能完全抽离中国本土语境，其中很多对战争的看法、对军人形象的塑造恰恰源自中国近现代革命历史。例如小说写到章北海面向太空军强调思想政治工作的时候，就明确指出部

---

[1] 保马编辑部.《长津湖》与《李延年》[EB/OL].（2021-10-05）[2024-05-01]. https://mp.weixin.qq.com/s/oRKYbOm9gc1WLlp84NKUjg.

队中的失败主义有哪些常见表现，章北海对此进行了严厉批判：

> 把自己在太空军中的使命看作一项普通的职业，在工作上虽然尽心尽职、认真负责，但缺少热情和使命感，对自己工作的最终意义产生怀疑。

这一条恰恰是很多欧美强调个人主义微观视角的战争叙事所流露出的态度。

章北海还指出：

> ……渴望投身于战争最前沿的积极心态，但实质上是失败主义的另一种表现形式，对战争的胜利缺乏信心，对目前工作的意义产生怀疑，于是军人的尊严成了工作和人生中唯一的支柱。①

这一条在日本讲述战争末期士兵痛苦的作品中很常见，如《男人们的大和》《永远的零》等。战争注定失败，这些电影似乎抨击了战争和日本战时的军国主义政府，驱赶年轻人去战场，但也通过美化士兵们的自杀式攻击与牺牲，模糊了战争的非正义性质，仅仅从表层对抽象的战争概念表示抵制，内在仍肯定士兵们的忠诚和职业军人精神。

我们在课堂讨论时，很多同学表示章北海是《三体》中最有魅力的角色之一，的确如此，其坚定的立场、理性的态度，兼具现实主义的客观眼光与身为地球太空军一员的反侵略立场，绝不会模糊和动摇。除了章北海，《三体》中的警察大史也是类似的角色，大史在关于"古筝计划"的讨论会上冷静地说出："得想法让那船白天过运河"，他考虑到如果汪淼提供的纳

---

① 刘慈欣. 三体Ⅱ·黑暗森林（典藏版）[M]. 重庆：重庆出版社，2016：61.

米细丝之间间隔 50 厘米,那一定要保证被攻击的审判日号上的人们处于站立或蹲踞状态,这样才会全部剿灭,不留漏网之鱼。小说中特意写到,当大史说出这番话,与会者中"响起了零星的几声笑,重压下的人们感到了一丝带着血腥味的轻松①"。

图 4-36 《三体》剧照

大史的言论与态度显然是和平主义立场难以接受的,但是这所谓的"残忍"又是符合《三体》故事语境的,大敌当前,敌我必须分明,对敌人仁慈就会带来对自己人的伤害,哪怕初心是好的,这也是《三体》中更带有人道主义色彩的人物程心屡屡失误,甚至惹得读者们群起攻之的原因。有趣的是,在美国改编的网飞版《三体》剧集中,将大史这番言辞删去了,而在中国腾讯版《三体》中不仅予以保留,还由广受认可的戏骨演员于和伟说出了这段台词,中文版中的大史在讲这段话时语气轻松,面带狡黠笑容,令人想到《地道战》《地雷战》等抗日老电影中的幽默名场面。

战争叙事说来话长,我自己做博士的时候专门研究过日本二战电影中

① 刘慈欣.三体Ⅱ·黑暗森林(典藏版)[M].重庆:重庆出版社,2016:252.

的战场空间与军人形象，也横向比较过我国、美国、德国等国家的战争电影。不过，我在针对戏文本科生、编剧MFA的类型叙事课上很少详细讲战争叙事，主要是因为青年学子们在日常写作中较少涉及宏大的战争史诗，对于影视创作来说，初出茅庐的编剧更是难遇到题材重大、投资规模巨大的战争题材项目。不过在网络文学领域，引入战争叙事要比影视创作更便利，科幻、玄幻小说或穿越小说都可能需要讲述战争故事，上述战争空间与人物形象设定的要义仍然适用，有志于此的同学，推荐多阅读历史著作，人类的历史说是一部战争史也不为过。

战争固然可怕，但从历史的角度来看，战争叙事确是塑造国族社群理想男性气质的最重要母题。

终章

数据库创作与类型叙事：在AIGC兴起之年回望类型传统

类型叙事作为商业通俗娱乐内容产品的核心理念之一，自19世纪后半期至20世纪初开始蓬勃发展，侦探小说、科幻小说、浪漫爱情小说、武侠小说、西部小说这些通俗类型文学中的类型人物、类型桥段、类型场景让寻求娱乐快感的读者能够凭本能迅速辨析哪些故事是他们寻找的心头好，哪些是令人敬而远之的纯文学。本书中的例子以电影居多，作为一个电影学人，在我看来，20世纪之后的各种媒介载体的通俗叙事皆经历了一番逐渐被电影尤其是类型电影影响涵化的过程，类型小说越来越多地受到影像叙事的影响，甚至为了被影像化而写作。广义的"电影"[1]包括所有"视频+音频"组合的双频表意文本，也就包括电视剧和动画。自20世纪末开

---

[1] 王志敏.现代电影美学体系[M].北京：北京大学出版社，2006：12.关于广义的"电影"概念，王志敏的《现代电影美学体系》从电影作品的"存在形态"出发，不考虑电影的制作方式（胶片、电视、数字影像、动画）和观赏方式（影院、电视或各种数字终端），将广义的"电影"定义为"影音集成操作系统"或"影音整合操作系统"。电影是一种视听双频媒介，视频游戏亦然，但游戏需要互动，需要不同程度的具身性参与，这点与广义的电影相区别。视频游戏中往往会包含"电影成分"。

始萌芽的 IP 矩阵模式，到了新世纪变得愈发成熟，故事资源被进一步整合，跨媒介叙事策略打通了文学、电影、剧集、动画以及游戏、玩具等多种类媒介，形成了全媒体产业链，在这条管道中流淌的血液仍然是类型人物、类型桥段和类型场景，类型性往往是不同媒材转译过程中通约的那部分。

本书是我多年来教学内容与经验的整理，写作此章时正值 2024 年春季，从校园象牙塔到整个影视业界，热门的话题莫过于人工智能 AIGC。无论走到哪里，校内师生也好，广大同业也好，关心的问题是：

ChatGPT 距离撰写成型的影视剧本还要多远？编剧会被替代吗？

Sora 文生视频令人震撼，从此真的能够实现"技术平权"吗？编剧是不是终有一天可以跨过导演和制片人的权限，将自己的故事直接生成影像？

…………

我也在思考，AIGC 会给我的研究命题"类型叙事"带来怎样的技术冲击和发展契机？

刚巧 2024 年 3 月，中国传媒大学的一位校友获得了 AI 创作领域国际级重磅奖项，获奖短片名为《万里星河千帐灯》，讲述了一位远赴火星的宇航员对初心的寻找，对母亲的追忆，借科幻故事表达人们面对血缘亲情的复杂情绪。在孩子同父母血亲相处的过程中，感受到的往往并不只有爱，也会有不解和创伤，但最终我们会试着与家人、与自己和解。和该片创作者祝上交流的过程中，我感慨他这部作品很意识流。然而真正令我惊喜的收获在于，祝上立刻展示了另一部他用 AIGC 手段创作的作品，在我看来是一部纯正的类型片——《狂沙寻龙》（*The Complex*），该片也曾获得不少 AI 创作奖项。感谢校友的启发，让我进一步思考类型叙事多媒介发展的未来。

让我们来看看《狂沙寻龙》在短暂的 4 分钟里讲了什么。

影片开头是黄沙万里的美国西部，时间是 1877 年，美国西部大开发已经趋近完成，铁路已然铺就，牛仔、马匹、印第安人、铁路、荒漠中的小镇、酒馆等皆为典型的西部片类型符码。

图 5-1　《狂沙寻龙》剧照

女主人公艾米莉亚出场，她是一位飒爽的非裔女性枪手，有色人种女性居然能成为横行一方的赏金猎人，这比昆汀·塔伦蒂诺在《被解放的姜戈》中创造的男性非裔赏金猎人还要出人意表，"爽感"来自"被压迫的人站起来"了。

艾米莉亚接受了原在华盛顿的美国军方高层委托，要她前往西部某个荒无人烟的小镇，那里有美军"军工复合体"（The Complex）旗下的秘密研究所，该秘密研究所里有很多科学家和华工（最早一批移民到美国的华人很多从事铁路工人工作，工作条件恶劣，死伤惨重），当前军方与该研究机构失联了，需要艾米莉亚去调查发生了什么事。

艾米莉亚表面姿态炫酷，但她内心一直有阴影缠绕，虽然她本人只是黑奴后代，并未亲身经历过奴隶贩运，但她总会梦到祖先乘坐的运奴船，为祖辈的痛苦而痛苦，对屠杀、迫害黑奴的三K党①无比痛恨。正是三K党屠杀了艾米莉亚全家，焚烧了她和家人的房子，她才走上了作为枪手以暴制暴之路。

图5-2 《狂沙寻龙》剧照

男主人公李青龙的出场与女主人公艾米莉亚形成了镜像式的对称，一位融合了西部牛仔与东方侠客装束的男子，头戴牛仔帽，身负长剑，凝望着西部荒原。李青龙也经常梦到一艘大船，船上装饰着龙首雕塑，那是1860年鸦片战争时，李青龙身穿清朝海军将官服饰，面对英国舰队的米字旗与长枪，在船上冒雨奋战到最后一刻。同伴牺牲前对他说："去找你的同胞。"

李青龙和艾米莉亚在荒野中相遇了，两人不打不相识，起初都当对方是敌人，之后发现他们怀着共同的目标，想要探知军工复合体秘密研究机构的真相，执行正义。

---

① 是美国历史上一个奉行白人至上主义的团体，也是美国种族主义的代表性组织。

终　章　数据库创作与类型叙事：在AIGC兴起之年回望类型传统 | 323

图5-3 《狂沙寻龙》剧照

李青龙告知艾米莉亚，这个名叫 Searchlight 的研究所，将无数移民美国的华工诱骗至此，进行邪恶的人体实验，利用从印第安部落发掘出的巫术法器，制造活死人军团。李青龙的目标是捣毁这座研究所，为华工同伴们复仇。艾米莉亚想到那些被贩运到美洲大陆受尽折磨的非洲祖先，对男主人公的仇恨感同身受，愿意帮助男主人公。

艾米莉亚："他们曾经告诉我们，我们不属于这个国家。"

李青龙："他们也告诉我，我不属于这里，我们不属于这里。但是我的同胞，他们只是想活下去，他们何错之有？"

艾米莉亚与李青龙来到邪恶的研究所，大开杀戒。复仇之后，面对内心的空虚，艾米莉亚提醒李青龙，应该去找真正的敌人——军工复合体的后台、军队高层复仇。两人踏上新的复仇之旅。

这是一个非常"政治正确"的故事，为那些在西方殖民掠夺历史上被侮辱、被损害的族裔（非裔/华裔），想象出武力值超凡的正义代言人，向视他族为草芥的白人殖民者复仇。短片的英文名字 The Complex 一语双关，既是片中军事机构"军工复合体"的直译，也是弗洛伊德精神分析学说中的"情结"，男女主人公对彼此族裔的遭遇感同身受，两人共通的民族创伤情结都凝结为海上船只的意象（运奴船/清朝海军船只），而直面创伤的方式就是奋起再奋起，主人公用暴力奠定秩序。

这个短片利用 AIGC 技术，先从文生图，再根据图生成视频，以上皆由 AI 完成，但剧本仍然由创作者人工创作。从剧作内容到所有的视听符码，都严丝合缝地契合类型叙事二元关系，如同做对联。

女性非裔牛仔　　VS.　男性华裔侠客
左轮枪　　VS.　中国剑
梦中运奴船　　VS.　梦中清朝海军船
痛恨贩奴罪恶　　VS.　痛恨殖民侵略行径
白人三K党迫害非裔　　VS.　白人军工复合体用华工进行人体实验

以上所有元素我们几乎都曾在过往的西部片、功夫片、贩奴历史题材电影中见过，但经过巧妙的微调和排列组合，就有了这部让人颇感痛快的动作短片。排除目前 AIGC 影像还无法实现复杂的镜头调度、过度依赖蒙太奇美学、酷似 PPT 或 MV 等不足，纯粹从叙事层面看，《狂沙寻龙》或许能比同一创作者更加个人化和意识流的《万里星河千帐灯》更便利地从类型"数据库"中获取资源，而数据库是 AIGC 技术的最重要基础之一。

在基于数据库的 AIGC 创作时代，类型叙事目测会获得更广阔的发展空间，相较更具独创性的作者型作品而言，类型叙事在过往发展的历史中，早在计算机和数据库等技术条件尚未诞生时，就已经按照数据库的思维（标签、分类、提取……）在运行和实践，AI 的出现将为这种模块化的创作策略提供更强大的技术支持。"确实应该把经济基础决定思想意识的上层建筑这种历史因果关系倒过来，把基本技术的发明看作偶遇的巧事，与发明者的预先设想相比较，技术发明基本上是第二性的。"①尽管当下 ChatGPT 等工具在独立生成完整剧本方面仍有短板，只能提供一定辅助，但 AIGC 发展日新月异，尤其在男频网文等高度模块化的创作领域，已经愈发展现出强大的创作潜力。

无独有偶，2024 年初另一个行业热门话题是微短剧内容产品的崛起，《我在八零年代当后妈》《裴总每天都想父凭子贵》等爆款微短剧的出圈，让原本被视为"上不得台面"的内容上了台。刚巧我系有位年轻学子 S 走出校门赶上了微短剧风口，成了传说中"月入十万的别人家的编剧"，我和 S 交流后发现：微短剧的核心叙事策略正是类型叙事的极致化——极度标签化、极度扁平化。因为每集只有一两分钟，需要迅速抓住观众，编剧甚至连用视听动作与符码塑造人物这一剧作的基本原则都省略了，直接将人物的身份、技能打在屏上，用台词大声说出来，如"我是三界法力第一的龙傲天霸主"，之后直接开始演绎三界霸主经历的种种"逆袭""打脸"剧情就可以了。男女言情剧情则要将霸道总裁、契约娇妻等身份说在前头，之后可以不顾逻辑和因果联系，仅抓住最虐、最甜的部分反复展示，越"简单粗暴"，数据居然越好。

网上流传着很多博主的网络文学写作课，如"100 个爽点情节"②，"扮猪吃虎、大仇得报、掠夺恶人、无心插柳、一夜暴富……"当下流行的微短剧无非是这些类型桥段的视听化和简单排列组合，上到出圈精品爆款，下到因"擦边""违规"屡禁不止的小程序剧，底层逻辑是一样的。

象牙塔中的同学们也许会惊讶"世风日下""受众品位下滑"，这样风

---

① 巴赞.电影是什么？[M].崔君衍,译.北京：商务印书馆,2017：11-12.
② 100 个爽点情节——应该是全网最全的了[EB/OL].（2023-03-03）[2024-05-01].https://www.bilibili.com/video/BV1bg4y1E7oi/?vd_source=ed5d670020200fe6d183a4fd21881578.

格的作品居然也能行销海外，成为中国内容产品出海的重要品类，引得全球其他地区纷纷效仿。但就像早年中国网络文学出海引来的惊讶一样，商业通俗类型叙事产品一向有着强大的生命力，直接诉诸受众的情绪本能。仅凭本能选择精神娱乐内容，日本学者东浩纪称此现象为"动物化的后现代"。在"动物化的后现代"，内容生产和内容消费完全建立在数据库思维基础上，"故事并非依据自然主义性质的现实所建构，而是依据大众文化之属性资料库所形成的人工环境建构创作出来"[①]。

曾经，文学被称为"人学"，如果说广义的"文学"可以涵盖所有的"故事"，那么故事必然是关于人的故事，这点曾经不言而喻。但如今"动物化的后现代"视角下的通俗类型叙事越来越像是"游戏角色学"，如此来看，不需要花功夫塑造人物，只消清楚告知人物标签、技能、装备之后便可进入叙事的微短剧剧作模式便相对好理解了。网络文学学者王玉玊的《编码新世界：游戏化向度的网络文学》一书中举了很多直接使用游戏术语、描述游戏环境中场景的小说例子，读者带着与"系统""规则""升级""进度条""生命值"等术语关联的游戏环境认知去阅读小说，理解此类小说的前提是拥有相应的电子游戏经验。当计算机思维和虚拟环境足够深入我们的现实日常，虚拟便不再仅仅是虚拟，而是一重"半透明"（东浩纪语）的现实，描述"现实的"虚拟环境体验就是东浩纪提出的"游戏性写实主义"。"借由漫画或动画、轻小说、特摄电影之扩散，达到被广泛共有之 SF 科幻性·奇幻性的道具聚集累积的成果。……由架空世界的小工具（gadget）所形成的'属性资料库'（database），在现今之文艺世界里，几乎

---

① 数据库与资料库作为同一英文词汇 database 的不同译法，两个概念等同。只因东浩纪著作目前仅有台湾版本，按照台湾习惯译法 database 被译作资料库，本书引用台版著作时使用"资料库"译法。非引文情况则遵循内地习惯译法，使用"数据库"。选自东浩纪. 动物化的后现代：御宅族如何影响日本社会[M]. 储炫初，译. 台北：大鸿艺术股份有限公司，2012：47.

已经蓬勃发展到成为'现实世界'之替代物的境界。"①

就像新媒体研究代表学者列夫·马诺维奇指出的那样，当代人类体验视觉文化的方式发生了转变，从针对单个视觉作品，转向分析大量作品集合。对单件作品的研究和"细读"在20世纪是合乎逻辑的，作为文化消费者，人们的注意力聚焦单件作品，如一场电影，博物馆艺术品，某一首歌等。那时可用的媒体数量有限，人们会花大量时间在单个作品上。然而进入21世纪之后，谷歌、抖音等平台的图形搜索和算法推荐，将无穷无尽的图像和视频推送给人们。大型博物馆网站提供大量艺术品和历史文物的数字影像。"视觉'讯息'或'符号'不再是孤立的，而是成为一个无限大的系列中的一部分。"② 马诺维奇谈论的是视觉影像的数据库化，而当下网络文学的阅读体验也是同理。"21世纪初，文化作品数量暴增，人们与文化作品互动增多。这些元素在网络和社交媒体平台聚集起来，收集数十亿件作品并通过计算机进行分析的向度简单方法也出现了。"③

马诺维奇看到了文化元素数据化并通过计算机分析这一范式与20世纪60年代符号学和结构主义之间的联系——结构主义正是类型叙事研究被纳入学术领域的基础，而计算机强大的算力将不仅让分析成为可能，也让如今的创作成了可能，AI创作已经在实践。马诺维奇的代表作《新媒体的语言》写于21世纪之初，他对于文化元素的数据库化曾产生疑问："对文化数据进行分析和建模，以及对这些数据进行系统化和形式化的动机，是否最终也会失去其能量和吸引力？因为我们会逐渐意识到，这些方法没有充分地考虑文化产品和文化交互中所蕴含的丰富性和个体性？它会让我们跳出20世纪符号学的局限吗？"④

---

① 东浩纪.游戏性写实主义的诞生：动物化的后现代2［M］.黄锦容，译.台北：唐山出版社，2015：51.
② 马诺维奇.新媒体的语言［M］.车琳，译.贵阳：贵州人民出版社，2020：6.
③ 马诺维奇.新媒体的语言［M］.车琳，译.贵阳：贵州人民出版社，2020：7.
④ 马诺维奇.新媒体的语言［M］.车琳，译.贵阳：贵州人民出版社，2020：7.

回到我们的专业领域，同构的类似疑问也存在：对叙事作品进行分析和建模，将故事数据库化、系统化之后，我们将看到海量的类型人物、类型桥段、类型场景排列组合，难道这就是内容产业的未来吗？人们不会厌倦吗？

漫威英雄宇宙从风靡世界到市场表现乏力，好莱坞王冠奥斯卡金像奖颁给了《瞬息全宇宙》，中国霸总题材微短剧攻陷全球下沉市场，穿越重生网文在日韩落地生根……当各路与类型叙事、数据库写作相关的行业资讯纷至沓来时，格外需要我们爬梳历史从源头思考。

在各种媒介载体负载的类型叙事刚刚勃兴的年代，为了适应新兴市民们的口味，通俗叙事作品（小说、电影、漫画……）炼化了现实，凝结成了针对受众本能需求精心设计的叙事模式，模式反复重复成了"类型"。如今这一叙事形式与策略已经发展到了精密的程度，在计算机技术的加持下甚至会更加精密，能够精准打击受众"爽点"，受众反向也被涵化成了日趋"动物化"的情绪价值依赖者，人们渐渐忘记了类型传奇最初也是从现实中生长出来的，其源头并不是数据库自我增殖的产物。当接受者沉浸在数据库写作/消费的狂欢中，作为未来的创作者，同学们应该保有一份自觉，在熟悉类型的同时，让自己的双脚保持与地面的接触，站在现实的土壤里，这样大家才不会被掌握海量数据的 AI 取代，才能够做那个为数据库增添新数据的独创者；另外，即使进入 AIGC 创作时代，我们对类型叙事的学习本身仍然是有价值的，可以帮助你更精准地提出指令、进行筛选。

科幻大家刘慈欣有部短篇小说叫《诗云》，讲述的是某来自高维的智慧生命"神"有能力对人类乃至整个太阳系进行降维打击，但是此智慧生命被中国人的古诗吸引了，"白日依山尽，黄河入海流""前不见古人，后不见来者""床前明月光，疑是地上霜"……"神"感兴趣之余，坚信可以凭借高等人工智能创作出超越李白的诗篇。中国古诗看起来难道不是一系列意象、典故的排列组合吗？"神"的量子计算机为此工作起来，启动"终

终　章　数据库创作与类型叙事：在AIGC兴起之年回望类型传统

极吟诗"软件对中国古诗进行量子计算并存储，最终"神"穷尽了所有字词排列的可能，创作出一片直径一百亿公里的、包含全部可能诗词的星云——诗云，"终极吟诗"的代价是耗尽了整个太阳系的能量，星系为之毁灭。然而，"神"终是挫败的——

> 在终极吟诗开始时，我就着手编制诗词识别软件，这时，技术在艺术中再次遇到了那道不可逾越的障碍，到现在，具备古诗鉴赏力的软件也没能编出来。借助伟大的技术，我写出了诗词的巅峰之作，却不可能把它们从诗云中检索出来……①

读了《诗云》，也许我们可以增添一点信心，故事可以被类型化、数据化，可以被强大的人工智能学习、模仿、输出，但故事的意义仍然来自我们人类自身。

---

① 刘慈欣.诗云［M］.北京：北京联合出版传媒（集团）股份有限公司，2018：373.

后 记

2012年博士毕业后，我回到了本科母校——中国传媒大学，后又回到母系戏文系任教，时光飞逝，不知不觉在三尺讲台上度过了一轮光阴。

本科在中传戏文系读书时，汲取文学、影视、戏剧、媒介传播等各方面营养，得老师们悉心栽培，是毕生的美好回忆。如今加入本科师长们的队伍，继续培养中传"小白杨"（中传学子昵称），自当尽力。而硕博阶段在北京电影学院得遇王志敏先生、杨远婴先生两位恩师，奠定了作为电影学学人的基础，电影是我学术研究的根脉。

教书这些年，"类型叙事"课程是我个人的核心教学内容，面向戏剧影视文学本科（我系本科生偏重编剧创作培养）和编剧专硕MFA授课。在这个IP产业链日趋成熟、跨媒介叙事成为常态的年代，我的研究也不再仅仅局限于类型电影，而是更广泛地将各类当代流行文化IP都涵盖进来，关注在跨媒介叙事链中流通的各种内容，通过比较寻找共性与规律，研判创新与未来前景。

回到中传后，本科师长们多以电视剧集研究为核心领域，提携我得入剧集研究门槛，在我的学术视野里，电影电视并不分家，甚至动漫亦然，都是视听符码构成的叙事内容，都让我在研究时享受到了"解码"之乐。而我在校内日常交流的同事、友人则多为身兼职业编剧身份的青年教师，我从这些在前线创作的同侪处，获得了很多启发和滋养。这些年培养的学生也大批走上各大影视公司或互联网平台，从事编剧、策划、制片等工作，教学相长，我和年轻后辈们一直保持交流，向年轻力量学习，积累新知。

得益于师长、学友，得益于中传戏文这个专业共同体，"类型叙事"这门课的内容不断扩充，虽然仍主要以电影作为论述基点，但我尽量把视野放宽，以我个人的观察视角和论述角度从"类型性"切入，将依托于不同媒介材质的同类内容打通，提取同构要素进行分析与讲解，帮助同学们建立头脑中的"类型数据库"，希望有助于他们适应当下的内容产业，也为即将到来的 AIGC 时代做一些雨前绸缪。

本书是我梳理经年教学内容而成的讲义，也可视为我个人的学术笔记，故主体内容行文风格较为浅出，穿插介绍一些相对学术化的理论内容，主要还是面向我一直以来教授的编剧创作方向本科、硕士同学。初次整理，颇为忐忑，免不了许多疏漏，恳请学界前辈、同人以及青年学子们批评指正，助我的教学和科研进一步提升进步！

除了感谢本科、硕博研究生阶段的诸位恩师——文中许多观点来自师长们的教诲，在此特别要致谢青年编剧范侃老师、同事武瑶老师、王茵老师、谭苗老师、金宇轩老师、王婧老师、高路老师、张希老师、李雨谏老师、王婉老师、孙可佳老师、刘亭老师等一众任教中传的同辈同侪，大家或拨冗参加我的类型电影读书会，或予我机会观摩不同风格的剧作课程，日常提供业界新鲜资讯给我，学问交流皆是情谊。我作为研究者，能和各位妙笔巧思的同侪共事，乃我之幸。此外，2024 作为 AIGC 大热元年，深耕 AIGC 影像的系友祝上先生给我科普了不少高科技前沿知识，为我的研究提供提供了新的灵感，不胜感激。

行百里者半九十。无论在教学还是研究的路途上，哪怕一轮光阴过隙，我仍自觉新人，而后浪汹涌，更添逆水行舟之思危。未来自勉自省，继续学习！

2024 年 5 月

于北京

图书在版编目（CIP）数据

类型！类型！：IP时代类型叙事面面观/陆嘉宁著.
北京：中国国际广播出版社，2024.11. --ISBN 978-7-5078-5657-6

I. G206.2

中国国家版本馆CIP数据核字第20248ZL665号

类型！类型！：IP时代类型叙事面面观

著　　者	陆嘉宁
责任编辑	梁　媛
校　　对	张　娜
版式设计	陈学兰
封面设计	赵冰波

出版发行	中国国际广播出版社有限公司［010-89508207（传真）］
社　　址	北京市丰台区榴乡路88号石榴中心2号楼1701 邮编：100079
印　　刷	北京联兴盛业印刷股份有限公司

开　　本	710×1000　1/16
字　　数	290千字
印　　张	21.5
版　　次	2024年11月 北京第一版
印　　次	2024年11月 第一次印刷
定　　价	62.00元

版权所有　　盗版必究